Duchesse du Maine, Antoine Houdar de La Motte,
Mme de Lambert et Rose de Staal-Delaunay

Lettres

Édition critique par Catherine Cessac

PARIS
CLASSIQUES GARNIER
2021

Catherine Cessac, directrice de recherche émérite au CNRS, est spécialiste de la musique française des XVIIe et XVIIIe siècles. Ses travaux portent plus particulièrement sur le compositeur Marc-Antoine Charpentier. S'orientant vers une approche pluridisciplinaire, elle a publié *La Duchesse du Maine (1676-1753), entre rêve politique et réalité poétique*.

ISBN 978-2-406-11983-8 (livre broché)
ISBN 978-2-406-11984-5 (livre relié)
ISSN 2109-7623

BIBLIOTHÈQUE DU XVIIIe SIÈCLE
sous la direction de Pierre Frantz et Catriona Seth
53

Lettres

INTRODUCTION

Cet ouvrage réunit des lettres émanant de deux figures importantes de la première moitié du XVIIIe siècle et dont les vies furent étroitement liées pendant quarante ans : la duchesse du Maine et Mme de Staal-Delaunay. Ce fut à l'automne 1711 que cette dernière entra au service de la princesse du sang en tant que « femme de chambre ». Si une indéniable connivence émergea peu à peu entre elles, Mme du Maine n'eut pourtant de cesse de lui rappeler sa condition inférieure pour la traiter souvent, sur le plan matériel et relationnel, avec une rare malveillance. Malgré son quotidien parfois très difficile (logements insalubres, nécessité de faire la lecture des nuits entières à la duchesse insomniaque, de l'écouter, de l'accompagner dans ses multiples déplacements, de la veiller lorsqu'elle était malade, de céder à ses caprices qui ne toléraient aucune résistance), la femme de chambre resta fidèle à sa maîtresse jusqu'à sa mort, participant à ses fêtes poétiques et musicales, s'engageant même dans la conspiration dite « de Cellamare ». Afin de redorer le blason de sa roturière, la princesse lui chercha un mari. Étant demeurée sans prétendant sérieux à son grand désespoir, Mlle Delaunay épousa en février 1735 Jean-Jacques, baron de Staal, officier suisse et veuf. Si elle ne vécut quasiment jamais avec l'homme pour lequel elle n'avait aucune affinité, elle monta dans la hiérarchie sociale et sa nouvelle situation lui acquit un meilleur traitement. Pour la duchesse du Maine, la différence de classe prévalait en effet à toute relation humaine, alors que c'était exactement le contraire pour Rose, sa sensibilité à fleur de peau et son discernement l'entraînant souvent dans de grandes souffrances.

La correspondance de la duchesse du Maine, d'Antoine Houdar de La Motte et de Mme de Lambert fut écrite durant l'automne 1726 dans le contexte de sociabilité de l'un des plus importants salons de cette époque, celui de l'hôtel de Nevers. Les lettres de Rose de Staal-Delaunay couvrent la période comprise entre la première décennie du XVIIIe siècle et 1747, trois ans avant sa disparition. Si celles à M. de Silly et les premières à M. de Ménil trouvent un écho dans les *Mémoires*[1] qui, rappelons-le, se referment sur la mort du duc du Maine en 1736, celles destinées à M. d'Héricourt et à la marquise du Deffand sont postérieures, écrites lors de la décennie suivante.

LES PROTAGONISTES

LOUISE-BÉNÉDICTE DE BOURBON, DUCHESSE DU MAINE (1676-1754)

Petite-fille du Grand Condé, princesse du sang, Louise-Bénédicte de Bourbon fut mariée à l'âge de quinze ans et demi à Louis-Auguste, duc du Maine, fils aîné légitimé de Louis XIV et de Mme de Montespan. La jeune fille vécut cette union comme une humiliation eu égard à son rang et ne supporta pas le protocole versaillais. En 1700, son époux fit l'acquisition du château de Sceaux, à quelques lieues de Paris et de Versailles, où elle put donner libre cours à sa fantaisie, à son goût pour les loisirs lettrés et les fêtes nocturnes culminant dans les fameuses Grandes Nuits de 1714 et 1715. En 1718, la conspiration de Cellamare visant à détrôner le Régent pour asseoir sur le trône de France Philippe V d'Espagne et nommer le duc du Maine aux plus hautes fonctions lui fut fatale et lui valut un an de dur exil en Bourgogne. En janvier 1720, Louise-Bénédicte put retrouver son cher château de Sceaux où renaquit peu à peu une cour florissante, bien que moins festive que la précédente, tenant à la fois du salon et du théâtre de société où se croisaient Voltaire et Émilie du Châtelet, le président Hénault[2], Mme du Deffand… Grâce

---

1 *Mémoires de Madame de Staal, écrits par elle-même*, Londres, 1755. Cette première édition date de cinq ans après la mort de leur auteur. Par la suite, ces mémoires connurent plusieurs éditions dont les deux plus récentes sont les suivantes : *Mémoires de Madame de Staal-Delaunay sur la société française au temps de la Régence*, éd. G. Doscot, Paris, Mercure de France, « le Temps retrouvé », 2001, paru en édition de poche dont le dernier tirage date de 2020, et *Marguerite-Jeanne de Staal-Delaunay, Mémoires*, dans *La Fabrique de l'intime, Mémoires et journaux de femmes du* XVIII*e siècle*, éd. C. Seth, R. Laffont, « Bouquins », 2013, p. 59-251.

2 Président de la première chambre des enquêtes au parlement de Paris, Charles-Jean-François Hénault (1685-1770) fut ami de la duchesse du Maine, de Mme du Deffand et de Voltaire avec lequel il fréquentait l'hôtel de Philippe de Vendôme, rue du Temple, qui rassemblait la société libertine de l'époque.

à sa personnalité hors du commun, la duchesse du Maine mena une action de mécénat exemplaire touchant à tous les arts. La trentaine de dédicaces reçues (Voltaire, Marivaux, le grammairien Buffier, le philosophe Bougainville traducteur de *L'Anti-Lucrèce* du cardinal de Polignac, les compositeurs Mouret, Bernier, Courbois…)[3] n'eurent de cesse de louer l'ampleur des intérêts et des connaissances de leur protectrice, la sûreté de son goût et la justesse de son jugement.

Suite à sa nomination comme grand maître de l'artillerie, en novembre 1694, le duc du Maine prit possession de l'Arsenal à Paris, maison où son épouse avait deux appartements[4]. Au moment de la conspiration de Cellamare, Louise-Bénédicte fit l'acquisition de l'hôtel appartenant à sa sœur aînée, la princesse de Conti, le faisant restaurer à grands frais pour en faire sa demeure parisienne principale : dénommé l'hôtel du Maine, il se trouvait rue de Bourbon (aujourd'hui rue de Lille). En 1733, la succession du duc de Vendôme (avec lequel s'était marié sa sœur cadette Mlle d'Enghien) lui revint, comprenant la terre et principauté d'Anet, le comté de Dreux et la châtellenie de Sorel. À la mort du duc du Maine en 1736, contrainte de laisser son hôtel parisien à son fils le prince de Dombes, la duchesse loua un hôtel situé à l'angle de la rue de Varenne et du boulevard des Invalides où est actuellement installé le musée Rodin. Enfin, elle acheta une maison et des terres à La Queue (aujourd'hui Laqueux-en-Yvelines) et aménagea un lieu de résidence à Steuil, près de Mantes. Nous trouverons la mention de tous ces lieux dans ses lettres et celles de Rose Delaunay.

ANNE-THÉRÈSE DE MARGUENAT DE COURCELLES, MARQUISE DE LAMBERT (1647-1733)

Orpheline de père, Anne-Thérèse de Marguenat de Courcelles fut élevée par une mère aux mœurs légères et par François Le Coigneux de Bachaumont, son beau-père. En 1666, elle épousa le marquis Henri de Lambert, lieutenant des armées du roi, futur gouverneur du Luxembourg. Veuve en 1686, elle consacra son temps aux plaisirs de l'esprit. Dès l'hiver

3 Voir la liste exhaustive dans Catherine Cessac, *La duchesse du Maine (1676-1753). Entre rêve politique et réalité poétique*, Paris, Classiques Garnier, « L'Europe des Lumières », 2016, p. 36-37.

4 Voir C. Cessac, « Plaisirs et déplaisirs de la duchesse du Maine à l'Arsenal », *Les Plaisirs de l'Arsenal. Poésie, musique, danse et érudition au XVIIe et au XVIIIe siècle*, éd. É. Dutray-Lecoin, M. Lefèvre, D. Muzerelle, Paris, Classiques Garnier, « Rencontres », p. 431-444.

1692, elle tint salon dans son appartement de la rue de Richelieu à Paris, puis s'installa six ans plus tard dans le quartier du Palais Royal, à l'hôtel de Nevers. Créé sous le règne de Louis XIV, ce salon perdura jusqu'en 1733, année de la disparition de la marquise à l'âge de quatre-vingt-six ans. Ayant pour ambition de recréer l'atmosphère à la fois intellectuelle et galante de la Chambre bleue de la marquise de Rambouillet[5], le salon de Mme de Lambert avait pour particularité d'avoir deux jours de réception bien distincts, le mardi étant destiné aux lettrés et aux savants, le mercredi s'ouvrant à des personnages de marque, parfois de passage à Paris, des savants de second degré, des littérateurs, des artistes… Dans une lettre écrite le 15 septembre 1728, Montesquieu louait les « heureux mardis[6] » où on lisait ses *Lettres persanes*. La notoriété du salon en fit une antichambre de l'Académie française.

ANTOINE HOUDAR DE LA MOTTE (1673-1731)

L'un des principaux hôtes du salon de Mme de Lambert, Antoine Houdar de La Motte fut l'un des plus grands auteurs de théâtre de son temps, brillant également dans les genres de la comédie, de la tragédie, de la tragédie en musique, de l'opéra-ballet (il en fut l'inventeur avec André Campra en 1697 dans *L'Europe galante*) et de la poésie, notamment la fable, auxquels on peut encore joindre divers ouvrages théoriques. Entré à l'Académie française en 1710, Houdar s'inscrivait dans le parti de Modernes et eut notamment à démêler avec Mme Dacier[7]. Il fut aussi rival de Voltaire, notamment au sujet de la place de la poésie dans la tragédie ; celui-ci tenait La Motte comme un auteur tragique médiocre et comme un piètre versificateur. À cet égard, on se reportera à la polémique contemporaine de la correspondance avec la duchesse du Maine autour de la tragédie *Œdipe*, celle de Voltaire créée en 1719 et les deux versions d'Houdar, l'une en prose qui ne fut jamais représentée, l'autre en vers dédiée à la duchesse du Maine, jouée deux fois en mars 1726. Dans son *Quatrième discours sur la tragédie à l'occasion d'Œdipe*, La Motte remit en cause la nécessité de la versification dans la tragédie et plaida pour la prose pour

5 Premier salon parisien réputé créé par Catherine de Rambouillet (1588-1665).

6 *Œuvres complètes de Montesquieu*, éd. A. Masson, Paris, Nagel, 1955, t. III, p. 912.

7 Anne Dacier (1645-1720) se fit surtout connaître par ses traductions d'auteurs latins et grecs, et par la querelle qui l'opposa à Houdar de La Motte qui considérait Homère comme un poète imparfait alors que Mme Dacier le plaçait au panthéon de la littérature grecque.

des raisons de vraisemblance. Voltaire, quant à lui, condamna avec virulence cette position et défendit, dans son édition *Œdipe* de 1729, l'art poétique en se référant aux Anciens et aux productions les plus exemplaires, ce à quoi rétorqua La Motte l'année suivante dans la *Suite des Réflexions sur la tragédie, où l'on répond à Voltaire* en réaffirmant son point de vue. Autant dire que le sujet traité avec malice dans les lettres était brûlant ! Dans les dernières années de sa vie, à l'époque où il correspondait avec la duchesse du Maine, Houdar « devint tout à fait aveugle, et si accablé d'infirmités, qu'il ne pouvait pas faire un pas, ni même se tenir debout[8] ».

ROSE DE STAAL-DELAUNAY (1684-1750)

Née à Paris, la future Mme de Staal portait les prénoms de Marguerite-Jeanne et le nom de son père, Claude Cordier. Pour des raisons inconnues, elle prit celui de sa mère, Delaunay[9], et se fit appeler Rose. Abandonnée par son père en Angleterre pour affaires et sa mère sans moyens, elle fut recueillie à l'abbaye Saint-Sauveur d'Évreux. Livrée à l'éducation de dames de condition parmi lesquelles Mmes de Grieu, Rose acquit les premiers fondements de sa culture et développa la vivacité de son esprit. L'aînée des sœurs de Grieu ayant été nommée au prieuré de Saint-Louis à Rouen, Rose la suivit. Reine du couvent, entourée de la tendresse des religieuses, elle reconnaissait avoir « acquis, quoique infiniment petite, tous les défauts des grands[10] ». À la mort de l'abbesse de Saint-Louis, Mlle Delaunay, contrainte de quitter cette maison à l'âge de vingt-six ans, entra peu après au service de la duchesse du Maine.

Cloîtrée dans son couvent, lectrice passionnée de romans, toute rencontre avec des personnes de sexe masculin éveillaient sa curiosité, quitte à être désenchantée. Les premières pages des *Mémoires* fourmillent de ces souvenirs. À Saint-Louis, Rose se prit d'amitié pour Marie-Anne Vipart de Silly dont le goût pour la lecture et le savoir tout comme le caractère concordaient avec les siens. Lorsque le frère de Mlle de Silly, maître de camp au régiment d'Orléans, vint passer quelques jours au prieuré de

8 Claude et François Parfaict, *Histoire de l'Académie royale de musique*, BnF, Département des Manuscrits, fr 12355, p. 92-93.

9 Quoique les écrits contemporains utilisent l'orthographe « de Launay » en deux mots, celle admise aujourd'hui en raison de la mention de son nom d'épouse est la suivante : « Mme de Staal-Delaunay ». Nous gardons néanmoins l'orthographe originale dans les titres d'ouvrages et dans les lettres.

10 *Mémoires de Madame de Staal-Delaunay*, *op. cit.*, p. 32.

Saint-Louis, Rose tomba immédiatement sous son charme. Dans la première partie des *Mémoires*, le jeune homme occupe une place privilégiée. Plusieurs de ses lettres y sont publiées. Le marquis éprouvait de l'affection pour la jeune pensionnaire, se montrait bienveillant, la conseillait, inquiet sur son sort puis rassuré lorsqu'il apprit sa place à Sceaux. Son départ causa à Mlle Delaunay une sorte d'aphasie totale de ses sens et de son jugement : « [...] lorsqu'il eut disparu, je crus avoir cessé de vivre. Mes yeux, accoutumés à le voir, ne regardaient plus rien ; je ne daignais parler, puisqu'il ne m'entendait pas ; il me semble que je ne pensais plus[11] ».

En raison de sa complicité avec la duchesse du Maine dans la conspiration de Cellamare[12], Mlle Delaunay fut enfermée à la Bastille du 29 décembre 1718 au 6 juin 1720. Prisonnière néanmoins privilégiée, Rose décrit ses conditions de détention, ayant à sa disposition « un petit lit assez propre, un fauteuil, deux chaises, une table, une jatte, un pot à l'eau[13] ». Le gouverneur de la forteresse, M. de Launay (sans lien de parenté) lui faisait parvenir quelques livres et des cartes à jouer[14]. Dans sa cellule (de luxe !), elle s'exprime sur l'indépendance qu'elle ressentait par rapport à sa situation habituelle où son manque de disponibilité l'empêchait fréquemment d'écrire son courrier. Ce fut à la Bastille que Rose fit la connaissance du chevalier de Ménil qui l'abandonnera à sa libération. Lieutenant du roi, M. de Maison-Rouge fut la seule personne qui lui porta des sentiments sincères mais auxquels elle ne fut pas sensible, le tenant seulement pour un « incomparable ami » qui facilitait son quotidien en prison jusqu'à favoriser ses échanges avec le chevalier de Ménil. Malgré ses nombreux émois amoureux, Rose ne connut jamais le bonheur en ce domaine. En revanche, elle put compter sur de véritables amis comme Fontenelle, M. Brunel, M. de Rey, l'abbé de Vertot, le chevalier d'Herb..., puis, plus tard, Valincourt et l'abbé de Chaulieu[15], enfin Louis d'Héricourt qui lui proposa de s'occuper de l'édition de ses *Mémoires*.

---

11 *Mémoires de Madame de Staal-Delaunay*, *op. cit.*, p. 49.

12 Pour de plus amples détails, nous renvoyons notamment à C. Cessac *La duchesse du Maine (1676-1753). Entre rêve politique et réalité poétique*, *op. cit.*, p. 227-243.

13 *Mémoires de Madame de Staal-Delaunay*, *op. cit.*, p. 137.

14 *Ibid.*, p. 138.

15 Guillaume Amfrye de Chaulieu (1639-1720), abbé commendataire d'Aumale. Celui-ci, aveugle et atteint de la goutte, se prit d'une tendre affection pour sa cadette de presque quarante-cinq ans qui s'exprima dans une abondante correspondance et une multitude de poèmes galants, pour ne s'arrêter qu'aux portes de sa mort à près de quatre-vingt ans.

JACQUES-JOSEPH VIPART, MARQUIS DE SILLY (1672-1727)

Ayant fait la connaissance du marquis de Silly lors de son retour de la bataille d'Hochstett en Bavière (1703) où il avait été fait prisonnier, Mlle Delaunay s'éprit immédiatement de lui qui, de son côté, éprouvait une immense passion (l'identité n'en est pas révélée[16]) dont il voulait se détacher. Rose lui servit alors de secrétaire. Elle prit connaissance des lettres reçues par Silly, lui dit avec franchise ce qu'elle en pensait et lui proposa même, d'une manière désintéressée, des « projets » de réponses ; en cela, la forme de cette correspondance est tout à fait exceptionnelle. Consolatrice, moralisatrice parfois, mettant en garde son ami et l'incitant à la méfiance face à son asservissement à une personne de peu de qualités, Rose usa de toute l'autorité possible, affichant une rare force de caractère face aux épreuves de séparation, ce dont elle était incapable pour elle-même. Lorsque le marquis devint conscient de son erreur, elle lui démontra que la vengeance dont il voulait user était indigne de lui. Silly se suicida le 19 novembre 1727.

GABRIEL-AUGUSTIN DE RACAPÉ, CHEVALIER DE MÉNIL († 1731)

Après celles au marquis de Silly, les lettres au chevalier de Ménil, gentilhomme ordinaire de la maison du roi, montrent une nouvelle fois les espoirs déçus de Rose Delaunay. Les péripéties de leur relation furent amplement racontées dans les *Mémoires* auxquels les lettres forment un substantiel contrepoint. Deux séries de ces lettres ont été conservées : celle écrite lors de l'embastillement, en 1719, des deux personnages qui avaient participé à la conspiration de Cellamare, et celle, après la libération de Ménil, puis de Rose, l'année suivante.

L'étrangeté de cette rencontre est qu'elle n'eut pas lieu… concrètement. En effet, durant leur captivité, Rose et Gabriel-Augustin ne se virent jamais. Ceux qui s'appelaient « voisin/voisine » se contentaient de correspondre grâce à la complicité de Maison-Rouge que la jeune femme aimait appeler « patron ». Le badinage littéraire navigue de la prose à la poésie. Les moindres faits du quotidien, les questions et les réponses

16 La source manuscrite révèle seulement des initiales « mad. la d. d. » portant à croire qu'il s'agirait d'une duchesse.

afin de mieux se connaître, mais aussi des considérations plus graves eurent de quoi cimenter l'attachement des prisonniers.

La complicité nouée pendant leur détention ne survécut pas à leur délivrance. Se rencontrant alors occasionnellement à Paris, Ménil s'éloigna, Rose souffrit et manifesta un fort ressentiment vis-à-vis de son ancien « voisin », son amour demeurant toutefois aussi vif : « Je ne puis me détacher de vous, ni rien souffrir de ce qui m'en sépare[17] ».

LOUIS D'HÉRICOURT (1687-1752)

Nous ignorons dans quelles conditions Mme de Staal rencontra Louis d'Héricourt, peut-être grâce à Mme du Deffand dont celui-ci était un proche. Ayant commencé sa carrière dans l'armée, il devint avocat au parlement de Paris en 1712, puis publia plusieurs ouvrages de droit dont *Les Lois ecclésiastiques de France* en 1719. Ce fut à Héricourt, alors militaire à Marseille, que Rose confia ses mémoires et ses lettres, afin qu'il en établît l'édition dès le mois d'octobre 1742, « travail pénible et si peu digne de vous[18] ». Fausse modestie sans doute feinte de l'auteur qui prenait très au sérieux l'édition de ses écrits, ainsi que de ceux de ses amis comme l'abbé de Chaulieu, donnant son avis éclairé à Héricourt auquel elle vouait une grande amitié.

MARIE DE VICHY-CHAMPROND,
MARQUISE DU DEFFAND (1697-1780)

Cadette de la duchesse du Maine de vingt ans, Marie de Vichy-Champrond, issue d'une famille noble de Bourgogne, fut élevée au couvent de la Madeleine du Traisnel dans le faubourg Saint-Antoine à Paris. En 1718, elle épousa un cousin lointain, Jean-Baptiste-Jacques de La Lande, marquis du Deffand. Dès lors, la jeune marquise fit son entrée dans le monde, mais ce mariage convenu et peu assorti fut dissous au bout de quelques années. Marie passa alors d'un amant à un autre dont le plus notoire fut le Régent. À la mort de Philippe, elle se retrouva sans grands revenus, avec une réputation sulfureuse. Sa route croisa alors celle du président Hénault qui l'introduisit chez la duchesse du Maine à la fin des années 1720 ; la marquise tomba immédiatement sous le

17 Lettre du 14 août 1720.
18 Lettre du 24 octobre 1742.

charme de la princesse qu'elle suivait dans ses différentes résidences. Elle joua aussi la comédie à Sceaux, mais se lassa assez vite de la tyrannie de Louise-Bénédicte qui voulait toujours l'avoir à ses côtés. En revanche, elle trouva en Mme de Staal une amie indéfectible, ainsi que les lettres aussi attachantes – la marquise était notamment affublée du surnom affectueux de « ma reine » – qu'espiègles de cette dernière le montrent, écrites parfois quotidiennement, toujours avec un grand empressement.

CHEVALIER DE SAINT-POINT (? - ?)

Nous n'avons pu déterminer précisément l'identité de ce proche de la duchesse du Maine. Grâce aux adresses figurant au dos des lettres qui lui sont destinées, nous savons seulement qu'il fut capitaine de cavalerie au régiment du Rumain, puis aide maréchal général des logis de la cavalerie dans les armées de Bavière et du Rhin, sous les ordres du maréchal de Broglie[19], du maréchal de Maillebois[20], du maréchal de Coigny[21] et du prince de Conti[22], lors de la guerre de Succession d'Autriche (1740-1748).

DESCRIPTION DES SOURCES

Les sources ayant servi à la présente édition ne sont pas homogènes. Pour l'essentiel, il s'agit d'imprimés dont les plus nombreux ont été réalisés pour le libraire parisien Léopold Collin dans les années 1805-1809. Les autres sont plus anciens comme les lettres de la duchesse du Maine et d'Antoine Houdar de La Motte publiées en 1754 et les lettres de Rose Delaunay au chevalier de Ménil jointes à ses *Mémoires* l'année suivante. Quatre manuscrits ont été conservés : le premier concerne les lettres de la duchesse du Maine et de La Motte, les deux suivants celles de Rose Staal-Delaunay au marquis de Silly et à la marquise du Deffand, le

19 François-Marie, duc et maréchal de Broglie (1671-1745).

20 Jean-Baptiste François Desmarest, marquis de Maillebois (1682-1762), nommé maréchal en 1741.

21 François de Franquetot, duc et maréchal de Coigny (1670-1759). En 1748, son fils fut tué en duel par le prince de Dombes.

22 Louis-François de Bourbon, prince de Conti (1717-1776).

quatrième les lettres de la duchesse du Maine au chevalier de Saint-Point. Excepté pour ce dernier cas, unique source des lettres, les imprimés ont été pris comme référence.

LETTRES DE LA DUCHESSE DU MAINE,
D'ANTOINE HOUDAR DE LA MOTTE
ET DE MADAME DE LAMBERT

– A. *LETTRES / DE MONSIEUR / DE LA MOTTE, SUIVIES D'UN RECUEIL DE VERS DU MESME AUTEUR, Pour servir de Supplément à ses Œuvres*, [s.l.], M.DCC.LIV., p. 1-73[23].

Un avertissement de vingt-quatre pages (I-XXIV) ouvre le volume, montrant une parfaite connaissance des faits et des personnages dont il sera question dans les lettres, et de l'atmosphère particulière des salons. Les lettres sont elles-mêmes parsemées de quelques notes explicatives que nous reproduisons en italiques. Le volume compte encore presque deux cents pages de poèmes et d'historiettes, d'énigmes et de logogriphes, d'une fable et de sonnets, de bouts rimés, etc., concernant la duchesse du Maine et dont le tout est intitulé « Vers de Monsieur de La Motte ». Datée d'août à novembre 1726, selon un rythme régulier, la correspondance contenue dans ce recueil compte quatorze lettres d'Antoine Houdar de La Motte adressées à la duchesse du Maine, treize de cette dernière, ainsi que trois lettres de la marquise de Lambert, trois autres à elle adressées, enfin une – la première du recueil – de la duchesse du Maine à Rose Delaunay. Dans l'esprit des épistoliers, ces lettres n'étaient pas vouées à la publication ; selon l'abbé Trublet (1697-1770), celle-ci fut réalisée par l'abbé Leblanc, juste un an après la disparition de la duchesse du Maine. Nous avons gardé les astérisques utilisés dans la source principale afin de conserver l'esprit spécifique de ces faux anonymats prisés dans les salons.

– B. [Lettres de la duchesse du Maine], BnF, Département des Manuscrits, fr n a 27, f. 1-35^{v}.

Moins complet que l'édition, le manuscrit contient seulement douze lettres de la duchesse du Maine et quatre de La Motte, dictées à des

23 Selon l'avertissement (p. VI), c'est « le hasard qui en fait tomber entre les mains du libraire, une copie de cette même Demoiselle de L** [Launay] ». Roger Marchal (*Madame de Lambert et son milieu*, Oxford, The Voltaire Foundation, 1991, p. 213) affirme que Rose avait été liée avec Leblanc, responsable de l'édition.

secrétaires, les deux ensembles étant disposés à la suite l'un de l'autre. Deux billets autographes de la princesse seulement présents dans cette source sont reproduits à la fin de notre édition. Les lettres de la duchesse sont accompagnées de l'adresse « À monsieur de La Motte À Paris », exception faite de celle du 20 septembre 1726 spécifiant : « À monsieur de La Motte Secrétaire du Mardi ». Les dernières mentionnent en outre la « rue de Guénégaud » où se situe l'un des théâtres de la Comédie-Française. Outre des précisions sur les lieux et les dates, du moins pour les lettres provenant de la duchesse du Maine, cette source apporte un élément essentiel dans la dramaturgie à l'œuvre – nous l'expliquons plus loin –, l'autographe « Louise Bénédicte de Bourbon[24] » que nous transcrivons en italiques, tout comme les autres marques de la main de la princesse. Ainsi, bien que la source imprimée ait été choisie comme référence, le manuscrit, pour les raisons ci-dessus exposées, est également pris en compte ; c'est pourquoi nous précisons en note de bas de pages, la (les) provenance(s) de chacune des lettres.

– C. *LETTRES / DE MADAME / LA DUCHESSE DU MAINE / ET DE MADAME / LA MARQUISE DE SIMIANE. [...]*, A PARIS, / Chez Léopold COLLIN, Libraire, rue / Gît-le Cœur, n.° 4 / 1805, p. 1-103.

Cette édition reprend la source A. Les lettres sont numérotées (I-XXXIV). L'éditeur a complété les noms marqués par des ** dans la source A.

LETTRES DE ROSE DELAUNAY
AU CHEVALIER DE MÉNIL (1)

– *Pièces qui ont rapport aux Mémoires*, dans *MÉMOIRES / DE MADAME / DE STAAL*, / Écrits par elle-même / A Londres / M.DCC.LV., tome 3, vol. II, p. 193-275.

En quatre tomes et deux volumes, cette première édition des *Mémoires* de Mme de Staal-Delaunay est augmentée des deux comédies *L'Engouement* et *La Mode*[25], de quelques lettres et diverses poésies destinées à être

24 Voir l'illustration contenue dans C. Cessac, *La duchesse du Maine (1676-1753). Entre rêve politique et réalité poétique*, *op. cit.*, p. 269.

25 Voir l'édition de Jacques Cormier, *Madame de Staal-Delaunay, L'Engouement et La Mode, Comédies en trois actes*, Paris, L'Harmattan, 2005.

insérées dans les *Mémoires*. Les lettres qui n'ont pas connu d'édition postérieure à cette source sont adressées au chevalier de Ménil, alors que lui et Rose sont emprisonnés à la Bastille en 1719. D'une forte densité périodique, ces vingt-trois lettres ne portent que la mention des jours et des mois, du 28 avril au 22 mai.

LETTRES DE ROSE DELAUNAY (MME DE STAAL)
AU MARQUIS DE SILLY, AU CHEVALIER DE MÉNIL (2)
ET À MONSIEUR D'HÉRICOURT

A – LETTRES / DE / M.LLE DELAUNAI / (M.ME DE STAAL) / AU CHEVALIER DE MÉNIL, / AU MARQUIS DE SILLY, / ET / A M. D'HÉRICOURT ; Auxquelles on a joint celles de M. de Chau- / lieu à Mademoiselle de Launai, et le Por- / trait de Madame la duchesse du Maine. / TOME SECOND. / A PARIS, / Chez LÉOPOLD COLLIN, Libraire, / rue Gît-le cœur, n.° 4 / 1806.

- p. 1-106, LETTRES DE MLLE. DE LAUNAI, (MME DE STAAL), AU CHEVALIER DE MÉNIL.
- p. 107-195, LETTRES DE MLLE. DE LAUNAI, AU MARQUIS DE SILLY.
- p. 197-273, LETTRES DE MME. DE STAAL, A M. D'HÉRICOURT.

Ce recueil renferme trois séries de lettres de Rose Delaunay (Mme de Staal) adressées au chevalier de Ménil, au marquis de Silly et à M. d'Héricourt. Les premières sont postérieures à celles contenues dans la première édition des *Mémoires*. Comprenant quarante-six lettres, cette série commence le 8 janvier 1720, soit trois mois après la délivrance de Ménil et cinq mois avant celle de Rose, pour se clore en 1722. Produisant d'abord peu de lettres, le rythme s'intensifie par la suite, se ralentit de nouveau en 1721 et seulement deux lettres ouvrent l'année 1722. Les lettres au marquis de Silly sont numérotées (I-XLIV), sans lieu ni date. On peut estimer la datation autour des années 1710, avant et peu après l'arrivée de Mlle Delaunay chez la duchesse du Maine. Les lettres adressées à Louis d'Héricourt s'étend sur une période relativement longue, du 28 juillet 1740 au 18 janvier 1749, malgré seulement vingt-sept lettres, les années 1742 et 1744 étant les plus fournies avec neuf et sept lettres par an. L'année 1749, isolée, à la fin des lettres et succédant au 12 octobre 1745, pourrait être 1746.

B – Lettres de Mad.^{elle} de L. / a M. Le Marquis de Silly, BnF, Département des Manuscrits, fr n a 17631, f. 195-281^{v}.

Ce manuscrit[26] dont la première partie est consacrée aux *Mémoires* renferme les lettres de la source imprimée précédente concernant le marquis de Silly. Copié par deux mains différentes (l'une pour les lettres, l'autre pour les projets), il présente peu de variantes avec l'imprimé, excepté un « Projet » de quelques lignes absent du manuscrit mais qui pouvait se trouver sur une feuille perdue.

LETTRES DE MME DE STAAL-DELAUNAY
À LA MARQUISE DU DEFFAND

A – CORRESPONDANCE / INÉDITE / de MME DU DEFFAND / AVEC D'ALEMBERT, MONTESQUIEU, le Prés^{nt}. HÉNAULT, la duchesse du MAINE ; mesdames de CHOISEUL, de STAAL ; le marquis d'ARGENS, le Ch^{er} d'AYDIE, etc. / SUIVIE / DES LETTRES M. DE VOLTAIRE A Mme. DU DEFFAND. / TOME PREMIER. / A PARIS, / Chez LÉOPOLD COLLIN, Libraire, rue Gît-le cœur, n.° 4. / 1809., p. 153-220.

Une partie de ce volume contient vingt-six lettres de Mme de Staal à la marquise du Deffand, écrites du 29 juillet au 13 octobre 1747. La numérotation des lettres continue, « L. » à « LXX. », s'inscrit dans celle de l'ensemble du recueil et certaines lettres sont réunies sous le même numéro. Excepté la première qui mentionne « Mme de Staal à Mme la marquise du Deffand », les autres sont suivies d'une inscription identique : « La même à la même ». N'ayant aucune pertinence, ces éléments ne figurent pas dans notre édition.

B – Lettres originales / de Mad. de Staal / à Mad. du Deffand., BnF, Département des Manuscrits, fr n a 12413, f. 1-44^{v}.

Quatre lettres de l'imprimé sont absentes du manuscrit et deux autres, celles des 10 et 13 octobre ont été mal classées lors de la reliure. Malgré d'autres variantes (changement de mots, extraits manuscrits absents de l'imprimé…), cette source autographe pourrait avoir servi de référence

26 Je remercie chaleureusement Natalia Smirnova, auteur d'un Master 2 soutenu en 2019 et intitulé *De l'écriture de l'intime à la publication : l'exemple des Mémoires de Mme de Staal-Delaunay (1684-1750)* qui m'a aimablement communiqué la cote de ce manuscrit et de celui des Lettres originales de Mad. de Staal à Mad. du Deffand.

à l'imprimé. Les adresses sont identiques : « À Madame la marquise du Deffand à la trésorerie de la Ste Chapelle du Palais À Paris ».

La première lettre contenue dans les f. 2-3 est en réalité un autographe de la duchesse du Maine dont la date n'est que partiellement visible : « dimanche 7 jui… ». Elle est reproduite dans l'imprimé ci-dessus (p. 221-222), à la suite de celles de Mme de Staal, correctement attribuée, mais à une date erronée : « Dimanche 7 juin 1747 ». Cette lettre porte aussi une adresse différente des précédentes : « À Madame la marquise du Deffand à Dampierre par Trappes ». En effet, Mme du Deffand était alors chez son amie la duchesse de Luynes. Nous publions cette lettre en annexe.

LETTRES DE LA DUCHESSE DU MAINE
AU CHEVALIER DE SAINT-POINT

– [Lettres de la duchesse du Maine], Musée du Domaine Départemental de Sceaux, Inv. 93.8.1-17.

Ces dix-sept lettres autographes de la duchesse du Maine (le corpus n'est probablement pas complet) couvrent une période d'environ cinq ans, de 1741 à 1746, pendant la guerre de Succession d'Autriche. La princesse vieillissante (elle évoque ses nombreux maux de santé) montre son intérêt pour le conflit qui sévit et le sort de la France, d'autant que ses fils, le prince de Dombes et le comte d'Eu, participent à ce lourd engagement. Relativement brèves, ces lettres sont écrites de Sceaux (9), les autres de Paris (4), d'Anet (2), de Versailles (1) et de Sorel (1), témoignages de la vie itinérante de la duchesse à cette époque. Quant aux noms de lieux mentionnés à l'intérieur des lettres, ils ne sont pas toujours lisibles sous l'écriture de la duchesse. Du point de vue de la datation, seuls le jour et le mois sont mentionnés. Il est souvent difficile de retrouver l'année, d'autant que telles qu'elles ont été inventoriées après leur acquisition en 1993 par le Musée du domaine départemental de Sceaux, les lettres ne l'ont pas été dans leur ordre initial. Pour preuve, l'exemple suivant : la maladie du cardinal de Polignac (lettre D) est évoquée après sa mort (lettre A). Grâce aux adresses généralement copiées par la duchesse que nous reproduisons et à quelques éléments du contexte historique contenus dans les lettres, nous pouvons en dater certaines d'une manière soit certaine (année citée entre crochets), soit hypothétique (point d'interrogation). Malgré quelques doutes, nous avons choisi de présenter un nouvel agencement de la source au plus près de la chronologie.

1	C	11	M
2	D	12	K
3	A	13	L
4	E	14	J
5	F	15	P
6	G	16	N
7	H	17	Q
8	B		
9	I		
10	O		

Correspondances des classements
(en lettres celui du MDDS, en chiffres celui de l'édition).

Les annexes contiennent la lettre de la duchesse du Maine (improprement attribuée à Mme de Staal) à la duchesse du Deffand (*Lettres originales de Mme de Staal à Mme du Deffand*, *op. cit.*, f. 2-3) et le *Portrait de Madame de Staal par elle-même* (*Correspondance inédite de Mme du Deffand*, *op. cit.*, tome 2, p. 198-200).

L'ART DE L'ÉPISTOLAIRE

Toutes les lettres de cette édition ont pour premier avantage de témoigner de la vie à la cour de Sceaux où l'on cultivait les charmes de la conversation, le mot d'esprit, le goût de la lecture, et où les personnages s'y croisèrent à différents moments de leur vie. La lecture à voix haute était tout autant un plaisir qu'une nécessité pour les personnes de ce siècle qui avaient souvent des problèmes de vue ; tel était le cas de la duchesse du Maine et de Rose de Launay, et, d'une manière encore plus dramatique d'Houdar de La Motte et de Mme du Deffand qui connurent une cécité totale. Même si elle ne s'y réduisait pas, la lettre peut être saisie comme un prolongement ou parfois même un substitut de la conversation quand les personnes ne pouvaient pas se rencontrer. Comme il est souvent souligné dans les lettres de la duchesse du Maine aussi bien que dans celles de Mme de Staal-Delaunay, une lettre répondait à une précédente reçue, lettre qui, à son tour, suscitait une réponse, etc., avec tous les aléas des courriers d'alors.

La correspondance de la duchesse du Maine, d'Antoine Houdar de La Motte et de Mme de Lambert nous renseignent sur les invités du salon de l'hôtel de Nevers, sur les thèmes qui, outre quelques débats philosophiques, y étaient traités : le goût, la question de la prose et de la poésie, le portrait littéraire, la position sociale des femmes, particulièrement chère à la marquise. Durant le mois d'août 1726, la princesse qui séjournait dans son château d'Eu en Normandie[27] apprit que les lettres qu'elle destinait à Mlle Delaunay et à Mme de Lambert étaient lues publiquement chez cette dernière, ce dont elle s'offusqua. La lettre de la duchesse du Maine à Rose donne d'emblée le ton, montrant à la fois le côté excessif du caractère de la princesse et un désappointement plus feint que véritable. On retrouve cette manière dans la première lettre (« Ô Mardi respectable ! ») qu'elle adressa à l'une des principales personnalités du salon, Antoine Houdar de La Motte. Un commerce épistolaire régulier et singulier s'établit entre eux jusqu'à la fin de l'année, sous la forme d'un jeu de séduction qui s'orienta vers des sphères insoupçonnées. Voulant absolument être reçue au Mardi, la princesse du sang s'en vit interdire l'accès en car elle n'appartenait au groupe élitiste des lettrés auquel il était réservé. Néanmoins, La Motte, encouragé par Mme de Lambert qui défendait les qualités d'éloquence de son amie, reconnut l'intérêt des lettres de cette dernière et convoqua, même rapidement, la figure de Mlle de Scudéry : « il ne vous eût servi de rien d'être princesse, si vos lettres n'avaient été charmantes ; vous avez été jugée comme une simple Scudéry ». Cette réminiscence était loin d'être innocente car, selon l'abbé Charles-Claude Genest, le salon de celle que l'on surnommait « Sappho » inspira l'atmosphère particulière des premières années du XVIIIe siècle à Sceaux. Mais si les écrits de la princesse étaient appréciés, elle devait changer d'identité ; elle-même décida de se métamorphoser en « bergère » afin d'être acceptée par le cercle lettré et galant de Mme de Lambert.

Le commerce de lettres qui s'ensuivit dans le cadre du salon de la marquise de Lambert au ton très particulier où se mêlaient galanterie, badinage, sérieux et futile, laisse entrevoir chez la duchesse du Maine un

27 C. Cessac, « Voyage de la duchesse du Maine en Normandie (1726) », *Études normandes*, à paraître en 2022.

aspect peu connu de sa personnalité : son talent d'épistolière capable d'en découdre avec un des plus grands poètes et dramaturges de son temps. L'avertissement des *Lettres de Monsieur de La Motte* évoque le monde de la Chambre bleue dont Louise-Bénédicte était considérée comme l'héritière et La Motte le successeur de Voiture : « Voiture avait autrefois donné les premiers modèles de cet élégant badinage : il semble qu'en l'imitant M. de la Motte avait entrepris de faire revivre ces amusements si communs à l'hôtel de Rambouillet, où l'esprit ne brillait jamais tant que lorsqu'il s'exerçait à peindre des passions qui n'avaient rien de réel que le respect[28] ».

Dans les échanges entre Houdar de La Motte et la duchesse du Maine, la question de la poésie tint un rôle central, au point même d'en devenir un des principaux enjeux. Alors que la princesse qui adorait le genre en réclamait avec autorité (« Écrivez-moi en vers[29] ! », « Envoyez-moi des vers[30] ! », « Il me faut des vers[31] »…), La Motte, de son côté, se prit d'une passion irraisonnée, non pour la duchesse, mais pour son nom éminent écrit de sa main – « Louise Bénédicte de Bourbon[32] » –, alors que les lettres étaient dictées. Un véritable marché se mit peu à peu en place visant à troquer des vers contre un nouvel autographe et sa force tout autant symbolique qu'érotique. Il devint même objet poétique[33]. Enfin, la notion de désir clairement exprimée par le poète entraîna un glissement vers une intimité où le nom fut assimilé à un portrait (« Le nom est un portrait en raccourci qui réveille dans le moment l'idée de toute la personne. Supérieur à ces portraits qui ne représentent que la figure, il rappelle tout d'un coup l'esprit, le caractère, toutes les qualités personnelles[34] »), et même à un autoportrait reçu en cadeau tel qu'on en envoyait et recevait dans les milieux mondains[35].

28 *Lettres de Monsieur de La Motte*, *op. cit.*, Avertissement, p. VIII.

29 Lettre du 20 octobre 1726.

30 Lettre du 28 octobre 1726.

31 *Ibid.*

32 Voir C. Cessac, « La correspondance de la duchesse du Maine et d'Antoine Houdar de La Motte (1726) : la séduction du nom », *Femmes, rhétorique et éloquence sous l'Ancien Régime*, éd. C. La Charité et R. Roy, Publications de l'Université de Saint-Étienne, « l'école du genre », 2012, p. 229-240.

33 Lettre du 28 octobre 1726 et la précédente non datée.

34 Lettre non datée, p. 47.

35 Les protagonistes renouaient avec cette pratique qui avait fait notamment les beaux jours de la cour de Sceaux quelques années auparavant lors de sa magnificence et dont on a de nombreux témoignages dans les deux recueils des *Divertissements de Sceaux* publiés en 1712 et en 1725.

Une vingtaine d'années sépare cette correspondance des lettres au chevalier de Saint-Point. Vieillie, malade, la princesse s'adressait à cet ami dans un contexte de guerre. Nous n'y retrouvons évidemment rien du style virevoltant du salon de Mme de Lambert.

Connue par ses *Mémoires*, Rose Delaunay avait également le goût de l'épistolaire. Ce talent remarqué par Fontenelle lui permit d'entrer au service de la duchesse du Maine[36]. Le style des lettres de Mme de Staal-Delaunay est proche de celui de ses *Mémoires*, direct, vivant, n'excluant pas la réflexion philosophique, voire moraliste : « Ma santé est assez bonne, ma vie douce, et à l'ennui près, je suis assez bien. Cet ennui consiste à ne rien voir qui me plaise, et à ne rien faire qui m'amuse ; mais quand le corps ne souffre pas, et que l'esprit est tranquille, on doit se croire heureux[37] ». Rose se révèle aussi une formidable conteuse ; on pense notamment à la relation émouvante de la disparition de la duchesse d'Estrées[38]. Les lettres au chevalier de Ménil se conforment à une pratique littéraire de l'époque, le mélange de prose et de vers « demi-marotiques[39] » duquel l'épistolière s'amuse : « Nos vers étaient des plus mauvais qui se fassent ; je les mettrai pourtant à la suite de ceci [i.e *Mémoires*], avec une partie des lettres, pour conserver tout l'historique de cette bizarre aventure[40] ».

Toutes ces lettres montrent une femme d'une empathie exceptionnelle avec les êtres qu'elle aime et un renoncement quasi permanent et douloureux à sa propre vie. Que ce soit dans le registre amoureux ou amical, Rose arbore la même bienveillance. Tangible et profonde, sa souffrance est rarement pesante ; pour cela, elle recourt à des traits humoristiques et à son sens de l'autodérision. À la fin des échanges avec le marquis de Silly, tout en regrettant « le pouvoir despotique que vous avez sur moi[41] », Rose conclut avec élégance : « Il n'y a que vous qui sachiez mettre dans des lettres tout le charme de la conversation[42] ».

36 *Mémoires de Madame de Staal-Delaunay*, *op. cit.*, p. 91-93.

37 Lettre à M. de Silly, XLIIIe.

38 Amie depuis l'enfance de la duchesse du Maine, Diane-Adélaïde, duchesse d'Estrées (1687-1747), fille de Philippe, duc de Nevers, et de Diane-Gabrielle Damas de Thianges, nièce de Mme de Montespan.

39 *Mémoires de Madame de Staal-Delaunay*, *op. cit.*, p. 150.

40 *Ibid.*, p. 151.

41 Lettre à M. de Silly, XXIIe.

42 *Ibid.*, XLIVe.

Dans les lettres à la marquise du Deffand pour laquelle elle ressentait une profonde amitié, Rose décrit la vie au quotidien chez la duchesse du Maine. Son affection guide le meilleur de sa plume usant d'un style enjoué qui n'a d'autre objet que de distraire son amie, souvent triste et déprimée. Malgré leurs différences, l'une romanesque et ne trouvant la paix que dans la solitude, l'autre farouchement imperméable aux langueurs du cœur, ayant un besoin absolu de compagnie pour se fuir, un même besoin d'indépendance néanmoins les unissait.

Malgré toutes ses désillusions, Rose ne cessa d'afficher ses convictions personnelles comme le respect de soi et de l'autre. Elle ne manquait pas cependant d'user d'ironie envers les personnes qu'elle n'appréciait guère comme le couple extravagant formé par Émilie du Châtelet et Voltaire. À tous les instants de son existence, Rose fit preuve d'une étonnante lucidité et porta un regard acéré sur la société aristocratique dans laquelle elle vécut. Elle ne bénéficia que de très loin de son confort et la priva d'une valeur essentielle : sa liberté, revendication omniprésente tout au long de ses écrits.

Dans les lettres à M. d'Héricourt et à Mme du Deffand, Mme de Staal déplorait les fatigues dues au goût de l'itinérance de la duchesse du Maine qui l'épuisaient et l'isolaient d'une manière insupportable. Comme dans ses *Mémoires* où elle écrivait que La Bastille fut « le seul temps heureux qu'[elle a] passé dans [sa] vie[43] », elle confia dans ses lettres ses convictions les plus intimes, son regard à jamais dégoûté du monde et de l'esclavage[44]. Par ailleurs, elle fait un portrait féroce de la Cour de France où tout n'était qu'apparence et artifices figés, page absolument saisissante confirmant la perception aigue que Rose avait de ses contemporains[45]. Malgré sa conscience des inégalités sociales dont elle souffrit elle-même, la baronne de Staal demeura attachée au monde aristocratique qui était le sien ; ainsi écrivait-elle à Mme du Deffand : « Je pense, comme vous, que le pire des états est l'état populaire[46] ».

43 *Mémoires de Madame de Staal-Delaunay*, *op. cit.*, p. 176.
44 Lettre à M. de Ménil, 2 mai 1720.
45 Lettre à M. de Ménil, Seizième réponse, p. 126-127.
46 Lettres du 6 octobre 1747.

PRINCIPES D'ÉDITION

Recourant à des sources hétérogènes, pour certaines manuscrites, d'une part, par souci de lisibilité pour le lecteur d'autre part, nous avons fait le choix de moderniser l'orthographe et de normaliser celle des noms propres. Afin d'aider à la compréhension des textes, quelques notes de bas de pages ont été introduites afin de signaler les événements susceptibles de dater certaines lettres, de préciser l'identité des personnages que nous avons pu authentifier ou toute autre information complémentaire. Certaines majuscules sont conservées lorsqu'elles sont significatives comme, par exemple, le « Mardi » du salon de la marquise de Lambert.

La ponctuation des sources imprimées est respectée. La fréquence des deux points et points virgules donnent souplesse et fluidité au discours. De même, l'emplacement des virgules a été conservé. En revanche, la ponctuation minimale du manuscrit des lettres au chevalier de Saint-Point a été complétée.

Lorsque les indications de lieu et de date que nous respectons au plus près de leur contenu et de leur formulation proviennent d'une source secondaire ou sont induites par le contexte, elles sont notées entre crochets.

CHRONOLOGIE

Août-novembre 1726	Lettres de la duchesse du Maine, d'Antoine Houdar de La Motte et de Madame de Lambert.
1741-1746	Lettres de la duchesse du Maine au chevalier de Saint-Point.
Autour des années 1710	Lettres de Rose Delaunay au marquis de Silly.
Avril-mai 1719	Lettres de Rose Delaunay au chevalier de Ménil (1).
1720-1722	Lettres de Mme de Staal-Delaunay au chevalier de Ménil (2).
1740-1749	Lettres de Mme de Staal-Delaunay à Monsieur d'Héricourt.
Juillet-octobre 1747	Lettres de Mme de Staal-Delaunay à la marquise du Deffand.

LETTRES

LETTRES DE LA DUCHESSE DU MAINE, D'ANTOINE HOUDAR DE LA MOTTE ET DE MADAME DE LAMBERT

LETTRES DE MADAME LA D*. D**. ET DE MONSIEUR DE L* M**[1]

*Pendant que Madame la Duchesse du ** était à la ville d'** Madame la Marquise de Lambert, à qui elle écrivait, montra quelques-unes de ses lettres à Messieurs de la Motte, Fontenelle et autres qui dînaient chez elle, comme ils avaient coutume de faire tous les mardis, jour auquel elle rassemblait les personnes les plus distinguées par l'esprit et le savoir. Les lettres de Madame la Duchesse d** furent admirées, et Monsieur de la Motte se distingua dans l'applaudissement général qu'elles reçurent. Mademoiselle de Launay, qui était chez Madame de Lambert, et qui avait fait l'honneur de lui écrire, lui rendit compte de ce qui s'était passé; sur quoi elle reçut la réponse qui suit.*

LA DUCHESSE DU MAINE À MLLE DELAUNAY[2]

[Eu,] le 16 août 1726

Comment, ma chère Launay, on fait lecture de mes lettres en plein Mardi ! en présence de l'abbé de Bragelongne[3 a] ! et c'est Madame de

---

1 *Lettres de Monsieur de La Motte*, [s.l.], 1754, p. 1-2.

2 *Ibid.*, p. 2-3.

3 Christophe-Bernard de Bragelongne (1688-1744), ayant brillamment réussi ses études de grec, de belles-lettres, de philosophie et de mathématiques au collège des jésuites de

Lambert et vous qui me faites cette trahison ? Encore passe si je n'étais exposée qu'au Mercredi de M. Subtil. Mais La Motte, Fontenelle[4], l'abbé Mongault[5], etc., cela me fait trembler. M. de La Motte approuve ma mauvaise prose, tout comme il vous plaira. C'est un effet de sa prévention pour moi. Si j'écrivais comme lui je ne lui aurais pas tant d'obligation de vanter mon style ; mais je ne serais pas si honteuse qu'on le mît au jour. Vous me mandez de revenir bien vite, parce que la peste est à Paris. Cela est tout à fait tentant : il est vrai que vous ajoutez que ma présence fera cesser la contagion. Je ne me flatte pas d'être un préservatif, je crains bien plutôt d'augmenter le nombre des pestiférés. Cependant je conviens qu'il ne serait pas honnête de vouloir rester seule en ce monde et, en personne qui sait vivre, je veux montrer que je sais mourir avec le genre humain, quand il est nécessaire. Vous voyez que, malgré mes frayeurs, je prends courage quand il faut. Je partirai donc le 22 comme je vous l'ai déjà mandé, et je serai à S** le 31 de ce mois, s'il plaît à la peste de ne pas m'arrêter en chemin. Comme vous êtes la dépositaire de tous mes mauvais ouvrages, je croirais vous ravir vos droits, si je manquais à vous envoyer deux malheureux rondeaux qui sont sortis de ma stérile cervelle. Si on les lit à l'assemblée du Mardi, me voilà déshonorée en vers comme en prose. Adieu, ma chère Launay, je mets ma réputation entre vos mains ; soignez-la mieux à l'avenir que vous n'avez fait par le passé.

*Mademoiselle de Launay, loin de se corriger par cette réprimande, n'en eut que plus d'envie de faillir, et porta cette nouvelle Lettre à l'assemblée du Mardi suivant. Après les éloges accoutumés, on fit remarquer à Monsieur de la Motte la distinction avec laquelle il était traité, on lui dit qu'il devrait en faire ses remerciements lui-même à Madame la Duchesse du **. Il s'en excusa modestement, alléguant son respect et son insuffisance, et enfin la difficulté qu'il y avait*

Paris, fut pris en amitié par le père Malebranche. Membre de l'Académie des sciences en 1711, il publia plusieurs ouvrages sur la géométrie et entra dans les Ordres grâce à son oncle Nicolas de Bragelongne.

4 Bernard Le Bovier (ou Le Bouyer) de Fontenelle (1657-1757) débuta en 1677 au *Mercure galant* et servit le combat des Modernes tout en assurant la publicité de ses propres ouvrages tirés de l'Antiquité comme ses *Dialogues des morts* inspirés de Lucien. En 1697, il fut élu à l'Académie des sciences dont il devint le secrétaire perpétuel pendant 44 ans.

5 Cousin du Grand Colbert et précepteur du duc d'Orléans, l'abbé Nicolas-Hubert de Mongault (1674-1746) traduisit *Hérodien* (1710) et les *Lettres de Cicéron à Atticus* (1714), entra en 1711 à l'Académie des inscriptions et à l'Académie française en 1718.

de rien écrire qui pût plaire à une princesse d'un discernement si juste et d'un goût si délicat[6]*, et qui était si autorisée par sa manière d'écrire à condamner celle des autres. On tâcha de l'encourager, mais inutilement, jusqu'à ce Monsieur de Fontenelle lui proposa d'écrire au nom du Mardi, puisqu'il n'avait pas le courage de le faire en son nom : cela fut généralement approuvé, et Monsieur de la Motte, après avoir encore résisté quelque temps, acquiesça et écrivit une lettre qui fut envoyée à Madame la Duchesse du ** avec une de Madame de Lambert : les voici toutes deux.*

MME DE LAMBERT À LA DUCHESSE DU MAINE[7]

Paris, le 23 août 1726

Voici, Madame, le respectable Mardi qui vient de rendre hommage à Votre Altesse Sérénissime. Le grand Fontenelle, paré de tous ses talents, également bien avec les muses sérieuses et badines, dont la réputation se répand partout, secrétaire et presque doyen des Académies, est à vos genoux.

L'inflexible La Motte, qui a voulu renverser le culte d'Homère, et qui n'a jamais brûlé un grain d'encens sur son autel, jette des poignées de fleurs sur le vôtre.

Le mentor[8] d'un grand prince qui endoctrine mieux que Minerve, qui a prêté des grâces à Cicéron, et qui en est moins le traducteur que le rival, se prosterne devant Votre Altesse Sérénissime.

L'aimable abbé de Bragelongne, chéri des grâces et des muses, tant vanté par vous, est reçu dans le concert de ceux qui célèbrent vos louanges.

L'exact, le mesuré, ou plutôt la précision même, enfin le grand géomètre M. de Mairan[9], vient renouveler les hommages qu'il a déjà

6 Voir l'ode écrite par Houdar de La Motte en son honneur, intitulée *Le Goust*, *Œuvres de Monsieur Houdar de La Motte*, Paris, Prault l'aîné, 1753, t. I, p. 350-355.

7 *Lettres de Monsieur de La Motte, op. cit.*, p. 5-6.

8 L'abbé de Mongault.

9 Physicien, philosophe et musicien, couronné par l'Académie de Bordeaux, Jean-Jacques Dortous de Mairan (1678-1771) se fixa à Paris en 1717. Secrétaire du Régent, il fut appelé par le chancelier d'Aguesseau à présider la rédaction du *Journal des savants*. Ses connaissances et la clarté avec laquelle il les exposait le firent comparer à Fontenelle.

eu l'honneur de vous rendre. Vous voyez bien, Madame, que tous les grands hommes mettent leur gloire à vous honorer.

Il était bien juste que l'Académie qui vous doit tant, vint à rendre à V. A. S. des remerciements en forme. La langue ne se perfectionne que quand vous la parlez ou quand on parle de vous.

Je vous attends, Madame, avec tout l'empressement que peut inspirer le respectueux dévouement avec lequel j'ai l'honneur d'être, Madame, la très humble et très obéissante servante.

M. DE LA MOTTE À LA DUCHESSE DU MAINE « AU NOM DU MARDI[10] »

Voici encore, Madame, un accident de votre voyage et que vous n'aviez pas prévu[b]. C'est la lettre que j'ai l'honneur de vous écrire au nom du Mardi, de ce Mardi si redoutable, et qui peut se vanter de votre jalousie ; grâce à cet abbé de Bragelongne que votre berger n'a pas encore oublié, quoiqu'il en dise, et que Madame de Dreuillet[11] n'a pas vu aussi inutilement qu'elle le veut faire croire. Je ne sais, Madame, par quel caprice ce Mardi, qui a sous ses ordres le secrétaire perpétuel des Sciences de l'Académie, m'a chargé moi, de vous remercier de la haute idée que vous aviez de nous. Quoi vous, Madame, qui, à ce qu'on nous raconte, passez sans émotion sur le pont de Poissy, vous que n'effraient ni les canonnades, ni les tempêtes de l'océan[12], ni même les harangues, vous n'avez pu apprendre sans trembler que Mademoiselle de Launay nous ait lu vos lettres ! Il le faut avouer, Madame, vous aviez quelque raison de craindre ; il ne vous eût servi de rien d'être princesse, si vos lettres n'avaient été charmantes ; vous avez été jugée comme une simple Scudéry et l'exact M. de Mairan nous aurait démontré sans miséricorde que vous n'aviez pas plus d'esprit qu'un autre, si la proposition eût été

10 *Lettres de Monsieur de La Motte*, *op. cit.*, p. 6-8 ; Lettres de la duchesse du Maine, F Pn fr n a 27, f. 28-29.

11 Élisabeth Monlaur (1656-1730) avait épousé Jacques Dreuillet, président à mortier de Toulouse. Tombée veuve, elle vint vivre à Paris et devint une proche amie de la duchesse du Maine.

12 Allusion à son séjour sur la côte normande où elle se trouvait alors.

soutenable. Mais il a fallu se rendre de bonne grâce et convenir que toute Altesse que vous êtes, vous mériteriez bien d'être du Mardi. Vous n'en serez pourtant pas, Madame, et je vous en plains ; voilà ce que c'est que d'être princesse. Mais consolez-vous, vos lettres, vos rondeaux, vos amusements en seront. Nous les traiterons toujours comme de dignes associés, nous les admirerons souvent par justice et par goût et, quelquefois, pour peu qu'ils donnent[c] prise, nous les critiquerons pour maintenir la liberté. Enfin, Madame, on se dédommagera de ne vous avoir pas en personne par le plaisir de dire ingénument de vous tout ce qu'on en pense et avec des sentiments plus naïfs que votre présence ne le permettrait. Nous sommes, Madame, avec le plus profond respect, vos très humbles et très obéissants serviteurs et servantes. Le Mardi, La Motte secrétaire[d].

*Madame la Duchesse du ** fit une réponse au Mardi, adressée à Monsieur de La Motte, et une à Madame de Lambert. Les voici l'une et l'autre.*

LA DUCHESSE DU MAINE À MME DE LAMBERT[13]

Bizy[14], le 26 août 1726

C'est à vous, que je dois, Madame, la lettre galante que j'ai reçue de votre aimable Mardi. Trouvez bon que je vous adresse ma réponse pour lui, et que je vous remercie de m'avoir attiré cette gloire. J'espère que cet indulgent Mardi voudra bien ne pas juger à la rigueur le style d'une personne outrée de fatigues, de chaud et de veilles : nous voyageons présentement à la pointe du jour, parce qu'il est impossible de marcher pendant la grande chaleur. Au reste, Madame, je n'ai rien vu de si parfait que la dernière lettre que vous avez pris la peine de m'écrire ; quoiqu'elle m'accable de douceurs et de louanges que je ne mérite pas, je ne puis m'empêcher de lui rendre la justice qui lui est due, et la vérité l'emporte

13 *Lettres de Monsieur de La Motte, op. cit.*, p. 8-9.

14 Château de Bizy, propriété de Charles-Louis-Auguste Fouquet de Belle-Isle (1684-1761), petit-fils de Nicolas Fouquet, où la duchesse du Maine fit une halte lors de son retour du voyage en Normandie.

sur ma modestie. Nous allons demain à A**, et nous serons sûrement samedi au soir à S**. Ne pourrais-je pas espérer, Madame, de vous y voir le même jour ou du moins le lendemain ? Ne me faites pas languir, s'il vous plaît, je sens que je ne puis plus me passer de vous voir. Je vous prie de faire mille compliments de ma part à Madame de Sainte-Aulaire.

La Bergère de S**[15].

LA DUCHESSE DU MAINE À M. DE LA MOTTE[16]

[Bizy, près Vernon, le 26 août 1726]

Ô Mardi respectable ! Mardi imposant ! Mardi plus redoutable pour moi que tous les autres jours de la semaine ! Mardi qui avez servi tant de fois au triomphe des Fontenelle, des La Motte, des Mairan, des Mongault ! Mardi auquel est introduit l'aimable abbé de Bragelongne ; et pour dire encore plus, Mardi où préside Madame de Lambert ! Je reçois avec une extrême reconnaissance la lettre que vous avez eu la bonté de m'écrire. Vous changez ma crainte en amour, et je vous trouve plus aimable que les Mardis gras les plus charmants. Mais il manque encore quelque chose à ma gloire, c'est d'être reçue à votre auguste sénat. Vous voulez m'en exclure en qualité de princesse, mais ne pourrais-je pas y être admise en qualité de bergère ? Ce serait alors que je pourrais dire que le Mardi est le plus beau jour de ma vie. J'ai grand besoin de ce secours pour apprendre à écrire et à parler ; mais il ne m'est nullement nécessaire pour connaître et chérir le mérite de ceux qui composent vos merveilleuses assemblées.

La Bergère de Md^{e} de Lambert[17].

---

15 Dans le langage des XVIIe et XVIIIe siècles, les termes « berger » et « bergère » désignaient des amants qui s'entretenaient des joies et des peines de l'amour dans un contexte courtois. La duchesse du Maine aimait s'amuser à prendre cette identité.

16 *Lettres de Monsieur de La Motte*, *op. cit.*, p. 10-11 ; Lettres de la duchesse du Maine, *op. cit.*, f. 1-1^{v}.

17 Lettres de la duchesse du Maine, *op. cit.*, f. 1^{v}.

*Madame la Duchesse du ** étant revenue à S** et ayant engagé Madame de Lambert à y passer quelques temps avec elle, lui proposa d'écrire à Monsieur de La Motte pour elle ; elle le fit : il voulut plus, il demanda que Madame la Duchesse du ** lui écrivît elle-même : elle eut cette complaisance, d'où s'établit le commerce de lettres, qui continua entre cette princesse et Monsieur de La Motte jusqu'à ce qu'elle revînt à Paris. Madame de Lambert s'y mêla souvent, et ce sont ces lettres qui suivent dans l'ordre où elles ont été écrites.*

M. DE LA MOTTE À LA DUCHESSE DU MAINE[18]

Vous n'avez écrit qu'au Mardi, Madame, et comme vous nous retenez notre présidente à Sceaux, il n'y avait point de Mardi pour répondre à Votre Altesse Sérénissime. J'avais pris le parti d'écrire en mon nom, mais j'ai eu quelque scrupule de ma lettre et je la supprimais. Je me repens aujourd'hui de mon scrupule, et puisqu'il faut absolument avoir l'honneur de vous écrire, voici la lettre dont je vous faisais grâce.

En vérité, Madame, vos exclamations font trop d'honneur au Mardi. Nous ne sommes pas si merveilleux que le dit V. A. S., et je ne saurais vous voir dans l'erreur, sans me croire obligé de vous détromper. Connaissez donc ce Mardi, Madame, mais ne me décelez pas : si je le trahis, songez, s'il vous plaît, que je ne le trahis que pour vous. Amis jusqu'aux autels. Pour commencer par Madame de Lambert qui nous préside, n'avez-vous pas remarqué, Madame, qu'elle ne pense pas comme la plupart du monde, qu'elle traite de frivole ce qui est établi comme important et qu'elle regarde quelquefois comme important ce que beaucoup de braves gens traitent de frivole. Ajoutez qu'avec ce prétendu courage d'opinions singulières, elle a quelquefois la faiblesse de paraître penser comme les autres. Je vous déclare encore qu'elle néglige fort sa réputation. Vous savez, Madame, qu'elle passe pour penser hautement et s'exprimer toujours de même : Eh bien ! Madame, je vous jure qu'elle ose dire quelquefois des choses fort simples et toujours fort simplement les plus relevées. Je ne vous dis rien de sa duperie inexcusable dans le

18 *Lettres de Monsieur de La Motte*, *op. cit.*, p. 11-16 ; Lettres de la duchesse du Maine, *op. cit.*, f. 34-35v.

commerce du monde ; elle y met du sentiment, de l'amitié, de la bonne foi. Est-ce là connaître les hommes ? Et quand on y est attrapé, n'a-t-on pas ce qu'on mérite ?

À l'égard de M. de Fontenelle, vous ne serez point étonnée de l'entendre traiter d'extraordinaire. C'est un homme qui a mis le goût en principes, et qui, en conséquence, demeurera froid où les Athéniens étouffaient de rire, et où se les Romains récriaient d'admiration. Vous savez d'ailleurs, Madame, qu'il a prétendu effacer ces grands maîtres dans tous les genres ; car pourquoi ne lui supposerions-nous pas les intentions les plus mauvaises ? C'est la bonne façon de deviner les hommes. Badinage, galanterie, sentiments, philosophie, géométrie même ; il a voulu briller en tout, et prouver par son exemple qu'il n'y a point de talents inalliables. Mais, [Madame,][e] à propos de géométrie, il faut tout vous dire ; il vient de faire un livre si subtil et si rêvé, que s'il perd son manuscrit de vue un mois seulement, il ne s'entend plus lui-même. Pauvre tête qui ne tient rien !

Il faut trancher le mot sur M. de Mairan ; c'est une exactitude, une précision tyrannique et qui ne vous fait pas grâce de la moindre petite inconséquence : il ne se fera pas scrupule de démontrer aux gens qu'ils ont tort, pourvu qu'il le fasse bien poliment comme s'il ignorait qu'en matière d'amour-propre, le fond emporte la forme.

L'abbé Mongault est tout plein de mauvais principes ; il nous a soutenu cent fois que les femmes n'étaient faites que pour aimer et pour plaire : il leur abandonne tant qu'il leur plaît l'empire de la bagatelle, mais à condition qu'elles ne touchent pas au sérieux. Je crois, Dieu me pardonne, tant sa prévention est grande qu'il serait quelque temps à vous rendre justice.

Madame de Sainte-Aulaire ne sait ce que c'est que dispute ni contradiction. Quelle ressource pour un Mardi ! Elle ne met de chaleur qu'à deux choses ; à soutenir que les femmes sont plus raisonnables que nous, et ce qui ne s'accorde pas trop avec cela ; que M. de Fontenelle a toujours raison.

Je ne vous dis rien de Mademoiselle de Launay, vous la connaissez ; mais vous voyez bien, Madame, que de ce Mardi tant vanté, il n'y a que moi qui vaille quelque chose. Comme j'ai l'honneur d'être connu de vous, ce n'est pas la peine de faire le modeste. Mais quoi, Madame, suffirais-je pour vous faire passer par-dessus tout le reste ? Si pourtant il en était ainsi, et que vous ne fussiez point alarmée de tout ce que je viens de vous dire, je ménagerais votre affaire le mieux qu'il me serait possible. Je crois qu'on vous admettrait volontiers en qualité de bergère, quoiqu'en vérité, Madame, ce soit une vraie duperie[f] que ce détour. Qu'en arriverait-il, Madame ? Sous ce nom de bergère, vous n'en seriez que plus charmante ; nous n'en serions que plus sensibles, et nous n'en serions que plus[g] timides à le dire. Quoi que vous fassiez, Madame, il n'y aura jamais de nos sentiments que le respect qui soit bien à son aise avec vous. C'est avec ce sentiment très profond dans mon cœur que je suis, Madame,

De Votre Altesse Sérénissime,
Le très humble, etc.

J'ai eu mes raisons, Madame, pour ne vous rien dire de l'abbé de Bragelongne. Comme vous dites que votre berger l'a oublié et que je me doute qu'il voit vos lettres, je n'ai pas voulu, par délicatesse pour vous, lui en réveiller la moindre idée.

MME DE LAMBERT À M. DE LA MOTTE[19]

Sceaux, le 20 septembre 1726

Quoi ! Un style figuré, de l'ironie pour les bergères ! Vous n'y songez pas, Monsieur ; je suis devenue si simple, que j'aurais pris vos louanges pour des injures, si S. A. S., par sa bonté, la plus aimable de ses qualités, ne m'avait détrompée. Vous voyez bien qu'il nous faut des louanges moins fines et plus développées. Votre lettre nous a procuré une dissertation charmante sur le goût. L'esprit de la princesse sort quelquefois des règles de la bergerie et rentre dans ses droits de finesse et de délicatesse ; et sur ce que quelqu'un n'entendait pas bien ce que vous avez dit de M. de Fontenelle qu'il avait mis le goût en principes, S. A. S. a bien voulu nous le mettre au net. Le goût qui tient aux arts, nous a-t-elle dit, et qui en fait la perfection, peut être mis en principes, parce qu'il se forme sur l'expérience ; mais pour le goût qui tient aux sensations et aux

19 *Lettres de Monsieur de La Motte*, *op. cit.*, p. 16-19.

sentiments, et qui vient de la disposition des organes, il est purement machinal et ne peut être réduit à des principes, étant indépendant de tout raisonnement : il n'en est pas de même de l'intelligence. Quand on conviendra de mes principes, on conviendra de mes conséquences. Je puis donc espérer de soumettre à mon avis une personne intelligente ; je n'ai pas la même autorité sur les sentiments, et ne puis me flatter d'amener une personne sensible à mon goût, ni elle de m'inspirer le sien ; je n'ai point de liens pour l'attirer à moi ; je n'ai point de route pour aller à elle ; rien ne se tient dans les goûts, ils sont uniquement dans la dépendance et dans la disposition des organes. Suivant ces règles l'amour s'inspire et ne se mérite point. Cela n'est-il pas conséquent, Monsieur ? Vraiment, elle nous en dit bien d'autres.

Je conviendrai toujours de tous les talents de M. de Fontenelle ; mais croyez-vous nous étonner ? Nous avons ici de quoi faire contre. À propos, Monsieur, il y a longtemps que je dois une vengeance à notre sexe contre vous autres savants. Ce sera la princesse qui servira à ma vengeance. À peine nous passez-vous un peu d'imagination et quelque lueur d'esprit. Je vais vous montrer une princesse qui réunit en elle tous les talents, esprit profond, géométrique et conséquent, esprit fin, délicat, lumineux avec tous les charmes de l'imagination ; une poésie aimable, de l'enthousiasme, cela pourra mortifier l'orgueil lyrique : enfin je vous présente en réalité ce que Saint-Évremond ne nous a donné qu'en idée. Vous savez que quand il a voulu nous donner un modèle de perfection, il l'a plutôt placé sur une femme que sur un homme, et il en rend raison. J'ai cru, dit-il, plus aisé de trouver dans les femmes la solidité des hommes, que dans les hommes les agréments des femmes. Voilà une grande autorité pour nous. Vous croyez que son Altesse ne viendra pas à nos Mardis ? Elle y viendra, Monsieur, pour notre gloire et à votre confusion. Mais que deviendrez-vous, quand vous verrez une princesse dont la dignité du rang a passé jusqu'au caractère : et qui ne fait jamais sentir sa supériorité, ce qui fait qu'on la lui pardonne. Quand vous joindrez à cela les grâces de la bergère, ses conversations fines et légères, cette joie qui anime tout, cet enjouement qui n'écarte point le sérieux, que deviendra votre respect ? Sera-t-il toujours bien à son aise ? Enfin quand j'aurai satisfait mon amour propre par ma vengeance, je vous en aimerai quatre fois davantage. En attendant, Monsieur, je vous honore et je vous aime assez raisonnablement.

LA DUCHESSE DU MAINE À M. DE LA MOTTE[20]

[Sceaux, ce 20 septembre 1726]

Je commence par vous dire, Monsieur, que je ne vous écris point. Je crois qu'il est bon que je prenne cette précaution, de crainte que vous ne vous y trompiez, et que vous ne preniez ceci pour une réponse. Voici la raison qui m'empêche de vous écrire. Madame de Lambert vous fait un portrait de moi, auquel je suis bien aise que vous croyez que je ressemble ; ainsi, je dois prendre le parti de me taire et de la laisser parler. Je ne vous dirai donc point que pour la première fois de sa vie, Madame de Lambert s'est trompée : qu'elle a fait un portrait purement idéal qui n'a aucune réalité et qui est à peu près comme le monde intelligible du père Malebranche[21] ; qu'elle m'a peinte comme elle voudrait que je fusse, et non comme je suis en effet ; que lorsqu'elle vous reproche d'avoir employé avec elle l'ironie, elle se venge en se servant avec vous de l'hyperbole la plus outrée ; qu'elle prouve bien que le goût ne peut être réduit en principes, puisque le sien la trompe si fort et lui fait voir les choses si différentes de ce qu'elles sont ! Je ne vous dis rien de tout cela ; au contraire, je vous prie de croire ce que Madame de Lambert vous dit de moi. Certainement, je ne vous désabuserai pas, ou du moins ce sera le plus tard que je pourrai. Je vais avoir grand soin de me cacher à tous les beaux esprits [du Mardi][h] qui ne me connaissent pas encore ; et loin de demander à être reçue parmi vous, je me garderai bien de m'y produire, pour l'honneur de Madame de Lambert et pour le mien. Je ne sais si je dois lui savoir tant de gré de ce qu'elle dit de moi. Il est vrai que j'en dois être très flattée ; mais d'un autre côté, elle me met dans l'impossibilité de vanter son discernement, sa justesse d'esprit, sa façon d'écrire, et tant d'autres talents qu'autrefois je pouvais louer tout à mon aise ; elle me force à renoncer au commerce de tant de gens de mérite qui composent ses assemblées ; elle me réduit à ne pouvoir ni écrire, ni parler ; en un mot, en voulant me rendre une personne universelle, il se trouve qu'elle m'anéantit. Cependant je ne

20 *Ibid.*, p. 19-21 ; Lettres de la duchesse du Maine, *op. cit.*, f. 2-4.

21 Le père Nicolas Malebranche (1638-1715).

puis me résoudre à me priver de vos lettres. Écrivez-moi, Monsieur, et Madame de Lambert répondra.

Louise Bénédicte de Bourbon[i]

M. DE LA MOTTE À LA DUCHESSE DU MAINE[22]

Je ne laisserai pas, Madame de répondre à ce que vous n'écrivez pas. Ce que V. A. S. dit qu'elle ne dit point, vaut mieux que ce que disent les autres. J'en excepte pourtant Madame de Lambert qui parle si bien de vous, que je l'en crois malgré vous : votre lettre même la justifie à merveille de toute hyperbole, et vous avez achevé votre portrait en le désavouant, tout ressemblant qu'il est. Bon Dieu, Madame, que je suis fâché de ne pouvoir aller à S** ! je vois bien que toute la semaine est Mardi dans ce pays-là. Les Lambert, les Dreuillet, les Sainte-Aulaire[23] et bien d'autres qui valent sans doute beaucoup dès qu'ils vous plaisent, et par-dessus tout une princesse qui aide les gens, quelque esprit qu'ils aient, à en avoir encore davantage. Où se trouverait l'exquis, s'il n'était pas là ? Je vous assure, Madame, que le Mardi, s'il m'en veut croire, sera désormais bien modeste : il craindra votre présence autant qu'il la souhaitera, et il aura grand besoin de se rassurer sur la parole de Madame de Lambert, qui jure que vous ne faites jamais valoir votre supériorité. Quoiqu'il en soit, Madame, venez, venez, pour la confusion des superbes. Pour moi, je ne m'embarrasse pas d'être humilié ; j'ai un bon secret pour cela ; je fais mon bien du mérite des autres, par le plaisir que j'y prends. Venez nous enrichir, Madame, venez nous charmer ; exposez-vous généreusement à tous les sentiments qui pourront naître : nous vous laisserons deviner ceux qui ne se disent point, et nous envelopperons tout si bien sous le respect, que vous n'aurez rien à dire. Je vous demande une grâce, Madame ; si vous daignez m'honorer d'un mot de réponse, ne me remettez point à Madame de Lambert. Il me

22 *Lettres de Monsieur de La Motte*, *op. cit.*, p. 21-23.

23 La comtesse de Sainte-Aulaire (Marie-Thérèse, † 1731), fille de Madame de Lambert, avait épousé le comte Louis de Beaupoil, fils du marquis de Sainte-Aulaire.

faut une L** B** de B** ; je ne sais quel goût j'ai pris pour ce nom-là, mais je vous jure que je ne m'en saurais passer.

Je suis, Madame, avec un très profond respect,

De Votre Altesse Sérénissime,
Le très humble et très obéissant serviteur.

M. DE LA MOTTE À MME DE LAMBERT[24]

À quoi pensez-vous, Madame, de me faire une si mauvaise querelle ? Vous me confondez avec des hérétiques que j'ai combattus cent fois en votre présence, et que je viens de dénoncer moi-même à la princesse. Quoi ! [moi,][j] Madame, je ne passerais aux femmes que l'imagination et les saillies, à l'exclusion du sérieux et des vues profondes ! À Dieu ne plaise, Madame, vous y avez mis bon ordre, et depuis que je vous ai vue, car il faut parler parfois sérieusement, vous m'auriez bien guéri de cette erreur, si j'en avais été capable. Choisissez donc mieux où placer vos vengeances. Entreprenez l'abbé Mongault et ses sectateurs : écrivez-lui seulement une lettre comme celle que j'ai reçue et si la raison et les grâces que vous mariez si bien ne le convertissent pas, menacez-le de la princesse, à la bonne heure. Qu'elle vienne aux Mardis pour le confondre, et s'il ne fait pas abjuration sur le champ, qu'il en soit exclus à jamais. J'y aurai regret, c'est d'ailleurs un homme de mérite ; mais il y a des erreurs capitales qui ne se pardonnent point. Pour moi, Madame, je fais profession d'une meilleure doctrine. Je tiens les femmes capables de tout : mais je crois que par bon esprit et pour profiter de leurs agréments, elles s'en sont tenues ordinairement à plaire ; science si agréable à exercer, et qui rapporte plus que les plus abstraites. Que feraient-elles en effet, d'érudition, de métaphysique, de géométrie ? Leur visage ne pas avec cela, et le sourire et les grâces s'en effaroucheraient. Les femmes ont choisi les riens à la vérité ; mais elles en savent faire quelque chose, tandis qu'il nous faut à nous de bons matériaux, dont nous ne faisons rien le plus souvent.

24 *Lettres de Monsieur de La Motte*, *op. cit.*, p. 23-25 ; Lettres de la duchesse du Maine, *op. cit.*, f. 32-33.

Vous voyez, bien, Madame, que vous pouvez vous mettre à m'aimer, plus qu'assez raisonnablement, puisque j'ai toujours été, et que je suis toujours avec une estime sans réserve, et un très profond respect, Madame,

Votre très humble et très obéissant serviteur.
[De lamotte][k]

LA DUCHESSE DU MAINE À M. DE LA MOTTE[25]

[Sceaux, ce 27 septembre 1726]

Madame de Lambert a juré que je ne vous écrirais pas que vous ne lui eussiez fait réponse, Monsieur, mais elle n'a pas juré que je vous écrirais aussitôt que vous lui auriez écrit. Quand elle l'aurait fait, je ne m'en embarrasserais pas, attendu que qui répond paie, et qu'elle serait obligée de payer pour moi. Votre lettre m'a plus confirmée que tout le reste dans la résolution que j'ai prise de ne vous point écrire. En vérité la partie ne serait pas égale, et mon style ne pourrait se soutenir auprès du vôtre. Outre cela je vois que vous êtes tout prêt à croire ce que Madame de Lambert vous mande de moi ; et encore un coup, je serais folle de vouloir vous désabuser. Je demeure donc dans mon néant et me garderai bien d'exister, pour me montrer si différente de ce qu'on dit que je suis. Cet état n'est pas brillant, mais il a ses commodités. Il vaut mieux n'être rien que de n'être pas ce qu'on vous croit ou ce qu'on veut que vous soyez. De plus, je ne serai point obligée de prendre part à toutes les prétendues injustices qu'on fait aux femmes. L'abbé Mongault dira tant qu'il lui plaira, qu'elles ne sont capables que de bagatelles, que les choses sérieuses et relevées ne sont pas de leur ressort, je ne me croirai point obligée de prendre fait et cause ; et, à dire vrai, je serais assez embarrassée s'il fallait le confondre. Il y a longtemps que cette hérésie a pris naissance ; je ne la crois pas si aisée à détruire que Madame de Lambert le prétend. On ne peut alléguer contre nous de preuves métaphysiques,

25 *Lettres de Monsieur de La Motte*, *op. cit.*, p. 25-27 ; Lettres de la duchesse du Maine, *op. cit.*, f. 5-6.

mais celles de fait ne nous sont point favorables. Cependant vous voulez voir mon nom par écrit : je ne sais pas trop pourquoi ; mais j'en dois être d'autant plus touchée, que cela est moins fondé. Vous le trouverez donc au bas de ceci, qui est un pur néant, absolument vide de choses, et tellement vide, qu'il suffirait pour donner gain de cause à M. Newton[26] contre tous les Cartésiens. Si par hasard vous étiez encore curieux de voir ce nom, vous savez, Monsieur, comment il faut faire pour cela. Je l'échangerai toutes les fois que vous voudrez, contre des lettres aussi agréables que celles que vous m'avez écrites.

On oublia de signer cette lettre.[1]

MME DE LAMBERT À M. DE LA MOTTE[27]

On m'ordonne de vous écrire, Monsieur, mais mon génie est aussi libertin que moi ; il ne vient pas toutes les fois que je l'appelle. Que vous dirais-je ? S. A. S. m'a défendu de parler, c'est-à-dire de la louer ; c'est la même chose. Pourquoi cette rigueur ? Qu'a-t-elle à craindre ? Elle n'a rien à faire pour se faire respecter, mais elle a tout fait pour se rendre aimable. Qu'elle nous défende donc de sentir. Je suis pourtant un être sensible. Je sens ; donc je suis : voilà la démonstration de mon existence. J'abandonne ce palais de Flore[28] plus réel que celui d'Armide ; mais il s'y fait souvent les mêmes enchantements ; j'éprouve tous les jours sur moi l'effet du charme. Vous connaissez, Monsieur, mes souffrances et ma langueur ; tous les matins je suis sans vie ; je vais à la toilette, un regard me ranime. Mais quel regard ! tout s'y trouve ; ce qui plaît, ce qui touche et ce qui séduit : regard qui n'a jamais porté à faux, et qui fait toujours son effet ; regard enfin que l'amour fit dans sa malice, parce qu'il défend tout ce qu'il inspire. Le croiriez-vous, Monsieur, ce sentiment fait pour

26 Isaac Newton (1643-1727) fut connu pour avoir remis en question la théorie des tourbillons de Descartes et celle, du même philosophe, de la séparation de l'âme et du corps qui supposait que l'univers matériel mécaniste n'entretenait aucune dépendance envers Dieu.

27 *Lettres de Monsieur de La Motte*, *op. cit.*, p. 27-29.

28 Château de Sceaux.

le bonheur de l'humanité, en est banni ? Puis donc qu'il n'est permis de penser ni de sentir, et que l'on m'ôte toute expression, je retourne à mes Mardis où j'aurai plus de liberté. Mais vous voulez bien que je vous dise que j'ai pris ici des leçons de délicatesse, qui me rendent très difficile. Adieu, Monsieur, c'est vous dire ce que je pense et ce que je sens, que de vous assurer que je vous aime et vous estime infiniment.

LA DUCHESSE DU MAINE À MME DE LAMBERT[29]

Il s'est fait une terrible métamorphose en moi depuis votre absence, Madame, je ne raisonne plus ; je n'écris plus ; je crois même que je ne pense plus. C'est à présent que je puis dire avec vérité que je suis rentrée dans le néant. J'avais raison de craindre que la forme sous laquelle vous me fassiez paraître n'eût rien de réel. Mon pauvre esprit était comme ces cadavres qui paraissent des beautés admirables tant qu'un art magique les anime et qui ne sont plus que des squelettes, sitôt que le charme est fini. Je suis précisément comme ces gens qui sortent d'un sommeil pendant lequel ils croyaient avoir des richesses en abondance, et qui sont au désespoir à leur réveil de se trouver aussi pauvres qu'auparavant. En vérité, Madame, il y aurait trop de cruauté à me laisser longtemps dans cette situation. Je ne pourrais m'en prendre qu'à vous de tous les dégoûts que m'attirerait le changement qui s'est fait en moi. En voici un des plus cruels. Le berger me voyant si différente de ce que je paraissais auparavant, a pris le parti de déserter : il m'a abandonnée pour aller chercher M. Subtil et l'abbé de Bragelongne. Revenez donc, Madame, si vous ne voulez pas me causer toutes sortes de malheurs. Venez me faire reparaître telle qu'on me voyait par la vertu de vos enchantements.

29 *Ibid.*, p. 29-30.

M. DE LA MOTTE À LA DUCHESSE DU MAINE[30]

Vous n'êtes pas quitte de mes lettres, Madame, puisque je suis sûr de ma récompense. Ce n'est pas que je doive compter sur la fidélité de V. A. S., elle vient de manquer à la condition du traité, même en l'acceptant. Vous me promettiez que je verrais au bas de votre lettre L** B** de B** et cependant ce nom si désiré ne s'y trouve point ; vous l'avez oublié. Vous me direz, Madame, que je vous chicane mal à propos ; que les princesses font ce qu'elles veulent, et qu'on n'a rien à leur dire : il est vrai. Mais nous autres, Madame, nous désirons aussi ce qu'il nous plaît. Quand les choses ne vont point à notre gré, il nous est permis du moins de nous en fâcher en secret : mais on va plus loin avec vous, Madame, on ose vous le dire ; et c'est là votre éloge. Vous feignez d'ignorer quel plaisir peut faire un nom : je vais donc vous l'apprendre, Madame, comme si vous l'ignoriez. Le nom est un portrait en raccourci qui réveille dans le moment l'idée de toute la personne. Supérieur à ces portraits qui ne représentent que la figure, il rappelle tout d'un coup l'esprit, le caractère, toutes les qualités personnelles ; et il fait plus ou moins cet effet, selon que la personne même a fait plus ou moins d'impression. Demandez aux amants, par exemple, quel charme a pour eux le nom de ce qu'ils aiment ; ils vous disent là-dessus les plus belles choses du monde. Eh bien ! Madame, l'amour n'est pas le seul qui y prenne un si grand goût ; le respect, l'admiration, d'autres sentiments encore y sont aussi sensibles ; et vous pouvez vous en rapporter à mon expérience. Mais il y a plus, Madame ; c'est quelque chose de bien précieux qu'un nom signé au bas d'une lettre avec quelque sentiment de bienveillance. C'est un portrait, comme j'ai dit, mais il est peint par la personne qui intéresse ; et c'est elle-même qui en fait un présent à ceux à qui elle écrit. De là viennent dans les amants, car je les prends toujours pour exemple, en matière de sentiments ce sont les grands maîtres ; de là viennent leurs transports, leurs ravissements à la vue du nom de ce qu'ils aiment ; vous les surprendriez mille fois, quand ils se croient sans témoins, à relire les lettres qu'ils ont reçues, à s'enflammer, à s'attendrir à l'aspect du nom chéri, le baignant quelquefois de leurs larmes, s'ils sont malheureux, et

30 *Ibid.*, p. 30-33.

le baisant sans cesse, s'ils sont heureux. Vous jugez bien, Madame, que je n'en userai pas ainsi avec le vôtre ; je n'ai garde et je sais trop bien mon devoir : si cela m'arrivait par malheur, je le nierais comme beau meurtre ; mais on est bien hardi quand on est tout seul.

Je suis, Madame, avec un très profond respect,

De Votre Altesse Sérénissime,
Le très humble et très obéissant serviteur.

LA DUCHESSE DU MAINE À M. DE LA MOTTE[31]

[Sceaux, ce 2 octobre 1726]

Je ne sais par quel malheur mon nom ne s'est pas trouvé sur le papier que je vous ai envoyé. Certainement, je croyais l'y avoir mis. Il faut que quelque malin enchanteur l'ait fait disparaître ; ou plutôt quelque follet bienfaisant, qui a voulu me procurer le plaisir de recevoir promptement une de vos lettres. Vous me faites une dissertation si galante sur les effets que peut produire un nom chéri, que je ne sais si je n'ai pas gagné en ne vous envoyant pas celui que vous désiriez. Cependant, comme je veux tenir ma parole, par préférence à tout, vous trouverez ici ce nom, ou il y aura bien du malheur. De plus, je vous permets d'en faire tel usage qu'il vous plaira. Vous voyez par là jusqu'à quel point l'éloquence séduit. Au reste, Madame de Lambert n'étant point ici, vous comprenez bien que je vous écris moins que jamais. Comme la personne qu'elle vous a dépeinte n'est que dans son idée, elle a besoin, comme nos âmes, d'être créée à tout moment, et elle cesse d'être sitôt que Madame de Lambert cesse de la produire. C'est donc chez elle que vous devez chercher mon esprit, et c'est elle qui doit répondre aux lettres que vous m'écrivez. Quant à moi, je ne me suis engagée à vous fournir que des *Louise Bénédicte de Bourbon*. En voici une bien conditionnée ; je la renouvellerai toutes les fois que vous le jugerez à propos.

---

31 *Ibid.*, p. 33-34 ; Lettres de la duchesse du Maine, *op. cit.*, f. 7-7v.

M. DE LA MOTTE À LA DUCHESSE DU MAINE[32]

Je n'ai plus rien à dire, Madame, mais en récompense, j'ai beaucoup à sentir. La permission que m'a donnée votre Altesse Sérénissime m'a tellement pénétré de joie, que je crains d'en devenir trop sérieux. Et qui sait même si cela n'irait pas plus loin ? Franchement, Madame, je suis dans un grand danger, et tout concourt encore à le rendre plus grand. Madame de Lambert revient de S** ; les Mardis recommencent ; et de mémoire de Mardi, on n'en a point passé de si charmant que le dernier ; on n'y a parlé que de vous. Vous croyez qu'il n'y a pas grand malheur à cela ; pardonnez-moi, Madame, il y en a ; je sais mieux mon affaire que vous. Madame de Lambert soutenant toujours que votre portrait n'est point flatté, s'est avisée d'y ajouter de nouveaux traits plus touchants que de raison. Passe encore pour les grâces et l'esprit, dont on ne sait que trop de merveilles : mais elle s'est mise à nous vanter un cœur admirable, plus tendre, plus compatissant, plus généreux que tous les autres, fait pour les sentiments et l'amitié et, par-dessus tout, aussi constant que sensible ; et comme si elle eût eu affaire à des incrédules, elle nous l'a prouvé par les faits. Il semblait qu'elle le fit exprès, Madame, moins pour achever de vous peindre que pour m'achever de peindre moi. Pardonnez-moi ce jeu de mots, Madame, il a un grand sens, mais quand il n'en aurait pas, il faut que je m'égaie et que je badine, à quelque prix que ce soit, pour me sauver du sérieux qui me menace. J'aime encore mieux m'égarer en plaisanterie qu'en sentiments. Je ne sais, Madame, si ce remède me suffira ; mais je vous avoue que je tenterai tout pour ne me pas perdre. Je vous ferai plutôt toutes les injustices du monde que de me laisser mener trop loin. Je croirai plutôt l'impossible ; que toutes vos lettres, par exemple, ne sont que des hasards d'esprit, qui ne prouvent point que vous en ayez toujours ; que toutes vos belles actions ne sont que des saillies d'humeur qui n'ont point de racine dans le fonds de votre âme. Que sais-je ? on se sauve comme on peut. Je croirai que l'amitié trompe Madame de Lambert, et que je suis trompé moi par l'admiration ; je ne suis pas bien sûr ici du mot propre.

---

32 *Lettres de Monsieur de La Motte*, *op. cit.*, p. 35-37 ; Lettres de la duchesse du Maine, *op. cit.*, f. 30-31.

Envoyez-moi, je vous supplie, une autre L** B** de B** ; j'ai presque usé la première sur votre permission, et je n'en suis, Madame, qu'avec un plus profond respect,

De Votre Altesse Sérénissime
Le très humble et très obéissant serviteur.

LA DUCHESSE DU MAINE À M. DE LA MOTTE[33]

[Sceaux, le 6 octobre 1726]

Je n'avais été jusqu'à présent que dans un anéantissement volontaire ; mais il est devenu forcé depuis que j'ai reçu votre dernière lettre. Je suis un peu plus embarrassée que je n'étais ; je me suis engagée bien témérairement dans un commerce de lettres avec vous ; il va plus loin que je ne pensais ; et voilà comment on s'embarque insensiblement sans en prévoir les suites. Je me trouve plus que jamais dans l'impossibilité de vous écrire. Si je veux répondre à une lettre enjouée et spirituelle, je craindrai de ne pas réussir ; si je veux répondre à une lettre galante, je ne saurais comment m'y prendre, ou du moins, je devrais faire comme si cela était ; si je loue votre lettre autant que je le voudrais, on dira que c'est par coquetterie ; si je ne la loue pas, on croira que je n'ai ni goût ni sentiment. Je ne sais de quel côté me tourner. Le néant même, auquel j'avais eu recours, m'est à charge depuis qu'il est devenu réel. Cette situation ne laisse pas que d'être fatigante à la longue, et je commence à être embarrassée de ma contenance en cet état. Vous voulez cependant toujours des *Louise Bénédicte de Bourbon*, j'ai failli à vous envoyer un blanc signé ; mais Mademoiselle de Launay a jugé au style de votre lettre que je risquerais trop. Que vous dirais-je donc sur ce que vous m'écrivez ? Allez trouver Madame de Lambert, faites-lui voir la lettre que vous m'avez écrite, et demandez-lui ce qu'en doit penser la personne dont elle vous a fait le portrait, et croyez qu'elle en pense tout ce que Madame

33 *Lettres de Monsieur de La Motte*, *op. cit.*, p. 37-39 ; Lettres de la duchesse du Maine, *op. cit.*, f. 9-10^{v}.

de Lambert vous dira. Au reste, je ne sais pas trop comment appeler ce que je vous envoie ; ce n'est point une lettre, c'est un pot-pourri, un monstre qui n'a point de forme déterminée ; donnez-lui celle qui vous sera plus agréable. Allez un peu bride en main sur les *Louise Bénédicte de Bourbon*, je ne puis suffire à vous en fournir la quantité qu'il vous en faut ; en voici un couple qui doit servir au moins à deux réponses.

M. DE LA MOTTE À LA DUCHESSE DU MAINE[34]

Votre charmant embarras, Madame, me devait valoir quatre bonnes lettres de V. A. S. Quel gain j'aurais fait, si vous aviez essayé de toutes les manières de me répondre ? Quand vous auriez répondu à une lettre prétendue enjouée et spirituelle, quelle leçon vous m'auriez donnée de légèreté et d'agrément ! Tout ce que vous écrivez fait tant d'impression sur moi, que je crois que votre goût deviendrait bientôt le mien. Quand vous auriez répondu à une lettre galante, que j'aurais eu de plaisir à croire que vous ne saviez comment vous y prendre ! je me serais bien gardé d'y soupçonner la moindre adresse. Si vous aviez pris le parti de me louer, ç'aurait été pour moi à la postérité une recommandation plus efficace que la liste de l'Académie française ; mais malgré tout cela, Madame, je vous aurais quittée volontiers de ces trois lettres pour une, où de dessein formé vous ne m'auriez point loué du tout. Je vous laisse, Madame, à débrouiller ce sentiment le mieux que vous pourrez : pour moi, je n'ose y regarder de si près. Je me prends naïvement tel que je me trouve, ou plutôt tel qu'il vous plaît de me rendre par vos malices. Cette charmante permission que vous m'avez donnée, ces deux L** B** de B** signées dans le courant d'une lettre, circonstance piquante et absolument de votre invention, sans compter mille petits riens qui sont d'un effet infini par la main dont ils partent : en vérité, Madame, si je m'égare, j'ai à qui m'en prendre ; ce ne sera pas tout à fait ma faute et vous l'aurez bien voulu. Je n'ai rien à me reprocher, Dieu merci ; je vous obéis exactement : j'ai été, comme vous m'en chargiez, lire à Madame de Lambert la lettre que je vous ai écrite ; je lui ai demandé ce qu'en

34 *Lettres de Monsieur de La Motte*, *op. cit.*, p. 39-41.

devait penser la personne dont elle a fait le portrait ; elle m'a répondu sans hésiter, que cette personne en était très contente. Ne croyez pas, Madame, que je m'en sois tenu au premier mot : je l'ai priée de penser sérieusement à ce qu'elle disait, parce que j'avais ordre de prendre sa réponse pour vos vrais sentiments. Je l'ai vue alors un peu embarrassée ; mais enfin elle a prononcé distinctement qu'elle n'osait me dire tout ce que vous en pensiez. Vous voyez bien, Madame, qu'il y a là de quoi mourir de joie et qu'en cet état une L** B** de B** ne doit me rien durer. Je vous supplie de ne me pas épargner ce nom charmant ; et je vous jure, Madame, qu'il n'y a jamais eu de respect dans le monde qui ressemble à celui avec lequel je suis,

De Votre Altesse Sérénissime,
Le très humble et très obéissant serviteur.

LA DUCHESSE DU MAINE À M. DE LA MOTTE[35]

[Sceaux, ce 14 octobre 1726]

J'ai lieu de croire que vous ne vous souciez plus des *Louise Bénédicte de Bourbon.* Il est vrai que vous m'en demandez un par votre dernière lettre ; mais il est vrai aussi que je vous en avais envoyé deux à la fois, en vous avertissant qu'ils serviraient pour deux réponses. Vous ne m'avez pas récrit depuis, ainsi c'est vous qui êtes en reste avec moi. Je voulais seulement vous mander aujourd'hui, que je ne vous enverrais pas ce nom que vous n'eussiez rempli les conditions que j'avais exigées, et le voilà cependant sur le papier en dépit que j'en aie ; vous avez fait quelque sort pour l'attirer. Quant à l'oracle prononcé par Madame de Lambert, je ne puis le contredire après ce que j'ai déclaré. D'ailleurs il ne m'engage en rien, puisque je ne me suis jamais reconnue au portrait qu'elle a fait. Si vous voulez absolument que ce soit le mien, je vous le laisserai croire. Il faudrait que je fusse de bien mauvaise humeur pour

35 *Lettres de Monsieur de La Motte, op. cit.*, p. 42-44 ; Lettres de la duchesse du Maine, *op. cit.*, f. 11-12.

vous chercher querelle là-dessus. Après tout, on n'est pas maître des pensées d'autrui ; on n'est responsable que des siennes ; il me suffit pour n'avoir rien à me reprocher, de vous avertir que je ne ressemble point à la personne dont il s'agit ; et qu'ainsi elle peut penser de vos lettres tout ce que Madame de Lambert vous a dit, sans que vous en puissiez tirer la conséquence que je pense de même. Au reste, on m'a avertie que vous montriez à tout le monde ce que je crois ne vous point écrire. J'étais tentée, pour vous punir, de vous envoyer une lettre que vous ne puissiez montrer, sans être en effet taxé de grande indiscrétion. Mais, tout bien considéré, j'ai cru qu'il était plus à propos de vous faire grâce que de vous punir de cette façon. Outre que j'ai ici un directeur et un berger, qui ne voudraient pas que je me servisse de ce moyen pour vous corriger. Tâchez cependant d'être plus circonspect à l'avenir, ou vous n'aurez plus de *Louise Bénédicte de Bourbon.* Ne voilà-t-il pas encore que j'écris ce nom pour la seconde fois ? Mais il me doit valoir trois lettres de vous ; une que vous me deviez déjà de bon compte et deux que vous me devez à présent. Dépêchez-vous de payer ou je ferai monter bien haut les arrérages.

À l'égard du respect dont vous me parlez, je suis assez contente qu'il ne ressemble pas à celui des autres. L'uniformité est désagréable à la longue, et vous faites bien de mettre de la variété dans ce sentiment, qui est assez ennuyeux par lui-même.

M. DE LA MOTTE À LA DUCHESSE DU MAINE[36]

Les L** B** de B** me viennent deux à deux, et avec cela, Madame, je trouve à peine mon nécessaire ; je comprends pour la première fois l'avarice et l'ambition. On n'a jamais assez des choses où l'on met son cœur. Je remercie donc V. A. S. de ses profusions. Mais ce qui n'est pas trop bien entre nous, c'est d'y mettre des conditions si précises et si absolues. Vous abusez du prix de la chose, sans égard au peu qu'elle vous coûte. Vous écrivez trois mots, trois mots que j'adore à la vérité, mais enfin ce ne sont que trois mots, et vous exigez autant de lettres

36 *Lettres de Monsieur de La Motte, op. cit.*, p. 44-46.

qu'il vous plaît de me faire cette grâce, comme si ce m'était une chose bien aisée que de vous écrire. Croyez-vous donc, Madame, que dans ce commerce singulier, où je ne sais quel lutin m'a engagé, la partie soit bien égale entre nous ? Vous m'écrivez en vous jouant ; vous m'en dites tant et si peu qu'il vous plaît ; je vois les grâces autour de vous qui se relaient à dicter vos lettres ; ou plutôt, je vois que vous ne leur laissez rien à faire que de sourire à votre badinage. En vérité cela est bien commode. Pour moi, Madame, c'est tout le contraire : je ne vous dis pas le quart de ce que je voudrais, ni comme je le voudrais. Un mot s'offre, et c'est le bon ; il faut pourtant, en dépit de la vérité, que j'en cherche un autre. Le sentiment est là qui voudrait que je le rendisse tout pur : il faut pourtant, malgré qu'il en ait, que je lui donne un air de pensée ; il faut, en un mot, que je me contente un peu et que je ne vous déplaise pas le moins du monde : deux intérêts qui me sont également chers. Je vous demande pardon de l'égalité, Madame, mais on ne saurait aller contre la nature. Vous voyez bien que tout cela est difficile à concilier, et que je ne suis pas trop à mon aise ; je ne m'en plains pourtant pas, Madame ; pour vous parler ingénument, j'ai autant de plaisir à ce que je supprime qu'à ce que je vous dis ; et ce que vous ne découvrirez jamais, si vous n'avez bien de la pénétration, m'est encore plus précieux que ce que je vous laisse voir. Ayez donc pitié de mon embarras, Madame, envoyez-moi des L** B** de B** sans me presser trop sur les conditions. Je ne laisserai pas de m'avouer redevable, et d'arrêter exactement mon compte : je vous demande seulement un peu de crédit, et je crois qu'à force de me prêter, vous me mettrez en état de vous bien payer. Je suis, Madame, avec ce respect que vous me permettez, et qui devient tous les jours plus extraordinaire,

De Votre Altesse Sérénissime,
Le très humble et très obéissant serviteur.

M. DE LA MOTTE À LA DUCHESSE DU MAINE[37]

Daignez juger, Madame, de notre contestation. Madame de Lambert m'a soutenu opiniâtrement que je devais trois lettres à Votre Altesse Sérénissime, et qu'il vous les fallait absolument, sans quoi je ne recevrais plus ce nom qui m'intéresse tant. J'ai voulu parier que je ne vous en écrirais qu'une, et que j'aurai pourtant réponse. On m'a trouvé bien hardi ; mais n'est-il pas vrai, Madame, que j'aurais gagné, et que j'avais raison de ne vous pas croire si inflexible ? Cependant, Madame, tout convaincu que je suis de votre indulgence, je ne laisserai pas d'entrer en paiement ; et comme je n'ai pas répondu à un article important de votre lettre, ce sera de quoi m'acquitter d'autant. On vous a dit, Madame, que je montrais vos lettres à tout le monde. À tout le monde ! vous ne m'en soupçonnez pas. À un petit nombre de gens choisi, je vous avoue qu'il en est quelque chose ; et vous conviendrez, je crois, vous-même, que je n'ai pas pu faire autrement. On est étonné en compagnie du changement de mon humeur. On me reproche des distractions fréquentes. Je réponds de travers à ce qu'on me dit. Les uns me croient malade, les autres craignent pour ma tête : là-dessus ne pouvant faire mieux, je montre une de vos lettres, et me voilà justifié. Autre avantage pour moi, Madame, on se récrie à chaque trait ; on me remercie de tout ce qu'on lit ; la bonne humeur revient ; je suis enchanté, et il n'y a plus moyen de me tenir. Après cela, Madame, si vous n'êtes pas contente de mes raisons, et qu'il vous plaise de me croire encore en faute, punissez, n'êtes-vous pas la maîtresse ? Mais punissez comme vous avez été tentée de le faire. Écrivez-moi, c'était votre projet, quelque bonne lettre que je puisse montrer sans indiscrétion : mais je vous avertis d'avance que je ne serai pas discret légèrement, et que je ne prétends le faire qu'à bonnes enseignes. Plût à Dieu que la pensée vous revint de me corriger à ce prix-là, et que vous voulussiez bien la mettre en œuvre. Eh ! Madame, que faites-vous donc d'un directeur, si vous résistez à vos tentations ? Prétendez-vous toujours l'entretenir de riens ; et ne mérite-t-il pas bien de temps en temps quelque consultation passable ? Pour moi, Madame, j'ai beaucoup à consulter avec le mien,

37 *Lettres de Monsieur de La Motte*, *op. cit.*, p. 47-49.

et nous avons de grandes disputes ensemble sur ce profond respect avec lequel je suis, Madame,

De Votre Altesse Sérénissime,
Le très humble et très obéissant serviteur.

LA DUCHESSE DU MAINE À M. DE LA MOTTE[38]

[Sceaux, ce 20 octobre 1726]

Vous payez en trop bonne monnaie pour me disposer à vous faire crédit : et la manière dont vous demandez quartier, me rend plus inflexible que jamais : je suis devenue encore plus intraitable depuis vos dernières lettres. Cependant je ne puis m'empêcher de vous avouer que vous auriez eu une *Louise Bénédicte de Bourbon* quand même je n'aurais pas reçu la seconde. Quelque amitié que j'aie pour Madame de Lambert, la vérité m'oblige de convenir qu'elle aurait perdu le pari ; mais malgré cela je ne vous aurais pas remis la dette. Vous comprenez bien que je la remets moins que jamais à présent. Il me revient une lettre de l'ancien compte, et vous m'en devrez du moins une de plus quand vous aurez reçu celle-ci. Songez donc à vous acquitter au plus tôt. Vous n'êtes pas si peiné de ce commerce singulier que vous voulez le faire croire ; vous avez du plaisir aux choses que vous me dites, et vous en avez encore davantage à celles que vous ne me dites pas : je vous prends par vos paroles. Puis-je vous plaindre en cette situation ? Je vous en fais juge. Mais s'il était vrai que le choix des mots vous causât quelque embarras, je vais vous donner un moyen de vous en tirer : écrivez-moi en vers : vous savez que la poésie a de grands privilèges, et que de cette façon on dit tout ce qu'on veut : vous y aurez recours dans ces temps où l'on ne peut vous tenir ; et les jours où vous serez plus modéré, vous m'enverrez de la prose ; car je ne veux pas y renoncer. Vous trouverez peut-être que je vous taille bien de la besogne, au lieu de vous procurer des facilités. Mais quand cela serait, aurais-je tort ? Et ce respect si extraordinaire que je permets, ne me met-il pas en droit

38 *Ibid.*, p. 49-51 ; Lettres de la duchesse du Maine, *op. cit.*, f. 13-14.

d'exiger quelque chose de plus à mesure qu'il se perfectionne ? Quant aux reproches que vous me faites de ne vous envoyer que trois mots qui ne me coûtent guère, et que je fais payer par autant de lettres qu'il me plaît de les répéter, comptez-vous pour rien les querelles des bergers et du directeur, qui prétendent que ces trois mots sont très significatifs ? Tout bien considéré, je mets au jeu autant que vous et les *Louise Bénédicte de Bourbon* ne sont pas payées trop cher. En voici une seconde ; vous savez que suivant notre marché elle doit me valoir une lettre de plus.

M. DE LA MOTTE À LA DUCHESSE DU MAINE[39]

Non, Madame, vous n'aurez point de vers, c'est une chose résolue ; et je crois que Votre Altesse Sérénissime entrera elle-même dans mes raisons. Les vers sont le langage de la fiction ; si naturellement qu'on s'y exprime, il reste toujours contre eux un soupçon de recherche ou de badinage, qui ne m'accommoderait point du tout auprès de vous. Je veux vous paraître aussi naturel que je le suis, et je ne veux pas qu'on puisse répondre aux endroits où le cœur parlerait le mieux ; ce ne sont là que des vers. Quand vous trouveriez les miens jolis, ce qui est d'ailleurs assez incertain, ce ne serait pas encore mon compte. Il y a trois mois qu'un pareil suffrage m'aurait fort contenté. À présent, j'ai toute une autre ambition ; je veux être jugé vrai ; je veux que vous le sentiez, que vous le voyiez, et ne vous laisser aucun prétexte d'ignorance. Désabusez-vous sur la poésie, Madame. Vous pensez qu'on peut dire en vers tout ce qu'on veut ; et moi je vous soutiens qu'on n'y est le maître ni de ce qu'on veut dire, ni de ce qu'on veut ne pas dire. La rime et la mesure nous offrent souvent l'un pour l'autre : tout ce que les plus habiles y peuvent faire, c'est d'entrer en composition avec elles : mais il y a toujours à perdre ; et je ne suis pas d'humeur, pour leur intérêt, à rien rabattre de ce que je sens. Voulez-vous encore une autre raison, Madame ? la voici, et je le crois la meilleure de toutes. Je veux penser à vous et ne penser qu'à vous, en vous écrivant. Si je vous écrivais en vers, il faudrait penser à l'ouvrage ; c'est toujours une distraction ; un sentiment vif et délicat s'en effraie, ou pour mieux dire,

39 *Lettres de Monsieur de La Motte, op. cit.*, p. 51-53.

il n'en est pas capable. Changez donc, s'il vous plaît, votre proposition. Dites, Madame, que dans ces jours où l'on ne peut pas me tenir, je dois vous écrire en prose, et que dans les jours modérés je pourrais employer les vers : mais sur ce pied-là, Madame, vous n'en aurez guère. Ces jours modérés sont déjà bien loin, et je sens qu'ils s'éloignent toujours davantage à mesure que vous m'écrivez. Peut-être trouvez-vous ici bien des sentiments : mais prenez-y garde, Madame, il n'y en a pas un qui sorte de ce profond respect que vous m'avez permis, et qui se perfectionne tous les jours. Avancez-moi toujours vos lettres sans vous embarrasser de ce que je dois ; il vous sied bien d'être libérale par magnificence de princesse, ou, si vous l'aimez mieux, par désintéressement de bergère.

De Votre Altesse Sérénissime,
Le très humble et très obéissant serviteur.

LA DUCHESSE DU MAINE À M. DE LA MOTTE[40]

[Sceaux, ce 25 octobre 1726]

Vous assurez que je n'aurai point de vers de votre façon, et moi je soutiens que j'en aurai : nous verrons qui aura raison de nous deux. Vos excuses sont pleines d'esprit, mais elles ne me convainquent pas. Quand j'approuverais vos vers, dites-vous, ce ne serait pas tout à fait votre compte. Mais savez-vous si je ne ferais que les approuver, et s'ils ne produiraient pas encore plus d'effet que votre prose ? Vous prétendez que l'expression est trop gênée par la mesure et par la rime ; ne dirait-on pas que vous n'avez jamais bien exprimé des sentiments de cette façon ! Vos ouvrages vous donnent le démenti. Vous ajoutez que vous ne voulez pas qu'on puisse dire : ce ne sont là que des vers, et peut-être le cœur n'y a-t-il point de part. Mais vous n'ignorez pas que lorsqu'on voit dans vos pièces les sentiments d'honneur et de générosité si bien exprimés, tout le monde s'écrie, que pour les rendre aussi parfaitement, il faut les

40 *Lettres de Monsieur de La Motte*, *op. cit.*, p. 54-55 ; Lettres de la duchesse du Maine, *op. cit.*, f. 15-16.

sentir. Si vous dites qu'un certain respect est plus difficile à exprimer que le reste, je vous opposerai encore vos propres œuvres, et j'appellerai en témoignage contre vous les héros de vos tragédies. Mais venons à votre dernière raison, que vous croyez triomphante. Vous dites que lorsque vous m'écrivez, vous voulez ne penser qu'à moi, et que si vous faisiez des vers il faudrait penser à l'ouvrage. Je réponds à cela : ne pensez qu'à moi, mais pensez-y vivement, et les vers viendront d'eux-mêmes ; du moins si votre respect est tel que vous le dites. J'en doute encore, et je veux vous mettre à l'épreuve ; pour commencer je ne vous enverrai point aujourd'hui de … et vous n'en n'aurez plus que vous ne m'ayez envoyé des vers.

M. DE LA MOTTE À LA DUCHESSE DU MAINE[41]

Vous avez beau dire, Madame, vous ne doutez pas le moins du monde de ce respect si vif et si singulier que j'ai pour Votre Altesse Sérénissime. Eh ! Comment pourriez-vous, si vous en doutiez, me soutenir que vous aurez de mes vers, quand j'ai osé vous déclarer si résolument que vous n'en auriez pas ! Vous êtes bien sûre, au ton dont vous le prenez, de m'avoir mis au point de tenter l'impossible pour vous satisfaire. Mais autre chose est de le tenter, Madame, et autre chose d'y réussir. J'ai cru d'abord que vous auriez eu contentement, et sur le début de votre lettre j'aurais parié pour vous contre moi. Je me recommandais même à Apollon en continuant de la lire : mais sur la fin vous avez tout gâté en croyant faire merveille : plus de … me dites-vous, si je n'ai de vos vers. Par-là vous m'avez ôté tout d'un coup le pouvoir de vous obéir. Un sentiment douloureux s'est emparé de mon âme, et n'y a laissé place pour aucune autre attention. Cependant, Madame, dans l'ardeur de vous plaire, et sur votre parole, que les vers viendraient d'eux-mêmes, j'ai tâché de rimer mon sentiment le mieux que je pouvais. Voici mon essai.

Plus de Louises Bénédictes ;
Eh ! Que vais-je donc devenir ?
    Par quel secours puis-je les obtenir ?…

41 *Lettres de Monsieur de La Motte*, *op. cit.*, p. 55-58.

Vous voyez bien, Madame, que j'ai arrêté là tout court, et qu'il n'y avait plus moyen de sortir d'affaire que par le secours des pictes[42]. Peut-être m'échappe-t-il quelque autre ressource : mais enfin ce n'aurait été qu'un bout rimé de Mercure galant[43], qui aurait dégradé votre nom, et qui m'aurait déshonoré, moi ; ce qui ne m'intéresse presque pas en comparaison de l'autre accident. Vous me direz qu'il fallait changer de tour : mais pensez-y, Madame, comment changer de tour sans mettre hors de sa place naturelle ce premier sentiment qui m'obsède toujours ; plus de L** B** ? Ce n'aurait plus été ma façon de sentir et vous n'auriez eu qu'un faux portrait de ma situation. Croyez m'en donc, Madame ; j'apprends aujourd'hui par expérience ce que je savais déjà par spéculation : un sentiment superficiel fait les poètes ; un sentiment profond les détruit. En vérité, Madame, cela est démontré, et vous en seriez déjà convenue, si vous n'étiez princesse. C'est la fierté du rang qui prend à la gorge ; vous voulez être obéie : franchement, ce rang gâte tout, et je vous avoue que je suis bien de mauvaise humeur contre lui. Je souhaiterais presque que vous n'en eussiez point ; et je m'abandonne d'autant plus volontiers à cette idée, que vous êtes la personne du monde qui s'en serait le mieux passée. Il n'y aurait de moins dans mes lettres que l'Altesse Sérénissime, et je n'en serais qu'avec un plus profond respect, s'il était possible,

De Votre Altesse Sérénissime
Le très humble et très obéissant serviteur.

Permettez-moi une apostille, Madame, Monsieur de Fontenelle m'a fait apercevoir qu'il m'était échappé une rime à B**dicte, et même assez traitable. Vraiment, il m'en échapperait bien d'autres, et c'est une nouvelle preuve de mon sentiment.

42 Trait d'humour : les Pictes est un terme désignant un peuple ancien du Nord et de l'Est de l'Écosse.

43 Le *Mercure galant* était une gazette mensuelle fondée en 1672 et qui perdura, avec quelques interruptions, jusqu'en 1714.

LA DUCHESSE DU MAINE À M. DE LA MOTTE[44]

[Sceaux, ce 28 octobre 1726]

Consulte ton respect, écris ce qu'il te dicte,
Tu rimeras à B**dicte.

Vous voyez bien que cette rime n'est pas si ingrate que vous le disiez ; vous lui avez cherché querelle mal à propos, et vous vous seriez tiré d'affaire sans avoir recours aux pictes. [Voilà pour ce qui concerne la rime.][m] À l'égard de la raison, elle n'a que faire de venir se fourrer à tout ceci qui n'est pas son ressort. Je ne doute point de votre respect, dites-vous ; belle merveille que vous ayez deviné cela ! Si j'en eusse douté, auriez-vous mérité que je voulusse vous mettre à l'épreuve ? Pour vous parler sincèrement, je vous dirai que j'en doute si peu, que je parie encore contre vous que j'aurai des vers, et que je vous déclare que je veux absolument en avoir. Vous vous êtes recommandé à Apollon et les vers ne sont pas venus : mais vous avais-je dit de vous recommander à Apollon ? Il fallait s'adresser à un autre. Je ne sais pas à qui, mais je sais bien que ce n'était pas à Apollon. Faites tout comme vous l'entendrez, mais enfin il me faut des vers. N'êtes-vous pas bien à votre aise de n'avoir plus de … ? Je ne suis pas trop à mon aise moi, de ne vous en pas envoyer. Je ne sais si c'est par habitude ; mais enfin ces mots sont toujours au bout de ma plume ; j'ai toutes les peines du monde à la retenir. C'est à titre de princesse, dites-vous, que je suis si absolue : point du tout. À quel titre donc ? Je n'en sais rien. Envoyez-moi des vers.

44 *Lettres de Monsieur de La Motte*, *op. cit.*, p. 59-60 ; Lettres de la duchesse du Maine, *op. cit.*, f. 17-17v.

M. DE LA MOTTE À LA DUCHESSE DU MAINE[45]

Vous faites bien valoir, Madame, deux assez bons vers que vous avez faits ; et vous croyez par-là avoir anéanti toutes mes raisons. Mais ai-je prétendu, Madame, qu'on ne pouvait rimer à S** ? Eh ! bon Dieu, qui pourrait vous empêcher là de faire des vers ? Vous y passez le temps de plaisirs en plaisirs : rien ne vous occupe assez fortement ; tout au plus quelque petit sentiment pastoral, qui ne fait que vous égayer : vous êtes dans une sérénité parfaite, et le nom de Sérénissime, dérobé aux philosophes, a été inventé sans doute pour quelque princesse qui vous ressemblait fort. Voilà tout ce qu'il faut pour faire des vers. Vous pouvez vous divertir, quand il vous plaira, à en faire d'excellents ; je vous le conseille même, cet amusement en vaut bien un autre : mais vous savez, Madame, vous qui ne doutez pas de la vivacité de mon respect, que je n'ai pas les mêmes facilités. Mes sentiments me sont précieux ; je ne puis me résoudre à les altérer ni à les déranger le moins du monde ; et jaloux comme ils sont de la liberté, ne vous attendez pas qu'ils deviennent les esclaves de la rime et de la mesure. Malgré tout cela, vous insistez, et vous voulez parier contre moi que vous aurez des vers : mais y songez-vous, Madame ? Que pouvez-vous parier qui m'intéresse autant que mes sentiments ? Je vous déclare qu'à moins de mettre au jeu un peu des vôtres, vous n'êtes pas au pouvoir de me tenter. Je pourrais vous armer contre moi, si je le voulais. Je n'aurais qu'à vous dire que Madame de Lambert est d'avis que je vous obéisse. Eh bien, me diriez-vous aussitôt, voilà une personne sage, judicieuse et hors d'intérêt : n'êtes-vous pas inexcusable de ne vous pas rendre à son sentiment ? Il est vrai : Madame de Lambert est tout ce que vous dites là, et par conséquent vous n'aurez pas de vers. Car c'est elle qui me défend de vous en envoyer, et qui juge qu'il y aurait à perdre pour vous-même. Je vois que vous ne vous rendez pas encore. Vous en revenez à la grande menace, plus de … me dites-vous, si je n'ai satisfaction : mais le croiriez-vous, Madame ? Cette menace même ne m'épouvante plus. Il vous est échappé de dire que vous n'étiez pas à votre aise en supprimant ce nom que je désire ; que vous l'aviez toujours au bout de la plume, et que vous ne la reteniez pas

45 *Lettres de Monsieur de La Motte*, *op. cit.*, p. 60-63.

sans peine. C'en est assez, Madame, je suis content. Ce nom supprimé avec peine m'est aussi bon que si vous l'écriviez : peut-être même qu'à y regarder de près, il mériterait la préférence. Je fais du blanc le même usage que je faisais de l'écriture. Je crois, Dieu me pardonne, que quand pour me punir vous ne m'écririez point du tout, j'y trouverais encore mon compte. Quel plaisir de vous croire piquée, puisque vous m'assurez que vous ne le seriez pas comme princesse. Vous feriez donc mieux, Madame, de céder de bonne grâce à la nécessité ; car il m'est absolument impossible de vous écrire en vers, que mon respect ne soit diminué de moitié. Pourriez-vous en vouloir encore à ce prix-là ? Si vous étiez capable de lâcher le mot, Votre Altesse Sérénissime mériterait bien d'en avoir. Je me creuserais la cervelle pour en envoyer au plus tôt à V. A. S. Je mettrais de l'Altesse Sérénissime jusque dans les vers ; et il ne tiendrait pas à moi que je ne fusse précisément avec un très profond respect et des plus irréprochables,

De Votre Altesse Sérénissime,
Le très humble et très obéissant serviteur.

LA DUCHESSE DU MAINE À M. DE LA MOTTE[46]

[Sceaux, ce 31 octobre 1726]

Oui, vous avez raison, je me rends, et je ne vous demande plus de vers. Je vois que quand Apollon vous manque, vous n'avez plus de ressource. Que j'avais grand tort de vous proposer de vous adresser à quelque autre ! Je ne vous ferai plus de menaces, puisque vous avez l'esprit assez bien fait pour prendre le tout en bonne part, jusqu'à la suppression de mes lettres. D'ailleurs l'Altesse Sérénissime vous coûte si peu, et vous êtes tellement le maître de la forme de votre respect, que je ne trouve plus rien à dire, ainsi je finis tout court.

46 *Ibid.*, p. 64 ; Lettres de la duchesse du Maine, *op. cit.*, f. 19.

M. DE LA MOTTE À LA DUCHESSE DU MAINE[47]

Vous voulez donc des vers ! Je voulais en écrire
Et pour exécuter un ordre si pressant,
Je me recommandais à ce Dieu tout puissant
    Que vous n'avez pas voulu dire.
    Quoi ! me dit-il avec un fier sourire,
    Me prends-tu pour un ouvrier,
Un arrangeur de mots que l'on tâte et retâte ?
Je blesse, et bien souvent sans m'en faire prier :
Voilà des sentiments pour te désennuyer,
    Qu'Apollon les rime et les gâte,
Nous aurons fait tous deux notre métier.

Ne croyez pas, Madame, que le dieu ait parlé en vers ; il se croirait déshonoré ; mais il s'est éloigné un moment de moi, et j'ai saisi ce moment pour faire le métier d'Apollon.

Remarquez encore, Madame, que tout ceci est écrit avant que j'aie parlé à Madame de Lambert. Mon obéissance ne doit rien à personne. Jugez par-là du profond respect avec lequel je suis, Madame,

De Votre Altesse Sérénissime,
Le très humble et très obéissant serviteur.

LA DUCHESSE DU MAINE À M. DE LA MOTTE[48]

[Sceaux, ce 3 novembre 1726]

Je vous le disais bien, Apollon pour rimer
    Dans ce cas-ci n'était pas nécessaire ;

47 *Lettres de Monsieur de La Motte*, *op. cit.*, p. 64-65.
48 *Ibid.*, p. 66-67 ; Lettres de la duchesse du Maine, *op. cit.*, f. 21-21^v.

Celui que vous et moi n'avons osé nommer,
Donne à ce qu'il produit l'heureux talent de plaire :
Tout ce qu'il sait sentir, il le sait exprimer ;
Il est des vers touchants le véritable maître.
Les vôtres sont charmants, et galamment tournés,
Nous les voyons par les grâces ornés,
Il est aisé de reconnaître
De quelle main vous les tenez.

Voilà mon sentiment sur les vers que vous m'avez envoyés. Je ne sais par quel hasard il se trouve rimé. La pensée est de moi, les vers n'en sont pas ; j'ignore à qui je dois ce secours : il me paraît qu'il y a du mystère, et je ne veux pas l'approfondir. Vous voyez bien que ma colère est un peu apaisée : faites-la finir entièrement, car elle me met fort mal à mon aise. Il ne manque à vos vers que d'avoir été donnés de bonne grâce ; et quoique vous disiez, je soupçonne que Madame de Lambert a quelque part à votre obéissance. Cependant je suis assez contente de n'avoir pas trouvé dans votre dernière lettre cette profusion d'Altesses Sérénissimes, ni la menace d'un respect irréprochable. Vous méritez bien aujourd'hui une *Louise Bénédicte de Bourbon* : la voilà ; nous verrons ce que vous mériterez par la suite.

M. DE LA MOTTE À LA DUCHESSE DU MAINE[49]

En vérité, Madame, votre badinage est trop dangereux. Vous jouez si bien tous les sentiments, que vous en inspirez de trop sérieux, malgré qu'on en ait : je n'ai pu soutenir l'apparence de votre colère, en ne la jugeant même qu'une apparence ; et vous m'avez affligé à un point que je vous en aurais fait pitié : je n'ai pas laissé d'en user avec votre lettre comme à l'ordinaire, et je ne vous dirai pas pourquoi. Cependant je suis très sûr que tout ce que vous en dites, n'est que badinage ; que votre imagination s'égaie à mes risques ; et rien ne manque là-dessus à ma persuasion : de grâce ne me le dites jamais vous-même, et ne m'allez

49 *Lettres de Monsieur de La Motte*, *op. cit.*, p. 67-69.

pas faire l'injure de me croire homme à prendre la nue pour la déesse. Ce n'est pas, Madame, que je pense n'avoir rien acquis auprès de vous ; vous n'auriez pas joué en princesse avec moi, si vous n'aviez bien voulu que j'y gagnasse quelque chose : mais enfin, par la faveur que vous m'avez faite, vous avez contracté une dette qui est toute ma fortune. Vous me devez une bienveillance à part ; je ne vous quitte pas à moins ; et puisque vous me la devez, j'y compte si bien que je la déclare à toute votre cour. Il est bon de l'avertir des ménagements qu'elle me doit ; dès que vous êtes l'héroïne de mon aventure, je deviens quelque chose ; et je ne trouverais pas bon qu'on me perdît le respect. Si quelqu'un sait notre histoire, qu'il ne m'impute pas la sottise d'avoir cru ma plume un trait de l'amour, et d'en avoir présumé le moindre effet ; qu'il ne me fasse pas offrir pour ma rançon, ce respect singulier qui est ma chaîne même : en un mot, Madame, pardonnez ma fierté, on me doit des égards, et pour les sentiments que j'ai, et pour la bonté qui les a soufferts. Rendez-moi au plus tôt, Madame, les marques de cette bonté. Que les L** B** de B** reviennent avec leurs grâces ordinaires, et soyez bien assurée que je demeure constamment avec ce respect indépendant de toute dignité,

Votre très humble et très obéissant serviteur.

LA DUCHESSE DU MAINE À M. DE LA MOTTE[50]

Puisque vous êtes si affligé, il faut donc vous consoler ; c'est pour cela que je vous écris aujourd'hui. Je crois cependant que ma lettre d'hier aura bien avancé votre guérison, si elle n'est pas entièrement achevée. Vous avez très bien fait d'être affligé, mais vous serez très bien aussi de ne l'être plus à présent. Quant à notre histoire, elle est très jolie et ne doit pas vous déplaire ; si elle dit que vous avez cru que votre plume était un trait, elle dit en même temps qu'il a porté sur l'esprit ; n'est-ce pas beaucoup ? Y a-t-il si loin… ? Mais vous voulez une Louise Bénédicte de Bourbon. Je vous l'envoie en vérité de très bon cœur.

50 *Lettres de Monsieur de La Motte*, *op. cit.*, p. 69-70.

M. DE LA MOTTE À LA DUCHESSE DU MAINE[51]

Ma réponse était rendue, Madame, avant que je reçusse votre charmante lettre. Votre courrier en me l'annonçant, a été le témoin de la joie la plus vive ; et s'il vous l'avait bien représentée, je n'aurais plus rien à vous dire : vous auriez déjà jugé du plaisir que m'a fait l'assurance de ma grâce, par celui que je sentais à l'espérer seulement : il est vrai, Madame, que je l'ai méritée assez pour y pouvoir compter. Je vous ai envoyé des vers par pur besoin de vous obéir : Madame de Lambert n'y a eu aucune part. Et là-dessus, Madame, souffrez que je vous gronde d'avoir eu de la peine à m'en croire. [Certain respect ne ment jamais.][n] Que je suis heureux, Madame ! Ces pauvres vers qui n'étaient que de ma façon, comme je vous l'ai dit, m'en ont valu des plus charmants. Vous ne réclamez des vôtres que la pensée ; et vous ne savez, dites-vous, de qui peuvent venir les rimes : il ne paraît pas qu'elles y aient rien gâté : mais quand on travaille d'après vos pensées, on peut, sans les rendre parfaitement, faire encore des merveilles ; et ce qu'on en conserve est d'un si grand prix, qu'il ne laisse rien à désirer qu'à vous qui savez le reste. Malgré tout cela, Madame, j'ai une plainte à faire ; si heureux qu'on puisse être, on n'a pas toutes ses aises dans ce monde. Vos lettres sont trop courtes. Vous avez joué à merveille tous les sentiments ; il n'y a que leur babil que vous n'avez pas attrapé. Mon Dieu, qu'est-ce qu'une lettre courte ? C'est un rendez-vous manqué ; la personne qu'on attend arrive ; mais elle disparaît dans le moment ; à peine a-t-elle le temps de vous dire que ce sera pour une autre fois. Vous me direz qu'il y a remède à tout ; que je n'ai qu'à recommencer vos lettres pour les étendre : vraiment, Madame, je n'y manque pas : mais je ne les recommencerais pas moins quand elles seraient plus longues ; et c'est cette abondance précieuse que je regrette. Voulez-vous faire une belle action, Madame ? Vous ne revenez que samedi de S**, vous y passez encore demain : ne passez pas ce demain sans quelque bienfait : encore une L** B** de B**. Donnez, donnez, Madame ; c'est un plaisir de princesse ; le mien est de recevoir de vous, avec ce

51 *Lettres de Monsieur de La Motte*, *op. cit.*, p. 70-72.

respect qui ne ressemble pas plus aux autres par sa constance que par sa vivacité. Je suis, Madame,

De Votre Altesse Sérénissime,
Le très humble et très obéissant serviteur.

LA DUCHESSE DU MAINE À M. DE LA MOTTE[52]

[Sceaux, ce 7 novembre 1726]

Enfin je viens de recevoir une de vos lettres. Il y avait longtemps qu'elle m'était annoncée. Je croyais que mes bergers faisaient quelque sort pour l'empêcher de venir jusqu'à moi. J'avais tort de le croire, car il me semble que je ne dois pas les soupçonner d'être sorciers. Ce qu'il y a de vrai c'est que cette lettre a beaucoup tardé, du moins je le veux croire ainsi, et je me garderai bien de penser que le temps m'a paru plus long qu'il n'était en effet. Pour éviter que je ne me puisse faire ce reproche-là à l'avenir, écrivez-moi plus souvent, afin qu'il n'y ait pas tant d'intervalle entre chacune de vos lettres. Mais venons un peu à compte sur cet article. Je viens de recevoir la réponse à la lettre que je vous ai écrite en vous envoyant des vers, il m'en revient une à celle qu'on vous porta mardi chez Madame de Lambert ; il faudra que vous répondiez encore à celle-ci, et que vous m'envoyiez ces deux lettres vendredi, car je pars samedi ; et je vous avertis que je ne vous fais point de crédit. Pour vous encourager, je vous envoie une *Louise Bénédicte de Bourbon.* Vous avez tort de vous plaindre de la brièveté de mes lettres. Il m'échappe quelquefois de certains traits, après lesquels il faut finir tout court, et qui valent mieux que le babil. Avez-vous bien le courage de vanter la constance de votre respect, qui est encore si nouveau ? Venez samedi chez moi avec Madame de Lambert, je tâcherai que ma conversation vous fasse autant de plaisir que mes lettres[53].

52 *Lettres de Monsieur de La Motte, op. cit.*, p. 72-73 ; Lettres de la duchesse du Maine, *op. cit.*, f. 23-23^{v}.

53 Fin de l'édition imprimée.

LA DUCHESSE DU MAINE À M. DE LA MOTTE[54]

Un des quarante de l'Académie française que je ne veux pas nommer pour son honneur demande comment il faut écrire l'impératif du verbe secourir à la première personne. Monsieur de La Motte le fera écrire sur le papier s'il lui plaît.

LA DUCHESSE DU MAINE À M. DE LA MOTTE[55]

ce lundi

Louise Bénédicte de Bourbon est très contente de l'attention que vous [avez] eue à lui envoyer votre livre qu'elle attendait avec grande impatience[56]*. Elle y a trouvé une épître dédicatoire charmante. Cependant elle se plaint de ce que la lettre que vous lui avez écrite est beaucoup trop sérieuse et tellement remplie de respect, que vous manquez à celui que vous lui devez. Adieu, elle vous ira voir Mardi chez Madame de Lambert et vous recommande fort de ne pas manquer au rendez-vous.*

54 Lettres de la duchesse du Maine, *op. cit.*, f. 25.

55 Lettres de la duchesse du Maine, *op. cit.*, f. 26^{v}.

56 Il s'agit de la tragédie en vers et en cinq actes *Œdipe* créée à la Comédie-Française le 18 mars 1726 et dédiée à la duchesse du Maine.

LETTRES DE ROSE DELAUNAY AU MARQUIS DE SILLY

PREMIÈRE[a]

J'étais surprise et très fâchée de votre long silence. Je suis bien aise de ne devoir attribuer sa prolongation qu'à un cas fortuit[1], mais je suis sensiblement affligée de l'opinion que vous avez de mes sentiments ; je ne les croyais que trop bien prouvés. Et quel moyen me reste-t-il de vous les faire connaître, si leur constance et leur uniformité ne les met pas l'abri de vos injustes soupçons ? Je pardonne tout cependant à l'état où vous êtes, car je vois bien qu'il est violent ; et je vous plains trop sincèrement pour oser me plaindre de vous. Je vous vois (et c'est avec une extrême douleur) surmonté par une passion plus forte que tout ce que vous lui opposez. Je ne puis ni ne dois vous conseiller d'y céder, et j'ignore quel autre secours peut vous être offert. Vous avez tout tenté, et tout est inutile, les palliatifs ne guérissent point un mal aussi invétéré. Que faire donc ? et que vous dire ? Toute lumière me manque à cet égard, et le sentiment que j'en ai ne vous est bon à rien. Je voudrais fort vous voir, et je l'espère très peu. C'est une chose bien triste que la tournure de notre vie nous rende le commerce si impraticable. La vie ambulante que vous allez mener, augmentera encore ces difficultés. Donnez-moi de vos nouvelles comme vous le promettez, et tâchez de ne pas oublier l'intérêt que j'y prends. Défendez-vous encore plus de l'injustice d'en douter.

---

1 Note de l'éditeur : « Voyez les pages 69 et suivantes du tome II des Mémoires, et surtout la page 76, où il est question de ces lettres-ci. M. de Silly était alors occupé d'une grande passion dont il avait confié le secret et la correspondance à Mademoiselle de Launay, qui lui servit de secrétaire dans quelques situations délicates ». L'éditeur se réfère à l'édition de 1755, tout en se trompant sur le numéro du tome qui est en réalité le premier. Dans les *Mémoires de Madame de Staal-Delaunay*, *op. cit.*, le texte se trouve aux p. 47-49.

IIe

Je suis plus embarrassée que vous, et ne sais du tout quel conseil vous donner. Je me tirerais aussi bien mieux de toute autre affaire, car il n'y en a point où je sois si peu exercée ; et je vous assure qu'en suivant mes avis, vous courez grand risque de faire beaucoup de fautes. Je vois bien par la lettre de madame de…[b] qu'elle vous condamnera fortement, et je trouve aussi bien qu'elle que vos griefs ne sont pas assez prouvés. C'est ce qui fait que j'aurais voulu, et que je voudrais encore que vous ne précipitassiez pas tant votre rupture, et que vous remissiez encore. Vous le pouvez toujours sur les instances réitérées qu'on vous en fait, et il y aura plus d'honnêteté que de faiblesse à y céder, pourvu que vous vous comportiez convenablement dans cette visite et sans démentir le passé. Je lui manderais donc que je la verrai pour lui donner l'explication qu'elle désire, aussitôt que je pourrai sortir, et quelle suspende son jugement sur ma conduite jusqu'à ce que je lui aie fourni de justes moyens de la condamner.

Après cela je verrais, et j'opposerais, aux perfections qu'elle se donne, beaucoup de défauts que je conviendrais d'avoir. Tous ceux qui viennent de l'amour s'avouent sans honte. Vous pourriez donc lui dire que vous vous êtes livré à la passion que vous aviez pour elle tant que vous avez cru que cela pouvait faire son bonheur et le vôtre ; mais que depuis que vous avez reconnu que la différence de vos caractères, l'impossibilité de prendre une entière confiance en elle, l'agitation inséparable des passions dans un cœur comme le vôtre, faisaient votre tourment et ne pouvaient manquer de faire sa peine, vous avez pris une ferme résolution de rompre un engagement qui vous devenait également onéreux à l'un et à l'autre ; que vous croyez convenable de faire par raison ce que vous seriez obligé de faire dans peu par nécessité ; que le désir d'être heureux étant le seul qui soit invincible, il étouffe tous les autres ; qu'ainsi vous prévoyez qu'une passion qui ne fait que vous rendre malheureux, ne peut pas durer encore longtemps, et que vous voulez au moins lui ménager l'avantage de n'être pas abandonnée par dégoût.

Si vous ne voulez pas absolument la voir, tournez en lettre ce que je destinais à composer votre discours, et ajoutez-y que dans cette disposition vos lettres ne pouvant lui être agréables, ni les siennes vous laisser dans le repos que vous cherchez, vous lui demandez de ne vous plus écrire et de ne plus attendre de lettre de vous.

Voilà votre thème en deux façons, vous choisirez.

Quant à madame de… si vous prenez le premier parti que je vous propose, vous vous ferez un mérite auprès d'elle de ne rien décider sans attendre son retour ; si vous choisissez le second, vous lui manderez que vous avez eu des raisons indispensables d'en user comme vous avez fait, que vous n'en pouvez faire les détails par lettre, que vous attendez son retour avec impatience, et que sachant combien elle est équitable vous êtes persuadé qu'elle ne vous condamnera pas sans vous entendre. N'entreprenez point, si vous m'en croyez, une plus longue apologie, quoique au fond vous puissiez avoir raison ; votre cause, je vous l'avoue, est mauvaise à défendre : d'ailleurs souvenez-vous que les Lacédémoniens[2], gens fort habiles, décidaient les plus grandes affaires en deux paroles et s'en trouvaient bien.

IIIe

Ceci est fort embarrassant, et véritablement je ne sais comment m'y prendre ; les deux premières lettres, et même la troisième jusqu'au mot de la fin (qui n'est peut-être qu'une adresse assez ordinaire pour rappeler la plupart des gens) me déroutent, et dans cette incertitude, je ne sais ce qu'il convient de répondre, et même sans ce doute, je ne vois pas encore de quelle manière on peut colorer le refus obstiné que je crois que vous avez dessein de faire, et dont cependant les véritables raisons ne doivent pas être déclarées.

De quelque manière qu'on s'y prenne je ne crois pas encore que vous en soyez quitte ; je vais pourtant hasarder mes idées. Si ce qui en résultera ne vous plaît pas, gardez-vous bien de vous y assujettir ; quelque part que l'amitié et la confiance me donnent dans ce qui vous regarde, je ne puis pas être dans le fond de votre pensée aussi avant que vous-même,

2 Habitants originaires de Lacédémone (ancien nom de Sparte), dans la région de Laconie, réputés par leur concision.

et je suis persuadée qu'il n'y a que vous qui puissiez bien faire la réponse dont il s'agit. Ce n'est assurément pas l'envie de m'épargner un soin qui me fait hésiter, je le prends avec plaisir dès qu'il vous regarde ; ne me faites jamais, je vous prie, ni excuses, ni compliments qui me puissent faire douter que vous en soyez persuadé.

IVe
PROJET DE LETTRE

« Je suis véritablement offensé de vos inquiétudes, et je ne puis me résoudre de céder à vos instances, que je ne vous voie plus disposée à vous rendre à mes raisons ; si vous croyez que je n'en ai point et que ma résistance vous paraisse un caprice, c'est une complaisance convenable d'y adhérer sans plaintes et sans menaces, elles n'intimident que les gens faibles, et sont propres à fortifier les autres dans leur résolution ; laissez-moi donc partir, et souffrez que je goûte la douceur d'un beau temps dans un séjour tranquille. Je consens avec la même équité que vous jouissiez de tout ce qui peut vous rendre mon absence facile à supporter. »

Voilà tout ce que j'ai pu trouver, je doute que j'aie bien rencontré ; supprimez, changez, pour peu que vous y mettiez la main, cela sera certainement mieux.

Ve
PROJET

« Vous vous êtes alarmée mal à propos d'une chose toute simple : la même indisposition qui m'a empêché de vous voir m'a déterminé à hâter un petit voyage que je méditais, persuadé que l'air de la campagne joint à l'exercice qu'on y peut faire, me serait très salutaire. Si vous vous intéressez véritablement à moi, vous ne sauriez désapprouver un soin qui n'a pour objet que le rétablissement de ma santé ; et si vous me connaissez bien, vous ne pouvez trouver des sujets de défiance dans la simplicité de ma conduite. Eh ! comment ne connaîtriez-vous pas, vous qui avez tant de lumière et de pénétration, quelqu'un qui s'est toujours montré tel qu'il est ? C'est le moins qu'on puisse attendre d'un commerce où la confiance a dû régner, que de savoir à quoi s'en tenir de part et d'autre. Il est bien vrai que les inquiétudes et les agitations précèdent cette heureuse tranquillité, mais quand on y est parvenu, il ne faut pas souffrir que rien la dérange ; elle met une douceur et une liberté dans le commerce qui lui revaut ce que d'ailleurs il pourrait perdre. Les passions ont leurs différents âges ; à leur naissance faibles, incertaines, sans caractère distinct, on ne sait ce qu'elles doivent être un jour ; plus formées, elles deviennent vives, impétueuses, souvent inégales et pleines de ces saillies qui appartiennent à la jeunesse ; parvenues enfin à leur maturité, elles prennent une assiette fixe et des allures réglées : c'est alors que les inquiétudes et les défiances doivent absolument disparaître, et qu'une pleine sécurité doit leur succéder. Demeurons à ce point-là, puisqu'il nous convient d'y être et soyez sûre de moi comme je le suis de vous. »

VIe

La personne à qui vous avez affaire est un Protée[3] qui prend toutes sortes de formes ; soit adresse, soit passion, je ne vois rien de si difficile à suivre qu'une conduite si variée, et je vous avoue que je n'y entends plus rien. Cependant, puisque vous l'aimez encore, je crois que vous en serez quitte à meilleur marché de vous raccommoder que de vous obstiner à une rupture où l'on met, et où l'on mettra encore tant d'obstacles ; on peut sans honte sacrifier les droits de la vanité au penchant de son cœur. Après tout, ces choses-là ne sont pas si sérieuses qu'on s'imagine, et c'est bien fait d'y prendre le parti qui met plus à l'aise. Quant à la lettre que vous souhaitez, je l'ai trouvée toute faite dans la vôtre, et beaucoup mieux que je ne la pourrais faire ; ne prenez point ceci pour

3 Divinité marine dotée du don de prophétie et du pouvoir de se métamorphoser.

paresse ni pour compliment : au surplus, je ne suis pas d'avis, non plus que vous, que vous nommiez les masques ; ce serait convenir qu'elle ne les connaît pas.

VIIe

Voici encore un contretemps, je suis obligée de sortir, il m'est impossible de m'en dispenser ; je vais donc vous dire en deux mots ce que je pense. Il n'est plus possible de songer par le tour que ceci a pris à finir par insensible transpiration ; il faudra donc s'expliquer ou vous remontrer : car comment éluder plus longtemps cette entrevue qu'on vous demande avec tant d'instance ? Vous épuiserez inutilement tous les faux-fuyants, il faudra toujours en revenir à une explication décisive, ou à reprendre l'ancien train auquel vous pourrez apporter les modifications que vous jugerez à propos. Dans cette incertitude du parti que vous prendrez (car il en faut prendre un), quel projet pourrais-je faire ? Vous voilà revenu de la campagne, que pourrez-vous dire pour ne vous pas montrer, à moins que de déclarer que vous ne le voulez pas, et montrer un mécontentement effectif ? Je ferai tout ce qui me sera possible pour aller demain chez vous, mais je ne vous en réponds pas : si je ne puis y aller, je vous le manderai, afin que vous ne m'attendiez pas.

VIIIe
[PROJET]

« Puisque vous voulez absolument me voir, j'y consens à condition que vous me parlerez avec la dernière franchise ; n'espérez point que l'on[c] puisse surmonter la vérité, c'est elle qui vous condamne, et c'est d'elle seule aussi que vous pourrez tirer d'utiles secours. Un aveu sincère, joint à un véritable repentir, est capable de toucher un cœur sensible ; mais les vains détours ne séduisent point un esprit éclairé par le vrai : à moins donc que vous ne soyez résolue à cette parfaite sincérité, il est absolument inutile de me parler ; et s'il est vrai que vous souhaitiez le retour de mes sentiments, à quelque prix que ce soit, la condition que j'exige ne doit point vous sembler trop dure. Qui peut ne point faillir est digne de toute louange, mais qui sait convenir de ses torts mérite quelque excuse. Prenez votre parti sur cela ; et si vous ne pouvez-vous résoudre à ce que je vous propose, ne songez plus à moi et laissez-moi vous oublier. »

Il me semble Monsieur que voilà à peu près ce que vous me demandez. Si je n'ai pas bien réussi, vous n'aurez pas de peine à faire mieux.

Je suis entièrement de votre avis qu'il eut été plus à propos de prendre la chose légèrement, si vous aviez été maître du terrain ; mais puisque vous êtes déterminé au sérieux par le conseil de vos graves amies, au moins faut-il soutenir noblesse. Vous pouvez envoyer votre lettre à la mère qui la fera tenir, et Dieu veuille que vous en soyez quitte par-là, mais je ne le crois pas ; et il est bien fâcheux qu'on recommence à vous tracasser pendant que vous étiez en si bon chemin. Le long séjour à votre campagne est un des meilleurs moyens de vous mettre à l'abri des poursuites. Tâchez d'y maintenir votre esprit dans sa tranquillité, par des idées douces et légères : véritablement tout ceci ne mérite pas qu'on s'en occupe trop sérieusement, et c'est une espèce de fanatisme qui ne doit pas s'emparer des bonnes têtes. Vous pouvez faire un bien meilleur usage de la vôtre. Donnez-moi toujours de vos nouvelles, vous savez tout l'intérêt que j'y prends. Je suis très sensible aux assurances de votre amitié ; conservez-la moi, je vous prie.

IXe

Je fis hier ce que vous m'aviez demandé, et les nouvelles remarques que vous me faites faire ne m'obligent point, à ce qu'il me semble, à y rien changer ; je crois avoir observé et prévu ce que vous souhaitez. Si vous n'en êtes pas content, vous ferez les changements que vous jugerez à propos ; et si vous voulez que je m'en mêle, et que vous en ayez le loisir, vous n'aurez qu'à dire, je suis à vos ordres.

J'approuve vos réflexions : cependant, je vous dirai que je ne suis point d'avis que vous fassiez durer ce manège si longtemps ; outre qu'il n'y a pas assez de dignité à ce personnage, je ne crois pas que ce soit un moyen d'éviter la haine que vous redoutez : mais est-elle tant à craindre ? Que peut-elle contre vous ? Elle ne saurait vous attaquer sans se perdre. Il est rare que le désir de se venger aille jusque-là ; mais supposons qu'elle ne ménage rien, je ne vois pas encore ce qu'elle peut faire. Qui n'a rien à se reprocher, n'a rien à craindre ; et les dangers dont vous êtes menacé sont de ceux que l'on peut hardiment mépriser. Vous avez absolument raison de ne pas vouloir convenir que vous vous soyez trompé, à moins que la conviction n'en fût parfaite ; c'est un aveu que vous ne devez point lâcher ; il serait tout à fait contre vous.

Je crois toujours que vous pouvez envoyer votre lettre à …, et lui montrer que vous persistez dans les mêmes sentiments et dans la résolution de finir. Vous vous êtes fort sagement ménagé de ce côté-là, et ce n'était pas le moins important ; continuez à vous y bien maintenir : c'est un préjugé désavantageux, quand nos amis nous condamnent. Voilà tout ce que je pense. Ce que je souhaite, c'est que le calme s'établisse dans votre esprit, et cela n'est guère possible que dans un état décidé ; c'est ce qui fait que je préfèrerais volontiers une décision douloureuse à une incertitude agréable.

Continuez de me dire de vos nouvelles ; j'ai grande envie de vous voir et d'en apprendre par moi-même.

X[e]

J'ai ajouté à mon billet d'hier au soir quelques réflexions par lesquelles vous verrez combien je trouve la situation présente de votre affaire insoutenable, et la nécessité où vous êtes de prendre un parti décisif. Je puis bien vous faire encore une espèce de projet pour amuser le tapis ; mais prenez votre résolution, car cela ne peut aller plus loin : des prétextes entassés les uns sur les autres annoncent une conduite défectueuse qu'on cherche à couvrir, et tiennent de la fausseté et de la tromperie, vices plus répréhensibles, dans un procédé, que la dureté même. J'aimerais donc mieux, si vous ne voulez plus revoir, le dire nettement, remettre en œuvre les raisons qui vous avaient déjà déterminé, il y a quelque temps, à prendre ce parti, et finir par-là. Toute réflexion faite, je vais écrire sur ce plan ; il y a un quart d'heure que je pense à trouver autre chose, et je n'en puis venir à bout. Si cela vous paraît trop précipité, vous mettrez ce que vous voudrez à la place, et vous réserverez ceci pour vous en servir quand vous le jugerez à propos. Voilà absolument tout ce que je puis faire. Je souhaite que vous en soyez content, et que l'effet en soit heureux.

Vous trouverez que cela ne répond pas précisément aux lettres qu'on vous écrit ; mais, dans le cas dont il s'agit, il faut bien moins songer à répondre qu'à dire ce que l'on a à dire : la discussion ne conviendrait point et serait sans fin.

XIe
PROJET

« Je suis revenu de la campagne, et j'y retourne incessamment. Une vie agitée ne m'est plus supportable ; j'ai besoin d'un état tranquille ; j'ai déjà tenté de me procurer ce repos qui m'est nécessaire, vous vous y êtes opposée ; je vous dis mes raisons alors, elles n'ont pas perdu leur force pour avoir manqué leur effet. Vous vous seriez épargné les peines dont vous vous plaignez présentement, si vous aviez accepté le parti que je vous proposais, et que je sentais bien qui était le seul qui pût convenir. Soit erreur, soit vérité, il y a quelque chose entre nous qui y jette du trouble[d] ; puisque la source ne peut s'en éclaircir, arrêtons-en le cours. Nul soin n'est si nécessaire que celui de se procurer la paix du cœur et le repos de l'esprit. »

XII[e]

Je trouve aussi bien que vous la lettre d'un style différent des précédentes, et il est bien clair qu'on n'a pas dessein de vous faire d'aveu. Il est fâcheux que vous soyez embarqué à cette entrevue qui ne pourra produire un bon effet ; mais cependant je ne vois pas comment vous pouviez vous en dégager. Si vous cherchez quelque excuse, on reviendra encore à la charge, et vous essuierez le blâme de vos amis[e], dont les conseils ne laissent pas de vous assujettir en quelque sorte, quoique vous en connaissiez les motifs. Si donc vous pouvez soutenir cette conversation avec fermeté, je suis d'avis que vous vous y résolviez, et que vous mandiez seulement en quatre mots, le jour et le lieu que vous choisissez, sans répondre autrement à la lettre.

Si vous ne sentez pas votre courage assez affermi pour tenter cette entreprise, excusez-vous par une lettre à peu près en ces termes :

« Quoique vous me promettiez de me parler avec vérité, votre lettre, je vous l'avoue, ne me prépare point à l'aveu que j'attends de votre part ; et comme ce n'est qu'à condition de recevoir cette marque essentielle de votre confiance, que je me suis résolu à vous revoir, si vous n'y êtes pas disposée, rompons ce dessein, et ne songeons plus, comme je vous l'ai déjà dit, qu'à nous oublier l'un et l'autre. »

Voilà deux avis, vous choisirez celui qui se trouvera plus conforme à votre disposition ; je trouve le premier plus décisif et plus régulier et par ces deux raisons je l'aimerais mieux. Cependant vous devez savoir mieux que personne celui qui véritablement est le plus convenable, et c'est à vous-même qu'il s'en faut rapporter.

XIIIe

Je ne vois rien de bien décisif dans la lettre que vous m'envoyez ; elle ne répond point à toute[f] la vôtre. Il est vrai qu'on doit juger par toute la conduite, qu'on ne veut pas vous perdre. C'est à vous de décider si vous voulez vous rengager, ou soutenir ce que vous avez commencé, et qu'il faudrait peut-être renouveler dans peu avec moins bonne grâce que vous ne l'avez à présent. Je vais donc tâcher de vous crayonner quelque chose qui, en suivant vos premiers errements, vous laisse encore la liberté de revenir au parti qui vous plaira davantage.

Si le petit brouillon que je vous envoie vous semble trop court, vous y pourrez ajouter ce que vous jugerez à propos dans le même esprit ; pour moi je n'ai rien trouvé. Il est assez difficile d'exécuter, en parlant beaucoup, le dessein de ne rien dire ; et c'est le seul que j'ai eu, ne sachant pas nettement ce que vous voulez faire.

Je me porte mieux, et ce n'est point par paresse que je ne vous en dis pas davantage ; mais votre homme est pressé, et il ne me reste rien d'essentiel à vous dire.

XIVe
PROJET

« La disposition dans laquelle vous êtes de former plutôt des soupçons contre vous, que des accusations contre moi, me persuade que ma justification est en bonne main. Je veux donc vous en laisser tout le soin. J'espère que vous vous en acquitterez bien ; et je serai plus content de la justice que vous me rendrez de vous-même, que de celle que je pourrais arracher par la force de mes raisons. »

XVe
PROJET

« Vous me demandez encore une explication. Oh ! ne vous l'ai-je pas donnée ? Si vous ne la trouvez pas complète, ne pouvez-vous y suppléer, sans me forcer à vous dire et redire ce qui ne peut vous être agréable à entendre ? Je ne puis absolument vous voir. Il m'est plus avantageux de vous savoir tranquille, que de me rendre témoin du calme que vous m'annoncez ; et je crois mon[g] absence plus propre à le maintenir, et aussi favorable pour vous que pour moi. Cessez donc de faire effort contre une résolution inflexible, mais qui n'empêche pas que je n'accepte avec joie l'offre d'une constante amitié que je crois mériter, et à laquelle je ne manquerai jamais de répondre, autant et comme vous le pouvez désirer. »

Voilà, Monsieur, tout ce que j'ai imaginé ; nous dirons le reste ce soir : je suis cependant ravie du progrès de vos idées.

XVIe

Il semble, en effet, qu'on veuille changer de style ; et dans cette supposition, vous pouvez hasarder l'entretien, et changer seulement le commencement de votre lettre, car le reste convient également à la situation présente.

Vous marquerez le temps et le lieu qui vous convient, et je crois qu'il est à propos que vous fassiez part de cet événement à vos amies. Au surplus, préparez-vous bien à cette conversation, et tâchez de n'être point dupe : si, en effet, l'on vous parle sincèrement, la bonté de votre cœur décidera du parti que vous prendrez, et l'on n'a point de conseil à vous donner sur cela. Si l'on ne fait que se défendre, tâchez d'en rire et ne vous fâchez point : voilà tout ce que je sais. Je souhaite que vous soyez content du succès.

XVIIe

La lettre qu'on vous écrit, la réception qu'on vous a faite, marquent bien de l'agitation de savoir si elle procède d'amour ou de haine, c'est ce qui ne me paraît pas si facile à décider ; ceux même en qui cela se passe peuvent bien s'y tromper. Quoi qu'il en soit, je ne vois plus d'apparence au raccommodement ; la rupture me paraît bien cimentée, et je crois que vous ne devez point avoir de regret au reste d'espérance (qui, comme vous le remarquez fort bien), entretenait votre passion. Cette personne n'est point digne d'un véritable attachement. Je vous trouve plus heureux d'être à peu près dégagé de celui que vous aviez pour elle, que d'en goûter encore l'illusion qui ne pouvant être absolue, vous eût toujours tenu dans un état violent. Vous avez mis de justes bornes à votre curiosité ; j'approuve fort votre sagesse ; il ne faut pas la démentir. Votre réponse serait déplacée, surtout après cette entrevue bizarre : il n'en faut point du tout faire. La phrase que vous n'entendez point est assez obscure : je crois pourtant qu'elle veut dire, qu'elle aime mieux avoir beaucoup souffert, que d'avoir le moindre reproche à se faire. Si son procédé n'est pas vicieux, comme elle le prétend, il est du moins bien lâche, et elle devrait avoir honte de tous les prétextes qu'elle cherche pour vous écrire. Si vous l'avez justement irritée, qu'elle se taise et se venge. Elle ne fera ni l'un ni l'autre : malgré ce prétendu caractère supérieur, elle découvre à chaque instant sa misère ; c'est une femme faible et passionnée, dont les faiblesses sont dans l'ordre le plus commun. Le courage, il est vrai, n'empêche pas le sentiment, mais il en doit régler l'expression[h] ; et quand on se rend le jouet de ses passions, on le devient de ceux qui les inspirent. Vous avez ressenti des troubles, et vous n'en êtes pas encore exempt, mais vous n'avez montré que ce qui devait paraître. Enfin votre conduite a été digne de vous, et c'est une satisfaction qui dédommage de tous les torts qu'on reçoit d'autrui.

XVIIIe

J'ai fait ce que j'ai pu pour vous empêcher de rien précipiter ; mais puisque l'affaire est faite, il n'y a point à délibérer si vous la soutiendrez, car il le faut nécessairement ; vous vous rendriez méprisable par une conduite incertaine et variable. Ne songez donc plus qu'à vous distraire, et à conserver d'ailleurs un honnête procédé. Je crois que vous devez vous informer des nouvelles de sa santé d'une manière indirecte, qu'elle puisse pourtant savoir, afin qu'elle n'ait pas lieu de se plaindre à cet égard. Je n'ai rien compris à ce que vous n'avez pas entendu dans la lettre. Je vois bien, ou je crois voir que ce n'est pas une menace. Je ne puis du reste vous répondre de ce qu'elle pense. Il y a beaucoup de désordre dans sa lettre, preuve qu'elle a été fort troublée par la vôtre. Si vous n'êtes pas détaché, je vous plains ; car vous vous êtes fait un mal qui n'était peut-être pas nécessaire, et auquel je ne vois plus de remède, que de vous en distraire. Travaillez-y par toutes sortes d'amusements, et surtout tâchez de ne vous plus rembarquer sur ces mers orageuses ; vous n'en sauriez éviter les écueils de la façon dont vous pensez. Occupez-vous de choses sérieuses ou simplement agréables. Les passions sont des maladies dont il faut tâcher de se guérir le plus tôt qu'on peut, et lorsqu'on est bien rétabli, se conserver par un bon régime. Je vous prêcherai sur ce ton-là tant qu'il vous plaira ; car c'est le fort de ma morale.

Je ferai en sorte de vous voir un de ces jours. J'ai un petit prétexte pour aller à Paris, que je tâcherai de faire valoir. Je suis véritablement en peine de l'état où vous allez vous trouver. Je vous prie de continuer à m'apprendre de vos nouvelles.

XIXe

Si j'étais maitresse de moi, vous me trouveriez toujours à votre service par préférence à tout ; mais je suis la personne du monde la moins libre, c'est ce qui fait que vous êtes si mal servi. Votre homme est arrivé dans le temps d'une procession, d'une grande messe, dont personne ici ne se dispense à pareil jour. J'ai encore eu par-dessus cela d'autres devoirs indispensables à remplir, et quoiqu'il y ait plus de trois heures qu'il est arrivé, je ne fais que trouver le moment de vous écrire. Je suis bien fâchée de ces contretemps qui peuvent vous déranger, et je vous assure qu'ils ne m'impatientent pas moins que vous. Je m'étais bien doutée que le message attirerait une lettre, mais cet inconvénient est moindre que celui d'être accusé d'un procédé malhonnête. C'est par cette raison que je conclus à faire encore une réponse, mais il faut que ce soit la dernière. J'ai jugé aussi qu'il fallait y mettre de la politesse et de la modestie, pour servir de correctif à ce qu'il peut y avoir de dur et de haut dans la conduite. Si l'on se plaint de vous, il faut tâcher au moins que vous ne soyez pas condamné par des preuves littérales. Je fais donc mon projet dans cet esprit, sauf à vous de le réformer. Je ne sais encore quand je pourrai aller à Paris pour la petite affaire que je vous ai dite ; mais j'ai quelque espérance d'un séjour dans peu de temps, et je le souhaite fort. Vous seriez alors mieux servi, car je serai plus près et plus libre que je ne suis ici.

XXe
PROJET

« La résolution que j'ai prise et qui vous surprend n'est pas dans l'ordre du sentiment ; c'est de la raison seule dont elle tire son principe, et comme elle n'a rien qui doive vous offenser, je suis prêt à vous l'expliquer, s'il y a moyen par-là de vous calmer.

Il y a déjà quelque temps que je m'aperçois qu'il me convient de renoncer à l'amour, c'est lui que j'abandonne et non pas vous, pour qui je conserverai toujours tous les sentiments que vous méritez. La défiance que je vous ai avouée, et que vous me reprochez, tombe aussi sur moi-même ; l'impossibilité de la vaincre m'a fait conclure qu'on doit absolument se guérir des passions, quand on ne tire plus de soi des assurances assez certaines pour calmer les inquiétudes qu'elles font naître. C'est donc une résolution fixe de ma part et d'autant plus inébranlable, qu'elle ne dépend d'aucun sentiment sujet à varier, et je vous demande de n'y plus apporter d'oppositions, et d'être persuadée qu'il me restera toujours assez de sentiments pour vous, sans ceux de l'amour, pour vous consoler des témoignages d'attachement que vous m'avez donnés, et dont je ne perdrai jamais le souvenir. Fiez-vous en à ce que vous valez et à la manière dont j'ai su le sentir, et suspendez le soin de le renouveler par vos lettres que je ne puis recevoir, et auxquelles je ne puis plus répondre dans la situation des choses.

Conservez votre santé, s'il vous reste encore quelque égard à mes désirs, et ne doutez pas du véritable intérêt que j'y prends. »

XXIe

Les réflexions que vous faites sont justes et fort graves, j'y souscris, et je vous dirais encore : raccommodez-vous, si votre raccommodement pouvait être solide et durable ; mais s'il faut par la suite en revenir à une rupture, il vaut mieux soutenir celle-ci, que d'en tenter une nouvelle. Au surplus je ne vois pas que le public ait occasion non plus que droit, de porter son jugement sur cela. Votre affaire n'a point assez éclaté, pour qu'on soit sur les voies, et qu'on en doive savoir les suites ; il n'y a que vos confidents qui vraisemblablement soient à portée d'en raisonner : et je crois bien que vous en essuierez quelque critique. Mais n'en déplaise à madame de... qui traite l'amour si méthodiquement, chacun y est pour soi, et le fait à sa guise. Je suis étonnée qu'une personne si vénérable ne regarde pas les passions comme des égarements d'esprit, qui ne sont point susceptibles de l'ordre qu'elle y veut admettre. Je trouve les préceptes ridicules sur cette matière, et j'aimerais presque autant qu'on voulût mettre en règle la manière dont les frénétiques doivent extravaguer.

Quant à l'explication que vous me demandez, des contrariétés qui vous surprennent, elle n'est pas facile à donner ; les femmes, pour l'ordinaire, sont inexplicables ; elles rassemblent en elles les choses les plus opposées les unes aux autres ; tout s'y trouve à la fois ; le pour et le contre ; il en résulte un tout fort bizarre et qu'on ne peut guère définir. Je crois pourtant que celle-ci vous aime ; je ne garantirais pas qu'elle n'eût pu mêler quelque autre goût à celui qu'elle a pour vous ; je n'en vois pas non plus de marques certaines. Sa vanité est fausse ; il n'y a point de véritable hauteur en elle. Si elle ne vous aime pas uniquement, les efforts qu'elle fait pour vous retenir sont d'une bassesse indigne ; et à quelque point qu'elle vous aime, il y a trop de faiblesse dans sa conduite pour la faire respecter. Au défaut du courage je lui voudrais de l'art ; il n'y en a pas non plus à se montrer si dépendante de ce qu'on recherche. En abandonnant noblement ce qui nous quitte, on se fait voir au-dessus de ce qu'on perd, et l'on peut au moins se faire regretter. Pour dire en un mot ce que j'en pense, c'est une femme pleine de passions et sans caractère.

Au reste pour votre conduite, je ne vois pas que vous ayiez rien à faire, à moins que vous ne vouliez renouer la partie ; toute démarche qui n'aura pas ce but-là serait déplacée. Il ne faut plus écrire ni songer à vous montrer : allez à la campagne le plus tôt que vous pourrez, goûtez-en les charmes innocents, et tâchez d'oublier le reste.

XXIIe

Je n'étais point chez moi quand votre courrier est arrivé, je ne suis revenue que longtemps après ; cela retarde ma réponse et j'en suis bien fâchée. J'ai lu avec beaucoup d'attention tout ce que vous me mandez, et j'ai trouvé que le commencement de votre épître est un petit traité de morale des mieux faits ; je veux la relire ; c'est ce qui m'empêche de vous la renvoyer avec la copie de l'autre, dont je tiens l'original même ; une copie, car les sentiments n'y sont pas d'après nature. Le pouvoir despotique que vous avez sur moi m'a forcé à faire un projet de réponse ; j'espère que vous ne vous en servirez pas, et qu'il ne sera bon qu'à faire preuve de ma soumission à vos lois. Ayez la bonté de ne m'en plus imposer d'une si difficile exécution. Les sujets les plus soumis sont tentés de se révolter quand l'autorité dégénère en tyrannie, et c'en est une assurément de contraindre l'esprit à parler pour le cœur. Pour parler plus sérieusement, votre plan de conduite me semble tout à fait raisonnable, mais je crains que si vous vous retrouvez en présence, l'alarme étant au quartier, on ne fasse tant et si bien qu'on ne parvienne à tout déranger. Éloignez tant que vous pouvez ce péril : mais si vous ne le pouvez sans amener la scène qu'il faut surtout éviter, montrez-vous et soyez bien préparé. N'oubliez aucune des armes défensives, c'est principalement ce dont il est besoin : ne songez point à attaquer, c'est assez de vous bien défendre. Mais en vérité je suis bien simple avec mes conseils, après tout ce que vous m'avez mandé ; je vois de reste que vous n'en avez que faire. Il est tard et je m'amuse à verbiager, sans songer que vous attendez peut-être avec impatience une réponse qui ne vous satisfera point. Continuez de m'apprendre la suite de ceci ; puisque c'est de vous qu'il s'agit, ne doutez pas que je ne m'y intéresse assez pour mériter d'en être parfaitement instruite.

XXIIIe
PROJET

« On a raison de plaindre, madame, ceux qui se trouvent dans de certains engagements, et plus encore quiconque est forcé de les rompre ; on ne cause point de douleur à ce qu'on a tendrement aimé sans en ressentir la plus grande part, et l'on ne doit pas croire qu'on en vienne[i] à cette extrémité, sans se faire une cruelle violence, et sans y être contraint par des raisons invincibles. Je vous vois cependant toute la disposition du monde à me condamner, et je ne laisse pas d'être surpris que vous n'hésitiez point à me donner le tort. Est-il donc sans exemple que des femmes aimables n'aient pas mérité d'être toujours aimées, et ne peut-on pas justement se détacher quand on ne trouve plus ce qui avait fondé l'attachement qu'on avait cru devoir toujours durer ? Enfin, madame, l'amour a son empire qui est très libre et se gouverne par ses propres lois ; ceux qui s'y assujettissent doivent les connaître et ne pas songer à lui imposer des règles qu'il n'admet point. Il n'en est pas de même de l'amitié : elle est plus docile et se soumet volontiers à la raison ; et comme elle ne tient rien de l'aveuglement et de l'impétuosité des passions, elle n'est pas sujette au même mécompte. Nous traiterons cette matière plus au long quand j'aurai l'honneur de vous voir ; j'en ai une véritable impatience et j'espère que vous et madame de… ne me trouverez pas si coupable après m'avoir entendu. Il me reste à vous dire que je ne redoute point la haine dont vous me menacez ; je ne puis avoir assez mauvaise opinion de quelqu'un à qui j'ai été si véritablement attaché, pour en craindre un retour si pervers. Je suis persuadé qu'au fond de son cœur elle me rendra justice, et que je pourrai même conserver son estime et peut-être son amitié dont je ne me suis pas rendu indigne. »

Voilà un griffonnage que je vous ai ébauché pour madame de… Je n'en suis pas contente, mais je ne puis trouver autre chose ; vous y ajouterez la réponse aux autres choses qu'elle vous mande, sur quoi vous n'avez pas besoin de mon secours. Je suis fort contente des bonnes dispositions dans lesquelles vous êtes : maintenez-vous-y par de sages réflexions, et surtout considérez bien le prix de la liberté. Croyez-moi, les chaînes extérieures sont plus supportables que l'esclavage des passions.

J'ai grande envie de vous voir, je n'espère pas que ce puisse être plus tôt que dans dix ou douze jours.

XXIVe

J'ai trouvé votre homme en arrivant et aussitôt je vous obéis ; voilà votre projet que j'ai plus gâté qu'accommodé, quoique j'aie eu bonne intention.

Je vous attendrai demain et je serai ravie de vous voir ; j'espère que ce ne sera pas l'unique fois, et que nous serons un peu plus longtemps ici que je n'avais cru.

PROJET.

« Qu'ai-je à vous dire que vous ne sachiez aussi bien que moi ? Ces victimes que vous voulez offrir à vos ressentiments peuvent-elles vous être inconnues ? Elles se sont souvent présentées à vos yeux, et la façon dont vous les avez vues, montre bien qu'elles ne vous sont pas odieuses. Pouvez-vous ignorer vos torts ? loin d'en faire l'aveu il semble que vous l'attendiez de moi. Votre négligence à me satisfaire dans ce qui dépend uniquement de vous, ne m'a que trop convaincu que vos sentiments sont bien différents de l'expression que vous leur donnez, et de ceux que je crois mériter. »[j]

XXVe
PROJET

« Les soins qu'on prend pour votre service coûtent si peu, que vous êtes dispensée, madame, d'en savoir gré à vos amis. Je suis ravi que plusieurs raisons pressent votre retour ; je l'attends avec une extrême impatience ; c'est le moment où je pourrai m'éclaircir avec vous, et détruire les impressions peu favorables que vous avez de moi. En attendant défiez-vous, madame, du soin qu'on a de me noircir à vos yeux ; je n'emploie de mon côté aucun art avec vous : la vérité est simple et n'a rien à faire pour elle que de se montrer ; vous la connaîtrez, et je me flatte que vous aurez quelques remords des jugements que vous avez portés contre moi. Si je n'étais sûr d'une pleine justification, sans besoin d'apologie, je préparerais d'avance mes moyens de défense : mais encore une fois l'exposition des faits suffira, et cette assurance me fait soutenir un peu plus tranquillement l'espèce d'injustice que vous avez à mon égard. Vous la désavouerez, madame, et vous conviendrez que si je ne suis pas capable de fixer les cœurs volages, je mérite au moins l'estime et l'amitié de mes véritables amis. »

XXVIe

Vous me manquez, comme de raison, beaucoup plus que je ne vous manque, et depuis que je ne vous ai vu il m'a semblé que j'avais une infinité de choses à vous dire. Il m'est même arrivé quelque chose de personnel, dont j'eusse trouvé de la consolation à vous rendre compte, et vous en auriez peut-être eu à me voir aussi peu raisonnable que vous l'êtes quelquefois ; soit dit sans vous déplaire, et revenons à nos moutons. Il est très certain qu'on ne vous laissera point en repos et qu'on essaiera tous les moyens jusqu'au retour de madame de… qu'on regarde effectivement comme le dernier. Je suis persuadée, aussi bien que vous, qu'on exigera d'elle de rompre avec vous si l'on ne s'y raccommode pas, et je commence à croire que vous ne pourrez éprouver les effets de la haine après ceux de l'amour. Ceci est trop violent pour s'assujettir à la raison, et se contenter de l'indifférence ; une passion si vive prendra encore bien des formes avant que d'en venir là. Je vois nettement le mal, et ne sais pas le remède. Quant à ce qui regarde madame de… vous n'avez d'autre ressource que de lui prouver, s'il est possible, l'infidélité ; c'est le seul moyen de la faire taire, sans quoi vous aurez à essuyer sa persécution qui ne sera pas moins à charge que l'autre. Je crois qu'en attendant son retour vos lettres doivent toujours rouler sur la confiance où vous êtes que lorsqu'elle saura de quoi il s'agit, elle trouvera que vous n'avez pu faire mieux que vous avez fait. Je vous envoie un brouillon suivant cette idée. Si vous n'en êtes pas content vous n'aurez qu'à dire ; j'en ferai un autre. Au reste, j'approuve infiniment votre conduite et vos desseins, et je loue votre courage autant que votre discernement.

XXVIIe
[PROJET]

« S'il est vrai, madame, comme vous m'en assurez, que vous n'ayez nulle disposition à me condamner, et que vous n'attendiez qu'un éclaircissement sur ma conduite pour me justifier, j'ai lieu d'attendre de vous une décision favorable quand vous serez instruite de la nature et de la force des raisons qui m'ont déterminé. Puisqu'en suivant vos principes vous ne pouvez refuser de les admettre, j'aurais été flatté de devoir à votre amitié et à quelque prévention en ma faveur ce que j'obtiendrai sûrement de votre équité ; et je vous avoue que ma délicatesse est un peu blessée d'attendre uniquement de la bonté de votre jugement, ce que j'aurais voulu trouver dans votre cœur. Cette délicatesse extrême est la seule chose que mes amis puissent redouter dans mon commerce. Est-il vrai que vous vouliez faire craindre d'autres périls à ceux qui ont quelque disposition à se lier avec moi ? Non, madame, je n'en crois pas votre menace, et je vous en ferai bien dédire quand vous vous serez rapprochée de nous. C'est la chose du monde que je souhaite le plus. »

XXVIIIe

Il me paraît, par la lettre que vous m'envoyez, que l'on prend enfin son parti, et je pense comme vous, qu'il ne vous reste plus rien à faire qu'à jouir d'une espèce de succès que vous avez désiré, et de la satisfaction de vous être bien conduit. Je ne suis point surprise qu'il se mêle à cela des idées tristes. La perte d'un bien, vrai ou faux, ressemble toujours à un malheur ; et l'avantage qui en résulte n'est saisi d'abord que par la réflexion, et ne se fait pas connaître par le sentiment. Il est vrai qu'il y prend part dans la suite, et que chaque situation a ses goûts et ses plaisirs qui lui sont propres, et dont, à tout prendre, on se trouve aussi bien que de ceux des autres états. Enfin, si vous n'avez pas de foi à cette vérité, échappez à la tristesse qui vous poursuit, en renonçant aux règles austères que vous vous imposez, et auxquelles en effet rien ne vous oblige. Se séparer d'une maîtresse dont on est mal content, n'emporte point la nécessité de renoncer à l'amour, et n'empêche pas de faire, si l'occasion s'en trouve, des traités plus avantageux que ceux qu'on a rompus. Si pourtant vous êtes résolu de vous tenir rigueur, accordez du moins à votre imagination la liberté de se promettre ce qu'elle semblera désirer, et puis vous composerez avec elle. Le temps changera vos idées, ou vos résolutions, et tout ira bien. Je compte que nous irons la semaine prochaine à Paris ; je ne puis positivement savoir le jour, mais je crois que ce pourrait être mardi ou mercredi. Je me ferai un extrême plaisir de vous voir. En attendant, je vous donne le bonjour, et vous souhaite de tout mon cœur cette tranquillité délicieuse semblable à un sommeil léger qui arrête seulement l'impression nuisible des objets, et en laisse recevoir toutes les images gracieuses. Adieu encore une fois ; j'ai grande envie de vous entretenir.

XXIXe

Je vous ai écrit ces jours passés avec une précipitation qui ne m'a pas contentée ; pour m'en dédommager, je vous donne le premier moment de loisir que je me trouve, et je crois ne pouvoir mieux l'employer.

Ne vous est-il rien arrivé de nouveau, et dans quelle disposition persistez-vous ? Comment s'est passé votre souper ? je suis curieuse de le savoir : et pourquoi ce grand redoublement d'assiduité entre vos dames ? N'est-ce donc que pour parler du passé, et n'y prend-t-on point des consolations présentes ? Quoi qu'il en soit, je vous trouve sage et heureux de ne vous en pas soucier : et de quoi peut-on véritablement se soucier, quand on y regarde de près ? Nous ne devons nos goûts qu'à nos erreurs. Si nous voyions toujours les choses telles qu'elles sont, loin de nous passionner pour elles, à peine en pourrions-nous faire le moindre usage. Mais, malgré toutes ces belles réflexions, on se prête volontiers à la première occasion d'être trompé agréablement, et je vous y attends tout au premier jour. Attendez-vous aussi que je vous ferai une mine fort sévère, car je deviens de plus en plus rigide sur les faiblesses humaines ; je les pardonne tout au plus dans une extrême jeunesse, ou à ceux qui, par la petitesse de leur esprit, jouissent d'une enfance éternelle ; mais je ne puis souffrir qu'avec beaucoup de lumières et assez d'expérience, on se laisse encore séduire. Je ne doute pas que vous ne trouviez mon discours hors de propos, puisque je ne vois encore en vous aucun signe de rechute ; prenez-le comme une médecine de précaution que je vous présente, et qui ne saurait faire un mauvais effet. À propos de médecine, comment va votre santé corporelle, je m'y intéresse encore plus qu'à tout le reste. La mienne continue d'être meilleure ; je vous en rends compte, puisque vous témoignez de si bonne grâce y prendre part.

XXXe

L'événement dont vous me faites part, et qui ne peut manquer de vous faire quelque peine, a pourtant en soi un bien réel ; il vous justifie à vous-même et envers vos amis, et rend la conduite que vous avez tenue irrépréhensible. Si par hasard vous vous fussiez trompé, il vous resterait des torts et des regrets dont le poids vous eût longtemps chargé. Vous voyez à cette heure, bien nettement, que vous n'avez fait que ce que vous avez dû faire ; que vous avez sagement prévenu des dégoûts qui auraient été plus sensibles, si vous n'aviez pas su les prévoir ; et cela doit établir le calme dans votre âme : quand il sera bien affermi, la gaieté renaîtra, la tristesse et l'abattement que vous me dépeignez sont les suites ordinaires d'une violente agitation ; c'est comme la lassitude du corps, après un travail pénible ; mais à peine a-t-on goûté le repos, qu'on reprend des forces, et l'on les trouve même accrues par l'exercice qui l'a précédé. Commencez donc par prendre ce repos ; éloignez tous les souvenirs qui vous agitent, et toutes les prévoyances qui ne peuvent servir qu'à noircir votre imagination. Contentez-vous de la victoire que vous avez remportée sur l'amour ; ne prenez point d'engagement avec vous-même contre lui, ce serait, en quelque manière, attenter à la liberté que vous vous êtes rendue ; soyez-en jaloux au point de ne vouloir pas vous astreindre, même à ce qui vous la peut conserver. Les charmes de cette liberté, les douceurs d'une vie tranquille, les amusements de l'esprit si agréables et si faciles à goûter dans le silence des passions, vous paraîtront peut-être, dans l'usage, aussi aimables que ce que vous quittez ; mais ne vous faites point d'avance une nécessité de vous y borner : par cette voie simple et aisée, vous assurerez la paix et ramènerez la joie dans votre âme abattue des efforts qu'elle a faits, et attristée par une espèce de crainte des nouvelles peines dont vous la menacez.

J'ai beaucoup d'envie de vous voir et de savoir mieux le détail de ce que vous me mandez, et quelle est la personne en question. Pour votre état, je le comprends à merveille ; vous m'en faites une peinture très nette que j'ai lue avec beaucoup d'application.

XXXIe

Gardez-vous bien de rien dire, ni de laisser voir que vous ayiez rien vu ; ce serait vous prêter au désir qu'on a de vous offenser, que de paraître le remarquer : et, puisque les gens à qui vous pourriez vous confier vous sont suspects, vous ne devez point leur montrer vos véritables sentiments, qui ne seraient que trop certifiés par les remarques que vous leur communiqueriez, quand vous n'y ajoureriez aucun aveu de l'impression qu'elles vous ont faite. Continuez donc avec vos amies, la conduite simulée que vous avez eue depuis votre retour ; elle est plus sûre et plus noble que toute autre. Je suis sort peinée de l'état de votre âme, moi qui la vois toute entière ; et d'autant plus, qu'exposée sans cesse à l'objet qui vous agite, je vois peu d'apparence de pouvoir vous calmer. Si les réflexions pouvaient quelque chose contre les sentiments, vous n'en manqueriez pas pour détruire ceux qui vous restent. Mais malheureusement la raison n'a de force que lorsque son secours n'est plus nécessaire, et son usage le plus ordinaire est de condamner ou d'approuver ce qui se passe en nous sans sa participation. Je ne vous dirai point tout ce qu'il y a à dire contre les sentiments qui vous troublent, puisque je serais un personnage aussi inutile que celui de cette raison toujours impuissante et sévère, qui s'oppose à tout et ne surmonte rien. Vous savez tous les lieux communs que je pourrais vous débiter comme elle : il ne reste donc qu'à faire des vœux pour le retour de la paix que je vous souhaite, et que je suis bien fâchée de ne pouvoir vous procurer. Continuez cependant de m'instruire de tout ce qui vous regarde, assuré de toute la part que j'y prends.

XXXIIe

Vous vous voyez, vous vous reconnaissez, dites-vous. Pour moi, je vous avoue que je ne vous reconnais plus. Vous m'avez, jusqu'à cette heure, parlé raison et sentiment ; mais, dans ce moment-ci, je ne trouve plus, dans tout ce que vous me dites, qu'un tissu de passion et d'illusion. J'espère vous en convaincre en reprenant votre lettre, article par article, si l'on m'en laisse le loisir.

Vous voudriez qu'estimable, je me laissasse mépriser. Voici une de vos propositions : si vous êtes véritablement estimable, que vous fait le mépris de gens que vous méprisez vous-même ? Vous dites avant cela : *Que votre silence justifie ce qu'on a imaginé pour vous perdre.* Qu'a-t-on fait pour cela ? Quelques discours qui vous déprisent auprès de madame de… N'existez-vous que par elle ? Que vous importe de son opinion, et qu'a-t-elle de commun avec celle du public ? Le vrai courage ne doit pas être ébranlé par un si petit objet. Je vous passe qu'*il est permis de se défendre* : mais qui est-ce qui vous attaque ? Je vous accorde encore tout ce qu'il vous plaira sur *les droits de la vengeance, au préjudice de ceux de l'amour.* Je sais que les passions n'ont de loi entre elles que la loi du plus fort ; elles sont toutes injustes et déréglées dans leurs principes et dans leurs effets ; mais si les gens sages ne peuvent s'empêcher d'en recevoir l'atteinte, du moins n'en doivent-ils pas faire la règle de leur conduite. Quant au reste, abandonnez d'indignes amis, et n'entreprenez point de les corriger, puisque ce soin serait vraisemblablement inutile, et ne craignez point que ma vanité souffre. Quand l'objet de mon amitié serait méprisé de telles gens, je ne règle pas mes sentiments sur ceux des autres ; j'ai des règles plus sûres, et j'ai assez bonne opinion de mon jugement pour n'attendre pas l'appui du leur.

On m'envoie chercher, et cela durera jusqu'à la fin du jour. Je garde votre lettre pour achever ma dissertation ; je vous la renverrai avec la suite de ma réponse. Je n'ai que faire de la mienne ; vous pouvez la garder ou la brûler, comme il vous plaira.

XXXIIIe

Je reprends ma réponse où l'on m'a interrompue.

Une sage tranquillité ne doit point être qualifiée de *pusillanimité*, et ne peut inviter à aucun crime ; ce sont des monstres que vous formez pour les combattre.

Vous tentez de me fléchir par *l'intérêt de votre santé*; elle dépend (dites-vous, appuyé de la décision d'un grave docteur) de la tranquillité de votre âme. J'y consens, mais je nie que le moyen que vous avez trouvé puisse vous apporter la paix que vous comblez désirer : tout au contraire, il vous jettera dans de nouveaux troubles dont vous ne verrez que difficilement la fin.

Vous prétendez que *vos anciennes réflexions n'étaient que des illusions* : et qui vous garantit, dites-moi, la certitude de vos idées présentes ? Si vous avez pu vous abuser dans ce temps-là, n'est-il pas aussi possible que vous vous trompiez encore en ce jour ? Ce n'est pas le calme dont vous jouissez qui peut fonder votre assurance ; vous ne fûtes jamais moins tranquille.

Je ne prétends point vous grossir le danger ; il ne vous arrivera autre chose que d'être haï de quelques gens, et blâmé de beaucoup d'autres. La différence du soupçon à la conviction est grande, dans les cas où il s'agit d'un jugement juridique, qui ne se forme que sur des preuves ; mais les jugements publics n'observent pas tant de formalité, la condamnation se prononce sans que le fait soit avéré : celui-ci même n'aura pas l'avantage d'être douteux : trop de rapports caractérisent son auteur, pour qu'il puisse échapper dans l'obscurité.

De tout point la guerre s'allumera ; il me semble voir Sténobée[4] contempler avec joie les ravages que sa vengeance a causés : cela fait un bel effet dans un opéra, mais cela est mal placé dans la tête d'un homme sage. Si vous ne craignez point le repentir en lui-même, je m'en rapporte à vous ; mais le mauvais succès le peut faire naître.

L'amitié ne me fléchit point. Ne serait-ce pas assez vous dire qu'elle n'est pas sentie ? Je crois avoir fait mes preuves ; et la contradiction que j'apporte à vos sentiments dans cette occasion-ci, en est une plus forte que toute autre.

Je suis dans l'illusion, ajoutez-vous : mais, de bonne foi, n'y a-t-il pas plus d'apparence que c'est vous qui en êtes environné ? Ne sont-ce pas les passions qui la forment ? Y en a-t'il quelqu'une en ceci qui puisse me séduire ? Si ce n'était la raison qui m'éclaire, ne suivrais-je pas plutôt la malignité naturelle du cœur humain, qui favorise volontiers la destruction des autres, surtout parmi les femmes ? Quel intérêt ai-je à prendre la défense de celle-ci ? Croyez-vous que l'honneur qu'elle a eu de

4 Héroïne de *Bellérophon* de Quinault et Lully (1679).

vous plaire, me la fasse particulièrement chérir ? Si c'est là le sentiment qui m'aveugle, j'avoue que la séduction en est si subtile que je n'ai pas dû me précautionner contre.

Vous voulez préserver et venger l'univers des maux dont il est menacé. C'est votre principale raison que vous étalez avec tout l'art oratoire. Quoi donc ! est-ce Hélène qui va réduire Troie en cendres ? En vérité, si la tranquillité publique n'a rien de plus terrible à redouter que les charmes de madame de… je la tiens stable à jamais.

J'ai voulu répondre à toutes vos raisons, afin que vous ne disiez pas que je n'ai fait que les parcourir sans en approfondir la valeur. Je me doute que vous trouverez cette dissertation sèche ; mais véritablement dût-elle vous déplaire, je ne voudrais pour rien ne vous avoir pas dit tout ce que je pense. J'ajoute donc que plus j'examine ce que vous avez dessein de faire, et moins je trouve que cela soit d'accord avec la probité ; et je sens que si vous passiez outre, je serais forcée à vous moins estimer : ce qui m'affligerait infiniment. Vous me demandez de vous parler avec courage, vous voyez que je le fais. Il y en a beaucoup à dire des vérités déplaisantes à quelqu'un à qui l'on n'a pas envie de déplaire ; ne m'en sachez pas mauvais gré, je vous en conjure, et pardonnez au zèle qui m'anime, ce qu'il y a peut-être d'indiscret dans la liberté de mon discours.

XXXIVe

Non, vous n'immolerez point la victime ; je ne veux pas votre repos à ce prix. Si je n'avais pour vous qu'une vaine amitié, j'écouterais la répugnance que j'ai à vous contredire, et je céderais avec plaisir au sentiment qui vous domine ; mais ce serait mal payer la confiance que vous avez en moi et m'écarter des lois qu'imposent l'attachement sérieux que j'ai pour vous. Vos véritables intérêts me sont plus chers que votre satisfaction, et que celle même que j'ai à vous complaire. Je m'oppose donc, de tout mon pouvoir, au projet de votre vengeance : premièrement, parce que je ne le trouve pas digne de vous ; secondement, parce que cela me paraît très préjudiciable par les conséquences. De qui voulez-vous vous venger ?

De quelqu'un que vous avez vu si longtemps gémir à vos pieds dans la dernière humiliation, et qui n'est digne que de votre mépris ? S'il est flatteur de triompher, c'est de plus fort que soi ou du moins de quelqu'un d'égal : ici il n'y a point de parité. La manière de vous venger ne me plaît pas non plus ; il ne faut jamais déshonorer l'autel où l'on a sacrifié : on peut et l'on doit cesser d'y offrir ses vœux, quand on ne le trouve pas digne de son culte ; on peut même abattre l'idole par des témoignages de mépris ; mais je n'approuve point qu'on aille jusqu'à la profanation de ce que l'on a adoré. Si mon scrupule vous paraît trop religieux, j'ai d'autres raisons à vous alléguer. Songez quel éclat vous allez attirer contre vous, et combien sera juste le ressentiment que vous ferez naître ; non seulement de la part la plus intéressée, mais de ceux qui participeront à son injure, dont les entours sont considérables. Souvenez-vous des sages réflexions que vous avez faites à cet égard, et de la conduite si bien ménagée que vous avez eue en conséquence. Ne dérangez pas tout d'un coup un plan si raisonnable pour jouir d'une satisfaction qui ne vous tiendra pas ce qu'elle vous promet. Car vous vous trompez de croire que, le coup lâché, vous serez tranquille : non, vous serez plus agité, et vous le serez de mille manières différentes et plus insupportables que la situation présente. Jusqu'ici vous n'avez à vous plaindre que des autres, vous vous plaindrez de vous ; et les reproches qu'on fait contre soi sont plus amers que tout autre. Les discours publics vous choqueront, et ce n'est pas une occasion convenable de faire parler de soi. Vous croyez bien que vous ne serez pas méconnu, et que tout le murmure tombera directement sur vous. Songez-y donc ; et si vous n'êtes pas en état de songer, veuillez me croire.

Je ne vous dis point ce que je pense de la pièce, de peur d'exciter la tentation d'en faire usage. Je souhaite de tout mon cœur que vous n'en fassiez point d'autre, que de jeter tout au feu.

XXXVe

Je suis extrêmement troublée de l'accident qui vous est arrivé, et je vous conjure d'avoir bien soin de m'en dire des nouvelles. Si vous avez de la peine à écrire, ne faites aucun effort ; faites-moi seulement dire un mot par votre secrétaire, je ne vous demande que cela. Je suis bien affligée de n'être pas à portée de vous voir, et cela me fait bien sentir ma captivité. Le conseil de croiser vos idées est fort bon, pourvu que vous le puissiez pratiquer ; mettez-y tout en usage ; bannissez, s'il est possible, ce souvenir qui vous est si funeste ; ne voyez plus, ou voyez moins ces personnes qui vous le rappellent sans cesse. Exercez sur d'autres sujets ce talent qui vous est venu pour la poésie : cela peut vous fournir un amusement agréable et moins dangereux. Ne disputons plus, ne parlons pas même, s'il est possible, des matières sujettes à contention : enfin, guérissez-vous, c'est le soin principal et le seul qui m'occupe. Pardonnez-moi ma dureté apparente, et songez que l'attachement le plus parfait est celui qui nous fait penser pour ce que nous aimons, comme nous pensons pour nous-mêmes. L'amitié ni l'amour même ne vont point au-delà. Il est vrai que j'aimerais mieux périr innocente, que de vivre coupable : mais vous ne périrez point ; je vous tiens destiné à toute autre chose qu'à devenir un holocauste. Je n'en crois point vos funestes prédictions : vivez et régnez sur vous-même, il n'est point d'empire plus doux. J'en sais l'expérience : vous pouvez m'en croire. J'ai été agitée dans des temps, malgré toute ma philosophie ; et je puis comparer l'état tranquille avec les autres, et savoir de combien il mérite la préférence. Vous en troublez à présent toute la douceur, par l'inquiétude que vous me donnez. Que je sache au plus tôt de vos nouvelles ; je vous en prie, par toute l'amitié que vous avez pour moi, par toute celle que j'ai pour vous, dont, malgré toute apparence équivoque, il ne vous sera jamais permis de douter. Si le beau temps continue, et que vos forces vous le permettent, je serais ravie que vous pussiez faire quelque tour à votre maison de campagne ; je suis persuadée que ce séjour vous sera plus favorable que celui de Paris. Que je voudrais être maîtresse de moi, et vous y aller tenir compagnie ! J'adoucirais mon air austère, et je ferais en sorte de vous être une société douce : heureuse, si je pouvais vous empêcher de regretter les autres. Souhaits impuissants ! Formons-en de plus raisonnables. Je souhaite de tout mon cœur que vous puissiez me mander que vous vous portez mieux, et que vous n'êtes pas mécontent de moi.

XXXVIe

Vous m'avez fait grand plaisir de m'apprendre de vos nouvelles, j'en étais véritablement en peine, et votre récit m'a charmée. Je crois voir tout ce que vous me dépeignez, mais il me fâche que votre âme ait été troublée de cette rencontre. Je n'en suis pourtant pas surprise : il est comme impossible qu'une pareille entrevue, après une longue absence, ne fasse quelque impression qui pourra bien n'avoir pas de suite. Il faut même se garder de s'en effrayer ; car, l'inquiétude est une agitation qui en peut amener d'autres à sa suite. Ne souffrez donc en vous que les idées qui peuvent servir à vous tranquilliser. Vous me faites grand honneur de penser que j'y puisse contribuer, et je trouve cette louange plus sublime que toutes celles qu'on peut recevoir. En effet il ne faut que des charmes médiocres pour causer des troubles, mais il faut quelque chose de bien plus fort pour les calmer, et la célèbre Logistile[5] apaisait plutôt *l'océan irrité qu'un cœur par l'amour agité.*

Je voudrais bien pouvoir aller traiter mon malade comme elle fit le sien, mais je suis retenue dans ces lieux, et il n'y a point d'enchantement qui m'en puisse arracher. Sérieusement je ne prévois point du tout que nous allions à Paris, et j'en suis d'autant plus piquée, que j'y ai passé presque tout le temps que vous avez été absent. Tout ce qui me reste donc c'est de vous écrire ; je ne le puis faire aujourd'hui aussi amplement que je le souhaiterais : car votre courrier, que j'ai été obligée de faire un peu attendre, me presse si cruellement qu'il ne me laisse pas respirer : cependant j'ai quitté tous mes devoirs pour le dépêcher. Je vous dirai donc seulement par provision que je suis d'avis que vous évitiez les occasions de voir. Vous pouvez vous en expliquer avec vos amis sur le ton d'une bienséance que vous devez observer, et leur demander de vous marquer les jours où vous ne ferez point de ces rencontres fatales. Évitez-les, je vous en conjure, pour votre repos qui m'est très cher ; votre santé me l'est encore plus, et je vous en demande instamment des nouvelles. Je suis véritablement affligée qu'elle ne soit pas si parfaitement bien.

---

5 Personnage de *Roland Furieux* de L'Arioste.

XXXVIIe

Vous l'avez pris sur un fort bon ton, et toute votre conduite mérite une entière approbation ; le récit que vous m'en faites m'a été très agréable ; mais je suis affligée de l'état de votre âme ; vous le dépeignez d'une manière bien vive et qui m'effraie : car je ne vois plus quel remède y apporter. J'avais bien espéré du temps et de l'absence, mais il semble qu'ils n'ont rien produit, et que même le mal est empiré. La seule ressource que j'imagine serait une occupation forte et satisfaisante par la dignité de l'objet : l'amour n'en a point de tels. Je voudrais que l'ambition vous en pût offrir. Vous n'êtes pas fait pour vivre sans passions ; de légers amusements ne peuvent nourrir un cœur aussi dévorant que le vôtre. Tâchez donc de trouver un objet plus vaste que sa capacité : sans cela vous éprouverez toujours les dégoûts qu'inspire tout ce qui est médiocre. On me demande dans ce moment, et ce sera pour longtemps ; je suis bien fâchée de ne pouvoir finir.

XXXVIIIe

Je pars demain sur les deux heures, monsieur : on m'a trouvée mieux aujourd'hui, et l'on n'a pas eu le courage de dire que je n'étais pas en état de voyager. Si j'en faisais difficulté, de ma part cela serait mal pris ; et enfin la grande envie que j'ai de rester me détermine à partir. Je vous ai attendu tout le jour avec plus d'impatience qu'à moi n'appartient. Que vos attentions sont dangereuses ! On s'y accoutume si bien, quand on en a joui, qu'on ne peut plus s'en passer ; peu s'en faut que je ne vous sache mauvais gré des soins que vous m'avez rendus ; ils me donnent plus de dégoût pour la solitude où je vais me trouver. Si j'avais eu du moins la satisfaction de vous entretenir d'une infinité de choses que j'avais à vous dire, je partirais plus contente. Je vous ai vu tous les jours et n'ai pu vous parler un moment ; j'ai été plus libre aujourd'hui, et ne vous ai point vu : dites-moi donc ce qui vous a retenu. Je crains par-dessus tout, que ce ne soit quelque dérangement de votre santé : que je le sache au moins avant que de partir.

XXXIXe

Il n'est que trop vrai que je pars dans une heure au plus tard. Je suis cependant assez mal aujourd'hui ; j'ai eu de la fièvre toute la nuit, j'en ai même encore aujourd'hui. Je n'ai point vu mon médecin ; je crois qu'il ne s'est pas montré de peur d'être obligé d'en dire davantage qu'il ne fit hier, quoiqu'il m'eût fort promis de venir décider mon sort ce matin. Étrange servitude des esprits courtisans ! Malheur à qui s'y trouve indignement asservi ! Je pars enfin dans un abattement et dans une tristesse que je ne puis dépeindre, et que j'ai honte de sentir. C'est en vain qu'on se flatte d'un courage dont on ne jouit que quand on n'en a que faire. Je vois bien que je suis tout aussi faible qu'un autre ; je vous dois cet aveu en retour de ceux que vous me faites quelquefois.

Donnez-moi de vos nouvelles ; j'en ai véritablement besoin. Je suis inquiète de votre santé, et c'est un surcroît de peine infini pour moi de vous laisser dans un état douteux. Adieu donc, puisqu'il faut que je vous quitte : pensez à moi, et me le dites le plus souvent que vous pourrez.

XLe

Ma santé est beaucoup meilleure ; je n'ai point de fièvre aujourd'hui, et il y a même apparence qu'elle ne reviendra pas. Je suis plus touchée de la part que vous y prenez que de ce bien en lui-même : je goûtais l'état de malade comme plus libre que celui dans lequel le retour de ma santé me va faire rentrer. Cependant, s'il est vrai qu'elle vous importe, elle m'en sera beaucoup plus chère.

Le détail dont vous me faites part m'a fait grand plaisir, non pas sans envie d'avoir été témoin d'une conversation qui a dû être si agréable, et qui me paraît si intéressante. Je souhaiterais surtout d'avoir entendu votre dissertation. Vous devriez à votre loisir la refaire pour moi sur le papier. Le droit que j'ai de connaître vos sentiments s'étend sur toutes les opinions qui en naissent.

Je suis fort aise que vous ayez renoué commerce avec la C... Cependant elle est bien aimable, et si vous êtes tous deux revenus des passions, et déterminés à des liaisons plus solides, ne pourriez-vous pas trouver votre compte ensemble ? Pardonnez-moi cette inquiétude, l'amitié n'en est pas absolument exempte. Je crois bien que son caractère ne vous convient pas parfaitement ; mais mes longues absences et le peu d'usage que vous pouvez faire de mon commerce, peuvent me dépriser beaucoup. Je suis flattée que mon souvenir se soit présenté à vous dans cet entretien, et je serais charmée de me trouver à portée de jouir d'une si agréable société.

Malgré l'affermissement de vos dispositions à la tranquillité, je ne voudrais pas encore répondre que vous fussiez à l'abri des passions. Ce qui plus me rassure est la difficulté de trouver ces objets séduisants. Je crois en effet qu'il y en a peu de tels pour ceux à qui un discernement fin et des expériences suivies ont fait connaître le vrai, et qui ne peuvent goûter que l'excellent.

Adieu. Portez-vous bien aussi ; c'est ce que je désire le plus. Rendez-moi toujours compte de vous, et ne craignez jamais de m'en trop dire.

XLIe

La suite de vos soins est très touchante, et la lecture de votre lettre m'a fait un plaisir que je n'aurais pas cru pouvoir ressentir dans l'abattement où je suis : non seulement elle m'a fait plaisir, mais elle m'a fait un bien essentiel, en me rassurant sur l'inquiétude où j'étais de ma disposition présente ; et le tour que vous prenez pour m'instruire est aussi ingénieux que flatteur. En effet, je comprends que, sans que le diable s'en mêle, on peut regretter amèrement une société aussi aimable que celle que je perds, et le commerce de quelqu'un qui sait mettre plus d'agréments dans l'amitié que les autres n'en mettent dans l'amour. Je vois donc, grâce à l'éclaircissement que vous m'avez donné, que je ne suis point hors de route ; et c'est peut-être une confiance sans exemple de vous avoir consulté vous-même sur le trouble où j'étais. Je ne suis point fâchée d'avoir eu occasion de vous payer toutes celles que vous me témoignez. Gardez-vous bien de croire que je me puisse ennuyer des peintures que vous me faites de vous ; elles sont si bien faites que je prendrais plaisir à les voir, quand ce serait le portrait de quelqu'un à qui je ne m'intéresserais pas. Jugez de ce que la part que je prends à ce qui vous regarde, ajoute à la satisfaction que j'ai d'en être si bien instruite. Vous avez raison de penser que je partage vivement la joie que vous donne le retour de votre liberté. Ma satisfaction en serait parfaite, si je ne craignais toujours que quelque rencontre fatale ne vous entraînât dans un nouvel engagement ; et je ne puis me résoudre à vous voir retomber dans de nouveaux liens, peut-être aussi onéreux, et pas moins difficiles à rompre : puissiez-vous vous en préserver !

Je suis charmée de ce que vous me dites de vos dispositions sur les passions ; il n'y a rien de plus judicieux que vos réflexions à cet égard : on n'y peut rien ajouter ; et tout ce que l'on peut faire est de les admirer. Ne craignez point avec moi le reproche d'amour-propre. Vous me parlez comme à vous-même, et vous me devez dire le bien comme le mal. Je suis fort en peine de vous ; portez-vous bien je vous prie ; j'en supporterai mon mal plus volontiers. Donnez-moi bien de vos nouvelles, et que je sache comment vous êtes. Je ne manquerai pas aussi de vous rendre compte de moi.

XLIIe

Non, ce n'est point trop parler de vous à quelqu'un qui vous écoute avec tant de plaisir, et qui connaît le prix de vos réflexions, qui en admire la justesse et la profondeur, et sait y trouver des instructions aussi utiles qu'agréables ; et qui, par-dessus cela, prend un vif intérêt à tout ce que vous pouvez lui dire : continuez donc, vous ne pouvez mieux faire. J'approuve en tout vos raisonnements et vos remarques. Le dépérissement des gens qui s'étaient trouvés dans la sphère de votre illusion m'a paru très finement découvert, et je crois cette espèce d'erreur assez commune et rarement démêlée. Je pouvais bien aussi lui devoir une partie de mes avantages, et m'en voir dépouillée, si toute relation intéressante venait à cesser ; mais non, je vous offense et moi aussi. Le vrai se trouve dans ce que nous pensons l'un de l'autre ; il doit toujours subsister. Je désavoue donc une inquiétude qui m'abaisserait trop, et ne vous ferait point honneur. Je condamne encore plus celle que vous avez. Le point principal, et le reste, tout est tel en vous que vous le pouvez désirer. Ne craignez pas que la politesse ait part au témoignage que j'en rends, il part d'une conviction bien fondée. Une longue et forte attention, aidée de votre confiance m'a appris à vous bien connaître. Vous pouvez donc me croire en toute sûreté ; vous pouvez vous en croire aussi. Vous vous suivez d'assez près pour ne vous pas échapper. Témoin l'opinion que vous avez de votre philosophie ; je l'adopte.

Si je ne vous dis pas bien ce que je vous veux dire, n'en soyez point surpris ; j'ai la tête affaiblie par le travail d'une médecine que j'ai prise ce matin ; je crois qu'après cela je serai entièrement quitte de mon mal. J'étais déjà assez bien hier, je me montrai un peu ; mais je n'ai pas encore repris les grandes fatigues, il sera difficile de m'en dispenser, lorsqu'on semblera l'exiger ; je tâcherai seulement d'y mettre un peu de modération. Vos réflexions à cet égard sont justes, dans le point de vue où vous les faites ; mais peut-être ne puis-je penser autrement que je fais, dans la situation où je suis. L'intérêt qui vous fait parler, et l'inquiétude touchante que vous me témoignez, trouvent en moi plus de sensibilité que je ne puis, ni ne veux vous le dire. Adieu, portez-vous bien et ne m'oubliez pas.

XLIIIe

Le mal n'est pas si grand que vous le faites ; vous vous jugez trop sévèrement et vous vous préparez trop artistement des sujets d'inquiétudes. Je ne nie pas que vous n'ayez pu donner, par ce qui s'est passé, quelque sujet de soupçon contre votre tranquillité ; mais le doute est bien loin d'une assurance certaine ; et vous pouvez même l'effacer entièrement en traitant la chose en plaisanterie, comme vous avez dessein de faire ; prenez garde seulement de n'y pas mettre d'affectation, et de traiter le point dont il s'agit fort légèrement. Surtout ne vous faites point de reproches amers. Il faut se traiter avec douceur, si l'on ne veut pas risquer de se révolter contre soi-même. Gardez-vous de croire tout perdu, parce que vous avez tant soit peu failli. Que cette aventure serve seulement à vous donner quelque défiance de vous-même, et à vous maintenir dans une sage précaution : par-là vous éviterez peut-être de plus grandes fautes que vous eussiez pu faire sans cet avertissement. C'est un des grands dédommagements qu'on puisse avoir dans les petits écarts qu'on a à se reprocher. J'avais été effrayée par votre début, et je vous avoue que j'ai été fort aise de voir, par le détail, qu'il ne vous était rien arrivé de bien fâcheux, et qui ne fut aisé à réparer. Mettez-y donc la dernière main, et n'y pensez plus, si vous m'en croyez. Votre homme est arrivé tard, comme vous lui aviez ordonné. Je vous remercie de vos précautions, pour ne pas troubler mon repos, quoiqu'elles fussent peu nécessaires, car je me suis couchée hier à dix heures du soir, et je me suis levée ce matin à sept. On me laisse dans le plus grand repos du monde. Je ne sais si l'habitude en est déjà prise, et si l'indifférence en est cause. Il ne tiendrait qu'à moi de m'en faire un sujet d'inquiétude ; mais je trouve plus sensé de prendre ce qu'il y a de réel dans le repos qu'on me laisse, sans examiner trop curieusement quel en est le motif. J'ai résolu de ne me plus troubler aussi mal à propos que je l'ai fait bien des fois. Ma santé est assez bonne, ma vie douce, et à l'ennui près, je suis assez bien. Cet ennui consiste à ne rien voir qui me plaise, et à ne rien faire qui m'amuse ; mais quand le corps ne souffre pas, et que l'esprit est tranquille, on doit se croire heureux.

XLIVe

Il n'y a que vous qui sachiez mettre dans des lettres tout le charme de la conversation. Aussi les vôtres me font-elles un plaisir que votre présence leur pourrait seule disputer. Ne vous avisez donc pas de m'en priver pour faire des expériences. Tournez-les, je vous prie, d'autre façon, et qu'il n'en résulte point que j'ignore les choses que vous avez eu envie de me dire. Il est vrai que vous leur en substituez de fort agréables et fort flatteuses pour moi ; mais c'est toujours un vol que vous me faites, et je ne veux rien perdre. La conversation familière que vous avez eue me fait beaucoup de plaisir. Je souhaite que cela devienne fréquent, et vos réflexions à cet égard me semblent très judicieuses. Pour vos femmes, je trouve que, vous les menez bon train, et cela est assez divertissant. Vous voilà sur un ton très convenable, je compte que vous ne le quitterez pas. Je suis bien contente de votre état présent, et d'autant plus que j'espère qu'il subsistera. Je voudrais bien vous entretenir plus longtemps ; mais je manque absolument de loisir dans ce moment-ci.

Fin des lettres de Mademoiselle de Launay au Marquis de Silly.

LETTRES DE ROSE DELAUNAY AU CHEVALIER DE MÉNIL (1)

PIÈCES QUI ONT RAPPORT AUX MÉMOIRES. LETTRES

Il n'y a ici aucune des lettres du chevalier de Ménil ; parce qu'elles lui furent rendues, lorsque je redemandai les miennes. Il me fit promettre, en les remettant entre mes mains, que je les lui garderai pour un temps plus favorable dont il me flattait encore. Enfin ces tristes monuments d'un malheureux attachement, devinrent plus chers quand j'eus perdu tout le reste ; et je ne pus me résoudre à m'en défaire.

PREMIÈRE RÉPONSE

28 avril.

O vous, Apollon, mon voisin,
Non pas Apollon médecin ;
Car, bien que preniez médecines,
Peu connaissez, je crois, la vertu des racines :
Mieux savez-vous tourner un compliment
En style doux, gracieux, séduisant.
Pour vous répondre, il faudrait que ma muse
Ne m'eût quittée, alléguant pour excuse
Que ce séjour ne lui agréait pas ;
Qu'on ne pouvait y prendre ses ébats.

Comme savez, muses sont libertines ;
Et celle-ci, toute des plus mutines,
Épouvantée à l'aspect de ce sort,
Bien loin s'enfuit, et même court encore.
Je ne sais quel secours vient s'offrir à sa place.
Il se présente avec assez de grâce :
Mais peut-être trop cher il vendait sa faveur,
Mieux vaut me taire à mon grand déshonneur.
Pourtant dirais-je encore quelque chose.
Si nous pouvions nous expliquer en prose :
Plaise à notre aimable patron
Nous laisser jaser sur ce ton.
Or quel danger dans ce commerce nôtre ;
Tant que serons si distants l'un de l'autre :
La voisine à son bon chemin ;
Jà ne faut-il employer d'autre seing.

SECONDE RÉPONSE

29 avril.

Je suis bien d'accord, mon voisin,
De répondre chaque matin
À votre agréable missive ;
Puisque vous êtes assez bon,
Pour vous contenter du jargon
Que m'a laissé ma muse fugitive.
Reste à savoir si notre confident
Sera toujours si complaisant.
Jamais d'affaire plus honnête
Galant homme ne se mêla :
Mais cependant, malgré cela,
Présentons-lui humble requête,
Et ne voulons que ce qui lui plaira.

La facilité avec laquelle je me livre à un commerce si galant, pourrait donner mauvaise opinion de moi, si ce n'était sur la foi d'un bon guide, et avec toute l'assurance que doit inspirer la réputation avantageuse des gens à qui l'on a à faire. Après cette légère excuse, je vous dirai sans façon que, si vous pensez à peu près ce que vous dites, je vous trouve fort heureux ; et je loue l'adresse ingénieuse avec laquelle, dans un séjour dédié à la tristesse, vous savez vous former des idées d'autant plus agréables, que rien ne les borne. Votre imagination pleine liberté sur mon compte, peut me supposer autant de charmes qu'il lui plaira, et je vous conseille de ne les pas épargner. S'il arrive jamais que, changeant le point de vue, vous soyez forcé de me réduire à ma juste valeur, vous ne regretteriez alors l'opinion que vous aviez de moi que comme on regrette ces beaux songes bientôt effacés par les objets qu'offre le jour.

Quant à présent, mon cher voisin,
Sous le bon plaisir de Mercure[1],
Suivons notre heureuse aventure,
Attendant un nouveau destin.

TROISIÈME RÉPONSE

1er mai.

J'avais hier si peu d'esprit,
Et si mauvais était l'écrit
Dont je voulus répondre au vôtre,
Qu'il sera bon d'en faire un autre.
De plus, notre cher confident
Me montra sur le soir une mine si sage,
Que je n'osai jamais proposer le message.
Ce sont là les raisons pour quoi
Vous n'avez pas ouï parler de moi.
Bien qu'aussi mal en train d'écrire,

1 Dieu du commerce, du voyage, messager.

Ne laisserai ce jourd'hui de vous dire,
Que, si ne nous connaissons pas,
Ce ne doit être un embarras.
Non, croyez-moi ; c'est au contraire
Ce qui sied mieux à notre affaire.
En autre cas qui voudrait s'en mêler ?
Si librement moi-même oserais-je vous parler ?

Au reste, vous m'avez bien remise de la frayeur que je n'avais point, de votre galanterie. Je me tiens en lieu si sûr, que je ne craindrais pas le diable en personne ; à plus forte raison, n'ai-je pas peur de ce qui est beaucoup moins effroyable. Quant à cette sainte amitié que vous voulez admettre entre nous, c'est une créature si sage et si mesurée, que je doute qu'elle veuille entrer dans un commerce aussi bizarre que le nôtre. Il est tel en effet, qu'on ne sait quel nom lui donner, et moins encore quelle définition en faire. Entreprenez de le peindre, vous qui voulez des portraits, et rendez-le bien au naturel.

Rien que la franche vérité
Ne peut être en droit de nous plaire :
Faisons notre premier traité
De la dire, ou bien de nous taire.

QUATRIÈME RÉPONSE

1er mai.

Pour répondre sans préambule
Au sujet de votre scrupule,
Je vous dirai, mon cher voisin,
Que j'ai la même inquiétude
Que vous me marquiez ce matin ;
Je crains que cette exactitude,
Que jusqu'ici nous observons,
Ne devienne une servitude,

Dont quelque jour nous nous plaindrons.
Il est cent façons de se plaindre.
Voyez donc, et surtout gardez de vous contraindre.
Je ne décide point : je m'en rapporte à vous.
Je sais bien que dans ce lieu sombre,
Vos passe-temps peuvent être assez doux :
Que de sa liberté devenu plus jaloux,
Parce que l'on n'en voit que l'ombre.
On est toujours ici prêt à se révolter
Contre tout ce qui semble y vouloir attenter.
Examinez en conscience
Ce qui peut mieux vous convenir ;
Et rompons au plus tôt notre faible alliance.
Si vous sentez déjà qu'elle doive finir.
J'approuve au surplus la manière,
Aussi bien pour vous que pour moi,
Dont vous avez réglé l'envoi
De notre épître familière.
Quant à la charge du patron,
Il ne faut pas qu'elle vous gêne :
J'ai soin de lui payer sa peine,
Avant et plus que de raison.

CINQUIÈME RÉPONSE

2 mai.

De l'ignorance du danger
Se forme souvent le courage.
Si je connaissais mieux à quoi ceci m'engage,
Peut-être plus n'y voudrais-je songer.

J'achèverai, s'il vous plaît, d'un style plus humain ; et je vous dirai que je ne trouve rien qui favorise tant notre commerce, que sa singularité. C'est une des plus grandes, d'être occupés l'un de l'autre, sans nous connaître que sur la foi d'autrui. Si cet avantage venait à nous manquer, nous n'oserions plus vivre si familièrement ensemble ; et cette liberté m'est si chère, que même je crains qu'à force de vous entendre, je ne croie vous avoir vu.

Nous pensons, vous et moi, bien différemment sur cela, puisque vous me demandez mon portrait ; mais aussi ne l'aurez-vous pas. J'aurais peut-être assez de peine à le faire. Je crois qu'on est trop prêt de soi, pour se bien voir. Je crois encore qu'on est rarement assez sincère pour se montrer tel qu'on est ; et je dois ajouter modestement que je courrais risque de perdre cette estime précieuse que vous m'offrez, n'en dussè-je être redevable qu'à l'erreur.

Puisque vous voulez compter pour quelque chose la disposition que j'ai à être de vos amis, je m'offre de bon cœur sur ce pied-là ; à condition que vous retrancherez des assurances que vous me donnez, l'excessive flatterie dont vous les assaisonnez. L'amitié que vous connaissez si bien, est simple, vraie, naturelle ; quand vous voudrez, je vous ferai son portrait au lieu du mien, et vous verrez que je la connais aussi.

Mais à propos de ressemblance,
Je vous dirai confidemment,
Que, pour ombre, avez trop souvent
De gens vivants réminiscence.

SIXIÈME RÉPONSE

3 mai.

On n'exprime guère ses pensées, qu'on ne peigne ses sentiments, même sans le vouloir ; et ces différents traits, quoiqu'épars, sont aisément rassemblés par une main comme la vôtre. Supposé que notre commerce dure, vous me connaîtrez bien assez tôt. S'il ne continue pas, vous n'avez que faire de me connaître. Cependant si c'est à moi plutôt qu'à vous que vous voulez devoir cette découverte (qui après tout n'est pas curieuse), je veux bien vous donner quelque éclaircissement sur ce qui me regarde ; quoique j'aie toujours tenu pour maxime, qu'on ne doit ni se montrer, ni se cacher, mais simplement se laisser voir. Il est vrai qu'ici la plupart des règles générales ont besoin de modification. Je veux donc bien vous parler avec plus de confiance que je n'ai coutume de faire. J'irai même jusqu'à vous avouer qu'on a souvent médit de mes sentiments ; non qu'on m'ait jamais accusée d'ignorer ou de négliger les devoirs de l'amitié ; mais on a prétendu qu'elle faisait sa résidence plutôt dans ma tête, que dans mon cœur ; que je la connaissais par principes, et que je la suivais par règles. J'ai laissé croire, aimant mieux voir dans l'erreur ceux qui tenaient de semblables propos, que de la désabuser à grands frais ; car il est vrai, s'il faut tout dire, que j'ai été fort ménagère de cette espèce de bien ; mais comme on sait, c'est rarement la misère qui donne le goût de l'économie. Quoiqu'il en soit, en voilà assez et trop sur cela. Croyez-vous qu'il ne me restât pas aussi bien des choses à savoir de vous, avant que de prononcer les prétendus oracles que vous me demandez, comme à cette sibylle qui n'avait que la voix, et qui recevait les demandes qu'on lui faisait sur des feuilles volantes mises à l'entrée de sa noire spélonque[2] ?

Vous avez bien fait de vous réduire à la prose. Je n'aurais pu autrement vous répondre. J'ai la tête encore si étourdie d'une violente migraine, que tout ce que j'ai pu faire a été de barbouiller mon papier à tort et à travers. Adieu, mon voisin. Trouvez bon que je vous nomme toujours ainsi, quelque langage que nous tenions.

SEPTIÈME RÉPONSE

4 mai.

Je voulais ajuster mon thème
À votre jeu de corbillon :
Mais j'y mettrais plutôt une tarte à la crème,
Que d'achever ainsi tout mon discours en *on*.
J'aimerais beaucoup mieux faire un nouveau carême

2 On trouve aussi ce terme dans les *Mémoires de Madame de Staal-Delaunay*, *op. cit.*, p. 82.

Sans manger ni chair, ni poisson,
Résoudre nombre de problèmes,
Et faire autant de théorèmes,
Que forcer mon faible poumon
À soutenir un même ton.
J'en sens déjà ma face blême :
Je prononce donc anathème
Contre ce diable de jargon.
En faisant un nouveau système,
Je trouverai du moins la rime ou la raison.
Vous contez fort bien notre histoire :
Mais j'en reviens encore à dire, comme Agnès,
Elle est fort étonnante et difficile à croire[3].
Qui pourrait deviner jamais,
En nous voyant occupés l'un de l'autre,
Recevant sans cesse billets,
Vous de ma part, moi de la vôtre,
Que de nos jours nous ne nous sommes vus,
Et encore moins entretenus ;
Que, par une rare prudence,
Nous remettions à faire connaissance,
Lorsque le suprême pouvoir
Nous aurait interdit à tous deux de nous voir ?
Heureusement notre vie est cachée :
Si quelque jour elle était recherchée,
Qui ne dirait de moi comme de vous :
Ces gens-là sans doute étaient fous ?
Qu'avaient-ils de bon à prétendre
De leur commerce presque tendre ?
Doutaient-ils qu'il ne fût suivi
De vive impatience, ou de mortel ennui ?
Avec l'ennui du moins on rend bientôt son compte :
Mais quand l'impatience à son tour nous surmonte,
On ne se tire pas aisément de ses mains.
C'est en effet ce que je crains,
Cependant je pourrai bien dire,

3 Molière, *L'École des femmes* (1663), acte II, scène 5.

Comme Médée : entre divers partis,
Je vois le bon, je l'applaudis ;
Et toutefois, je prends le pire.

HUITIÈME RÉPONSE

5 mai.

Il me semble, mon cher voisin, que vous adoptez, sur ce que je vous en ai dit, des jugements pervers qu'on a faits de moi. Quoique vous me paraissiez mériter d'en être détrompé, j'aurais à me reprocher de prendre trop tôt ce soin-là. Je laisse donc au temps, si temps y a, à vous mieux instruire. Continuons cependant de rire et de parler ; et même, si vous voulez, mêlons-nous quelquefois de raisonner. Nous avons un si beau loisir, que nous pouvons l'employer. D'ailleurs, il est à craindre qu'à la fin honte ne nous prenne de ne dire que des fariboles.

La gravité de notre situation, la profession de gens raisonnables, la dignité de notre ministre, tout semble nous interdire un commerce trop badin. Ma pensée serait donc que nous nous fissions part réciproquement de nos réflexions. Eh ! quelles réflexions ne fait-on pas dans ce séjour-ci ? Il n'y a sortes de matières qui ne passent dans nos têtes vides. Il en est quelques-unes qu'on pourrait arrêter sur le papier. Cela demanderait plus de suite que nos badinages ordinaires. Si ce projet vous plaît, je le suivrai volontiers, non pas avec notre régularité accoutumée ; cela demanderait un autre arrangement, et pourrait être entremêlé de nos premiers amusements. Que vous en semble ? Dites, avec cette franchise dont vous faites profession.

IXe ET Xe RÉPONSES. FRAGMENTS DE LETTRES

6 et 7 mai.

Ce n'est point par humeur critique
Que de vos rimes j'ai médit ;
C'était simplement par dépit
De n'y pouvoir ajuster ma réplique.

Je reviens au second chapitre
Que traite votre aimable épitre.
Il n'arrive que trop souvent,
Qu'on réfléchit quand il n'en est plus temps.

Eh quoi ! cette réflexion,
Où je semble m'être égarée,
Loin d'être encore prématurée,
N'est peut-être plus de saison.

Quand l'habitude joint la force
Au charme de la nouveauté,
Est-il temps de faire divorce
Avec le doux plaisir dont on est enchanté ?

Parodie.

Que faisiez-vous alors ? Pourquoi, sans le voisin,
Le patron, la voisine ont-ils fait un festin ?
Pourquoi trop enfermé, ne pûtes-vous sur l'heure,
Pénétrer dans ces lieux où je fais ma demeure ?
Par vous aurait péri le quart de notre vin
Et mon simple cerveau se fut conservé sain.
Pour vous initier à ce nouveau mystère,
Le patron aussitôt vous eut armé d'un verre :
Mais non ; dans ce dessein je l'aurais prévenu…

ONZIÈME RÉPONSE

8 mai.

Je vous rendrai histoire pour histoire, et non fable pour fable ; car en vérité, mon voisin, je suis très incapable d'en faire une qui approche de la vôtre ; et si vous me voulez céder sur la parodie, vous l'emporterez de beaucoup sur l'apologue ; métier infiniment plus difficile. J'ai été fort aise d'être instruite de vos occupations. C'est toujours un degré de connaissance, et il me semble que nous n'en devons négliger aucun. Ma vie ressemble fort à la vôtre, j'y mets pourtant un peu plus de variété, faute de pouvoir m'accommoder longtemps de la même occupation. Voici comment je m'y prends. Je m'éveille aussi matin que vous ; mais je me lève plus tard, un peu par paresse, et en partie pour ne troubler le repos de l'infortunée compagne de mes aventures. Lasse enfin de sa tranquillité et de la mienne, je prends le parti de voir le jour. J'en donne comme vous les premiers moments à mes devoirs, mais cela est fort court. Ensuite je fais quelque espèce de légères études ; ce qui paraît le plus attachant, et par conséquent plus propre à distraire que la simple lecture. Au travers de cela vient quelquefois l'aimable patron, heureux présage pour le reste du jour ; et nous prenons du thé : affaires le pressent, il s'en va. S'il a du loisir, et que le temps ne soit pas orageux, suit une promenade, qui ne se fait pas comme la vôtre, dans la moyenne région de l'air. À propos, vous avez aujourd'hui marché terre à terre, à ce que l'on m'a dit. Je vous ai beaucoup regardé ; mais je vous assure que je ne vous ai point vu, et la raison, c'est que je ne vois point, si ce n'est de bien près. Si j'en juge par vos observations, vous ne voyez guère mieux. Je m'en console ; notre affaire n'en ira pas moins bien. Je reprends la suite de mon récit, aussi peu intéressant que la digression. De retour de la promenade, plus souvent sans y avoir été, il est question d'une espèce de coiffure et d'habillement négligé, comme de raison, vu le temps qui court. Cela ne laisse pas que d'être long, car toute femme s'adonne volontiers au soin de sa personne, quelque peu d'usage qu'elle en fasse. Enfin, vient le dîner ; et nous dînons, cette honnête fille dont je vous ai parlé et moi, l'une et l'autre assez sobrement. Je n'ai pas ensuite, comme vous, le plaisir de prendre du café, si ce n'est les jours de migraine. Je l'aime et je l'ai proscrit, parce qu'il trouble mon repos, c'est-à-dire qu'il m'empêche de dormir, et je n'ai encore rien trouvé, en fait de plaisir, qui vaille le sommeil. C'est vous donner de moi une idée bien grossière : qu'y faire ? Je vous ai voué une entière sincérité ; je ne me suis engagée qu'à cela. Me voici encore écartée de mon propos. J'en étais à la triste partie de piquet qui suit immédiatement mon dîner. C'est bien ici qu'on s'accoutume à tout, puisque je m'y suis familiarisée avec le jeu et l'ouvrage, que je n'avais jamais pu souffrir. J'ai fait aussi bien que vous de la tapisserie avec une ardeur incroyable, et une admiration infinie de la providence ; qui destinant la plupart des hommes au travail des mains, avait su leur en faire une occupation si agréable, et si propre à les distraire des malheurs de leur condition. Charmée d'avoir découvert cette ressource que j'ai crue infaillible contre l'ennui, je le défiais de m'aborder ; mais ce bel enthousiasme a fini tout d'un coup. Il a fallu substituer à la tapisserie un autre chiffon d'ouvrage, qui commence à baisser ; et j'ai trouvé qu'en fait d'amusement, la diversité seule empêche le dégoût. J'en suis revenue à la lecture, que je rends diverse autant qu'il me plaît ; aussi soumise à mon goût, en ce qui regarde mes plaisirs, que je crois le devoir être à la raison sur les choses de sa compétence. Reste à vous parler de ma chatte, pour vous donner une entière connaissance de mes affaires domestiques. Elle fait un personnage considérable dans notre société. Ce n'est ni sa gentillesse, ni son attachement qui font son mérite. Elle n'a ni l'un ni l'autre. Cependant, elle m'est assez chère, sans que je sache ni comment, ni pourquoi. Mais c'est trop abuser de votre loisir et du mien, que de vous faire de pareils contes. J'en obtiendrai du moins un désaveu de votre part sur mon prétendu laconisme. Adieu, voisin. Votre voisine commence à radoter.

DOUZIÈME RÉPONSE

9 mai, mardi au soir.

Parler et ne point voir, ou bien voir et se taire,
Le choix en général est difficile à faire :

On ne peut sur ce point axiome établir.
S'en rapporter aux occurrences,
Des cas divers peser les différences,
Et le moyen de n'y faillir.

Quand est d'expliquer les manières,
Le train que prennent les affaires
Qui se passent parmi les dieux,
J'ai sur cela peu de lumières :
Et d'ailleurs vous n'en serez mieux,
Quand verriez à fond leur pratique.
Il nous faut toute autre rubrique.
En purs esprits ceux-là ne vivaient pas.
Bien nous viendrait, pour résoudre le cas,
De connaître au vrai les usances
Des célestes intelligences.
On ne croit tout de bon qu'habitude s'exerce
Si volontiers en leur commerce.
J'en pourrais alléguer maintes bonnes raisons,
Si n'en avais encore meilleures pour les taire.
Vous en ferez aisément le sommaire ;
Et sur ce, voisin, finissons :
Car voici chose plus étrange,
Et qui ne sent pas trop son ange.
Tantôt, ne sais ni pourquoi, ni comment,
Un bruit s'est fait dans votre appartement,
Qui, parvenu jusqu'à votre voisine,
Grande frayeur la prend soudain
Du décamper de son voisin,
La voilà donc qui s'imagine
Que déjà bien loin il chemine,
Aussitôt de s'en affliger ;
Point ne s'avise de songer
Qu'elle en dût avoir allégresse.
Elle se livre à la tristesse,
Et ne peut son trouble calmer,
Qu'elle n'ait vu son voisin renfermer.

Ceci n'est rien moins qu'une fable ;
C'est un récit très véritable
Qui dépeint bien un mauvais cœur,
Cependant, quoiqu'en puissiez dire,
Puisqu'on ne veut vous induire en erreur,
J'ai cru qu'au long je devais vous l'écrire.
J'aurai du moins l'âme en repos,
Quand vous saurez tous mes défauts ;
Et si me laissez votre estime,
La tiendrai lors pour un bien légitime.

TREIZIÈME RÉPONSE

11 mai.

Tout d'abord je répondrai au dernier article de votre lettre, afin que vous ne disiez plus, aussi injustement que vous faites, que je ne réponds pas ; car à quoi n'ai-je pas répondu ? Vous êtes curieux de savoir ce qui causait ma gaieté hier au soir. Le voici. Le cher ami inopinément vint souper avec moi, notez que c'est mon heure. Le matin ordinairement je suis sérieuse, l'après-dîner de mauvaise humeur, et gaie sur le soir. Ceci ne vous donnera pas une idée avantageuse de l'égalité de mon âme. Je m'en dédommage par la preuve de sincérité. Voyons le reste. Mais qu'est-il ? car en vérité, je ne sais ce que vous demandez. Quelle je suis ? Je vous l'ai dit, ou peu s'en faut ; et puis à quoi bon le tant savoir ? Pour l'usage que vous pouvez faire de moi, ne vous suis-je pas meilleure sur le pied de la charmante Dulcinée du Toboso[4], que vous pouvez façonner à plaisir, que plus exactement connue ? C'est ne pas savoir profiter de ses avantages, que de s'interdire les égarements de son imagination dans un lieu où seule elle se peut égarer.

Si j'ai bien compris vos questions, vous demandez encore quel est le pouvoir de l'habitude, et en combien de temps elle se contracte parmi de certaines espèces, comme pourrait être la nôtre ? Si vous êtes si curieux

4 « *El Toboso* » est une commune espagnole de la province de Tolède.

de la savoir, je vous satisferai. Mais, comme il y a de bons systèmes que ceux fondés sur l'expérience, vous trouverez bon que j'en fasse une avant que de vous répondre. Si les frais vous en semblent considérables, vous ne vous en prendrez qu'à vous, qui l'aurez souhaité. Pour moi, j'y mettrai pour ma vade, ce qui sera nécessaire. La connaissance d'une vérité paie bien la perte d'un plaisir. Adieu donc, mon voisin, jusqu'à ce que je trouve impossible de ne vous pas donner le bonjour.

QUATORZIÈME RÉPONSE

Samedi 13 mai.

Si vous n'y prenez garde, vous allez devenir un véritable poète. Vers de toute espèce, en styles différents, fictions ingénieuses, etc. enfin cela va le mieux du monde, pourvu que ce ne soit pas au détriment de votre raison ; car, comme bien savez, poètes sont sujets à des accès de folie, et je commence à apercevoir quelques petits égarements de votre part. C'en est un, par exemple, de vouloir que je vous satisfasse sur toutes les questions que vous me faites. C'en est un autre, de ne pas prendre le sens de mes réponses ; ou plutôt, c'est un trait de mauvaise foi, car vous entendez de rester. Peu s'en faut que je ne vous querelle ; et il entre, dans cette disposition, un peu de méchante humeur, dont je ne sais pas la raison. Cherchez-la, si vous voulez. Il ne sera pas dit que seule, j'expliquerai toujours les événements qui arrivent entre nous. Celui d'hier m'a fort déroutée. Il me semble qu'en ôtant de notre commerce ce qui en faisait la principale singularité, on a détruit l'aisance ; et je ne sais plus véritablement comment véritablement traiter avec vous ; j'ai pensé mettre, au commencement de ma lettre, un grave *monsieur*. Du moins n'ai-je pas le courage de vous appeler familièrement mon voisin, comme ci-devant. Je ne suis assurée que dans l'obscurité ; ce qui fait voir que je ne crains pas les esprits.

Or, pour me tirer du présent embarras, je passe à l'article la mauvaise santé que vous traitez dans votre lettre, et qui est de mise partout. Si vous ne me tenez que par-là, vous ne me tiendrez pas longtemps, car mes maladies ne sont pas de durée, si tant est qu'on puisse appeler maladies ce qui ne mérite que le nom de légères incommodités. Enfin, si vous trouvez que ce soit un défaut de n'être pas assez malsaine (car chacun a son goût), je vous en fais mes très humbles excuses. Il faut tâcher cependant de vous accommoder de moi telle que je suis. Vous n'êtes pas en état de choisir. Lors de la résurrection, vous pourrez reprendre vos inclinations naturelles, en vous défaisant du corps fantastique dont les ombres sont revêtues. Quant au terme cabalistique dont vous demandez mon avis, je ne suis pas plus initiée à la cabale que vous. Je crois pourtant que c'est bien dit. En suivant votre lettre, me voilà à peu près arrivée à la question principale. Vous craignez que je n'y fasse une réponse équivoque, selon les privilèges de ma prétendue partie… Non, je n'y répondrai point du tout. Vous remarquerez, si vous voulez, que la réticence, figure de rhétorique, donne plus de force au discours, que l'expression qu'elle supprime. Revenons à cette partie contestée entre nous. Je ne veux point me faire d'affaires avec les gens de l'autre monde, ni de celui-ci. Ce n'est point par mépris que je la désavoue. Je suis bien éloignée de la mépriser ; c'est d'elle que je tiens ce que j'ai de meilleur, qui est l'éducation. J'y ai passé ma vie, il ne m'a manqué que d'y naître. Or je suis née à Paris, après avoir été fabriquée en Angleterre ; et c'est peut-être parce que je tiens de ces trois climats, que je suis assez difficile à définir.

Question que vous ne me faites pas, à laquelle je vais pourtant répondre (tant je réponds bien aujourd'hui) ; d'où vient ma belle humeur le soir ? C'est parce que j'attrape la fin d'un jour, et que c'est autant de fait. Vous croirez peut-être que j'ai gagné cette façon de penser depuis que je suis ici. Non, je l'ai toujours eue : ce qui prouve que mes jours n'ont jamais été bien sereins. Mais vous n'avez que faire de ce discours lamentable. Voyons la suite. Vous me demandez si j'ai encore du papier ? Oui : mais je le ménage, ayant toujours peur d'en manquer. Reste à vous dire, sur l'expérience que je vous avais proposée, qu'il fallait suspendre notre commerce d'écriture, pour juger certainement combien nous y tenions. Il ne me paraît pas, par l'usage que vous avez fait de mon avis, que vous l'ayez approuvé. Je ne m'y obstine pas ; quitte pour ignorer où nous en sommes. J'ai dit. Non, j'ai encore à dire pour réponse à la lettre d'hier. Relisez la quatrième scène du premier acte de l'*Avare*[5] ; demandez pardon à genoux, d'avoir manqué l'application. Demain, que ce jour sera long.

5 Comédie de Molière (1668).

QUINZIÈME RÉPONSE

Dimanche au soir 14 mai.

Pour me dépiquer de l'absence du cher patron, je veux vous écrire une seconde lettre, et la rendre si tendre, qu'il en puisse être piqué lui-même. Cela lui apprendra à voyager, et vaudra mieux que l'air déconcerté que je pris hier hors de propos, et comme s'il y'avait rien de sérieux dans tout ce que nous disons.

Pour commencer sur ce ton-là, je vous dirai que je ne puis plus trouver la fin des jours sans vous ; c'est-à-dire, sans vous écrire, et sans vous lire : car nous n'avons pas l'usage de voir, qui pourtant me semble de quelque considération. Pour vous, vous le comptez pour si peu, que, lorsque vous faites tant que de vous manifester, c'est dans un point de vue, où, sans un télescope, il n'est pas possible de vous apercevoir. Je vous le pardonne ; mais je sais qui vous ne pardonnerait pas s'il avait droit sur vous. On trouverait bien d'autres reproches à vous faire, auxquels peut-être vous ne comprendriez rien. Ce sont ordinairement les choses les plus claires, et qui devraient être les plus intéressantes, que vous avez soin de ne point entendre. Je ne sais si c'est ma faute ; du moins n'est-ce-pas celle de l'écriture, qui en elle-même est aussi propre que la parole pour exprimer ce qu'on pense, non pas à la vérité pour le persuader ; car la parole est ordinairement accompagnée de témoins qui certifient ce qu'elle avance ; et le papier, comme l'on dit, souffre tout. Enfin ce n'est pas de persuasion dont il s'agit entre nous. Pourvu que nous nous entendions, c'est assez. Si au moins vous ne m'entendez pas aujourd'hui, je vous renonce. J'irai conter mes ennuis aux échos. Mais je ne songe pas qu'ils sont trop indiscrets pour qu'on les souffre, et je ne dois pas m'attendre à la douceur de leur entretien.

Qu'avez-vous fait tout le jour ? Avez-vous su du moins vous ennuyer ? La célébration de la fête vous a empêché de travailler ; et ne fut-ce que par nécessité, vous avez dû penser à votre voisine. Si pourtant ce n'est qu'au défaut de la tapisserie je la plains, d'autant plus que je sais qu'elle quitte ses occupations les plus chères pour s'occuper de vous. Que dis-je ? elle ne les quitte point. Elle n'imagine plus qu'il y en ait d'autre pour elle. Eh bien ! cela n'est-il pas tendre ? Qu'en dites-vous ? C'est dommage que l'harmonie poétique n'ait achevé d'y donner de la grâce. Mais pour comble de malheurs, qui avait bien voulu s'associer à la mienne (d'ombre à ombre, il n'y a que la main), est disparue depuis quelques jours. Je tâcherai, à force d'évocations, de la faire revenir. En attendant, contentez-vous de mon langage tel qu'il est.

SEIZIÈME RÉPONSE

Lundi matin 15 mai.

Ne sais de quelle humeur fut hier le patron,
Onc ne voulut le soir vous porter d'écriture
Donc je reçus très griève blessure.
Or s'il se prend de contradiction,
Si bien fera, qu'aimerai tout de bon !

Vos injustes soupçons m'ont offensée sans me déplaire. Quand vous n'entendriez pas ceci, vous n'auriez pas grand tort. Je ne le crois pas intelligible, du moins à l'esprit. Enfin je vous pardonne de bon cœur : pardonnez-moi de même, si je vous ai inquiété. Il est vrai, mon cher voisin, que ce n'a pas été tout à fait sans dessein ; et je veux bien vous avouer que je néglige pas de mettre un peu d'art, mais non d'artifice, dans ma conduite, jusqu'à ce que je sache bien à qui j'ai affaire. Je crois que cela peut être permis, surtout dans des circonstances où l'on est peu à portée d'éclaircir autrement des difficultés intéressantes. Il me resterait assez de choses à vous dire sur ce point, quoique vous sembliez douter qu'il fournisse la matière d'une réponse. Je les supprime, comme trop sérieuses… Je ne dois pas oublier que nous avons un tiers à divertir (soin qui m'est très cher). Je passe donc à la question qui termine votre lettre :

Si je suis sensible à l'attachement, et aux bons procédés des ombres ? Soit ombres, soit vivants, je prise infiniment le mérite, et suis très touchée de qu'on pense de moi. J'ai fait mon devoir à cet égard en l'autre monde, et m'en acquitterai bien en celui-ci. Mais, s'il faut tout dire, il y a une espèce de rétribution, qui n'est ni l'estime simple, ni la reconnaissance courante, sur quoi je ne suis pas de facile composition. Je n'ai jamais été bien convaincue que je la dusse ; et je n'ai point manqué de raison pour m'en dispenser. Je parle du temps passé, dont vous me rappelez le souvenir.

À ce propos, se joindra tout naturellement la réponse d'une question que vous faisiez il y a quelques jours ; savoir, s'il est de véritables amis à la Cour ? Voici ce que j'en pense. La plupart des gens qui habitent ce pays-là, semblables à des automates, n'agissent que par ressorts ; déterminés toujours par un principe qui est hors d'eux, ils ne connaissent pas même l'impression du sentiment, bien loin d'en suivre les mouvements. Quelques-uns cependant ne laissent pas de porter un masque d'amitié, dont les traits mesurés au compas sont de la dernière régularité, et tellement fixes qu'ils ne reçoivent point ces variations qui affectent souvent ceux du visage ; en quoi ils sont faciles à distinguer : car il n'appartient à rien de ce qui est naturel d'être inaltérable ; et c'est ne pas connaître la nature du sentiment, que de prétendre qu'il est toujours égal à lui-même. Pour revenir (car je m'écarte), une seconde espèce de gens se trouve au lieu dont nous parlons, qui n'étant pas tout à fait infectés de l'air qu'on y respire, sont capables de quelque sorte d'attachement, subordonné cependant au principe qui les domine. Leurs sentiments ne sont absolument pas méprisables ; mais je crois que c'est bien fait de ne les payer qu'avec poids et mesures. Au surplus, il se trouve dans tous les lieux du monde certaines âmes privilégiées, qui ne participent en rien aux vices de leur nature ; et toute thèse générale (comme on dit) souffre exception. Bonsoir, mon cher voisin. Je serai fort aise demain d'apprendre de vos nouvelles.

DIX-SEPTIÈME RÉPONSE

Mardi 16 mai.

De tous les talents que vous me donnez, je n'accepte que celui de vous bien entendre ; et quoique vous vous prétendez obscur, je n'en rends nulle grâce à mon intelligence. Comment ne vous entendrais-je pas ? Je savais d'avance ce que vous aviez à me dire, et j'y avais moi-même en partie répondu, comme vous l'aurez pu voir. Reste à vous satisfaire sur les questions incidentes qui se rencontrent dans votre lettre. D'abord se présente l'article de l'amour-propre, dont vous vous excusez, comme si vous croyiez bonnement qu'on en pût avoir d'autres. Je ne vous souffrirai ces enfances-là, mon voisin ; et si vous prétendez que je vous mène, attendez-vous d'aller grand train. Je professe une secte où l'on voit les choses telles qu'elles sont : nous n'embellissons pas les objets pour avoir le plaisir de les admirer. Et quoiqu'on puisse débiter du détachement de soi-même, j'ai pour premier article de ma croyance qu'on n'aime que soi. Ceux mêmes, s'il en est, qui se tuent pour ce qu'ils croient aimer, n'aiment qu'eux ; tous les différents attachements se sont que des manières de s'aimer soi-même. N'en faisons donc nul scrupule ni façon de l'avouer, puisque cela ne peut être autrement. Je vous avancerai bien d'autres propositions dures, dans le courant de notre société. Je ne vous demande pas une foi aveugle. Quand vous ne serez pas disposé à croire, je prouverai, si je puis. Votre citation imparfaite est de l'*Alcibiade* de Campistron[6]. Je ne rétablis point le passage, ne croyant pas que vous ayez eu le dessein de le citer tout entier. En fait de comédie, je sais tout ce qui se peut savoir. C'était autrefois mon bréviaire. Je possède aussi les opéra ; quelle belle littérature ! et ne me trouve aucune parité avec Cybèle, s'il ne m'arrive un jour de rencontrer quelque Sangaride en mon chemin[7]. Mais je tâcherai d'y mettre bon ordre. Quoique je me pique d'éclaircir les difficultés, je ne vous cèlerai point qu'il y a un endroit de votre lettre que je n'ai pu entendre. C'est peut-être celui que vous n'entendez pas vous-même : en ce cas, à qui avoir recours ? C'est où vous parlez de télescope, de prudence, de scrupule, de fidélité, d'indulgence, de gens timides. Qui sont-ils, ces gens-là ? Je vous déclare que je ne m'en accommode point. Dites donc ce que vous voulez dire ; si je ne me souciais pas de le savoir, je ne vous le ferais pas répéter.

Je ne sais qui a raison, de vous ou de moi, sur l'affaire du soir. Nous examinerons cela plus à loisir. Le livre doré sur tranche, dont vous êtes en peine, est un Virgile que je n'entends point, ne vous déplaise. Pourquoi donc le lire ? J'espérais d'en attraper quelques mots ; mais bientôt j'y renoncerai ; car avec cette grande connaissance de langues que vous

---

6 Tragédie créée à la Comédie-Française le 28 décembre 1685.

7 Personnages de la tragédie en musique *Atys* de Quinault et Lully (1676).

me supposez, le français est tout ce que je sais. Pas un mot d'italien. Pour le grec, je le révère aussi bien que l'hébreu, dont je m'étonne que vous ne m'ayez pourvue pendant que vous étiez à même. Est-ce sur ma physionomie que vous m'avez jugée si docte ? Car je me flatte que vous ne m'accusez pas d'ailleurs de faire la savante. Mais voici bien autre chose : ma voix vous a enchanté, dites-vous. Vive dieu, seigneur chevalier, disait Sancho à son maître, quand je vous vois soutenir qu'un bassin de cuivre est un armet d'or, je ne crois plus rien de toute votre chevalerie. Au reste, le cher patron se plaint de l'absence de nos muses. Qui sont les impertinents qui ont effarouché la vôtre par des discours si mal fondés ? Pour la mienne, elle a décampé sans dire ses raisons ; mais je les devine à peu près. Quoiqu'il en soit, faisons revenir ces folles-là : et dussent-elles arriver estropiées, ne laissons pas de les faire marcher. Bonjour, mon très aimable voisin. À demain, chose nouvelle.

DIX-HUITIÈME RÉPONSE

17 mai.

Il y a plaisir à vous faire des remontrances ; vous avez profité à merveille de celle du cher patron. J'ai lu votre lettre tout courant. Cependant, comme j'ai grande pitié des gens qui se corrigent, parce que je crois toujours qu'il en coûte beaucoup, je vous prie de ne vous point contraindre ; et je vous assure que je lirai bien votre écriture, quelle qu'elle puisse être. Pour le reste, vous n'en devez pas être en peine. Je le suis un peu de l'opinion que vous avez de l'affinité qui se trouve entre l'art et l'artifice. J'espère vous en faire revenir. Le premier n'est qu'une méthode d'employer le vrai ; et l'autre use du faux. Au surplus, on n'avoue l'art, que quand on a renoncé au dessein de s'en servir. Ainsi ne soyez pas en peine du mien. Ceci pourrait s'étendre et servir à discourir, si nous n'avions choses plus intéressantes à dire ; mais vraiment nous n'en manquons pas, et l'affaire du jour fournit de reste à notre conversation. Le récit naturel que vous me faites m'a charmée (j'en atteste la vérité), parce que je n'y ai rien trouvé qui ne fût absolument dans l'ordre du sentiment. J'ai été affectée du même événement avec quelques différences, semblables à celles qu'un même vent reçoit de la disposition des terres qui le réfléchissent. Et pour vous faire comprendre ce que j'ai pensé dans ce moment-là, il faut que vous sachiez ce que je pensais auparavant. Quand j'ai abordé en ce pays-ci ; la perte des choses qui m'étaient connues, dont quelques-unes m'étaient chères ; l'ignorance de ce que j'allais trouver ; la révolte du sentiment renforcé du préjugé, contre un genre opposé aux inclinations les plus naturelles, m'ont causé quelque trouble, peu apparent à la vérité ; mais enfin je l'ai senti. J'en suis revenue en peu de temps. J'ai examiné ma situation ; j'ai pesé, dans les balances les plus justes que j'ai pu me former à moi-même, le bien et le mal de mon état ; et j'ai trouvé les poids assez égaux pour former l'équilibre. Il est vrai, si vous voulez savoir le détail de l'opération, qu'il a fallu travailler sur ces mêmes poids pour les mettre en proportion ; retrancher des uns ce que l'opinion, l'inaccoutumance y ajoutent ; charger les autres, par anticipation, des effets de l'habitude jointe à un peu de courage. Cela fait, je me suis trouvée tranquille. Ensuite, agréments, sur lesquels je n'avais point compté, se sont présentés, et ont mis de la douceur dans cette tranquillité, d'abord insipide. Voilà donc l'état présent, si mieux n'est ; la bagarre n'a rien dérangé. Ce n'est pas que je ne vois sur cela à peu près ce qui s'y peut voir. Je connais les sujets d'inquiétude ; mais je ne les prends pas volontiers. J'eus dans le premier moment, aussi bien que vous, quelque pensée que je pourrais être de la partie. À telle pensée se sont joints des sentiments. Ceux-ci furent tellement mêlés, que je ne pus discerner lequel dominait, et je ne le sais pas encore. Je pensai à vous, et je n'eus point la générosité de souhaiter qu'il vous arrivât mieux qu'à moi. Si vous avez senti autrement, je vous en révère, et ne vous en aime pas mieux ; car les façons de penser les plus simples et les plus naturelles, sont celles qui me plaisent davantage. L'héroïsme de sentiment est une belle chose, mais je n'y crois point ; si ce n'est que je le regarde comme une production de l'imagination, que le cœur sans cesse désavoue. Ceci pourra bien gâter le magnifique portrait que vous avez fait de moi ; mais en fait de portrait, il vaut mieux que la figure soit imparfaite, que la ressemblance.

Au reste, le cher ami m'a dit tantôt, que vous taxez l'un et l'autre de vous avoir vilipendé. Nous sommes assez honnêtes gens pour n'attaquer que ceux qui sont bien en état de se défendre ; et vous avez tant de ressources contre la plaisanterie, qu'il est très permis de ne vous pas ménager. Enfin il faut vous faire à la fatigue, si vous n'y êtes déjà fait. Je vous garantis que vous la soutiendrez bien. Et sur ce, je prie Dieu, mon voisin, qu'il vous ait en sa sainte garde.

DIX-NEUVIÈME RÉPONSE

18 mai.

Oh bien ! ma muse est plus rétive que la vôtre ; invocations, évocations n'ont pu la faire revenir. L'émulation que lui devait inspirer sa voisine muse qui se rend de si bonne grâce, tout cela ne sert de rien ; et je ne suis pas d'avis, pour ce qu'elle vaut, de la rechercher plus longtemps. Revenons à nos raisonnements bons ou mauvais. Nous ne sommes pas loin de compter sur la question de l'amour propre : car ce que vous nommez ainsi, je l'appelle vanité, ou intérêt, selon les rapports. Nous sommes d'accord sur le fond, puisque vous convenez que tout sentiment a pour principe l'amour de soi-même. Ajoutez que toutes les affections particulières, ne sont que les espèces comprises sous ce genre ; et nous ne disputerons point.

J'ai vu avec un extrême plaisir le récit de vos inquiétudes sur mon départ. Je vous fis paroli le soir de votre frayeur du matin. Enfin comme la crainte de vous perdre est le sentiment le plus décidé que j'aie sur votre compte, je suis ravie de savoir que vous y répondez. Il est vrai que des gens qui voudraient troubler notre ménage, diraient : Cela s'appelle aimer mieux le voisinage que le voisin. Mais après tout, il faut se rendre justice : vu nos moyens, n'est-ce pas assez pour nous de chérir de la sorte ? Quant à ce que vous dites sur l'obligation, que je puis nier suivant mes principes, cela ne fait rien à l'affaire : pourvu que l'on paie bien, qu'importe que ce soit sur le pied de dette, ou de gratification ?

La docilité avec laquelle vous offrez de vous laisser conduire, est d'autant plus édifiante, que l'autorité qu'on vous propose n'est pas fort grave. Il est vrai que vous aurez toujours la ressource de l'examen, et entière liberté de faire vos objections. Que je fasse aussi les miennes ?

Vous n'avez point dû oublier ce que je vous ai demandé. J'avais entendu ce que je devais entendre, hors un point que je n'ai fait qu'entrevoir ; et j'ai moins ramené ce propos, par envie de critiquer, que pour éclaircir une chose qui me paraissait intéressante à savoir. Me voilà plus obscure que vous n'avez jamais été ; aussi veux-je à peine que vous m'entendiez. À propos, corrigez, je vous prie, une mauvaise correction dans ma lettre d'hier, qui vous fera juger que, bien loin de savoir le latin, j'ignore le français. Cela s'est fait en lisant ladite lettre au cher patron. Le plaisir de le voir est propre, tout au moins, à déranger des phrases. Nous eûmes le soir un long entretien sur votre compte. Il faut que vous ne lui soyez pas suspect ; car il s'étendit sans ménagement sur vos louanges. J'ai été interrompue ici ; ensuite une promenade m'a empêché de reprendre ; et des occupations indispensables s'empareront du temps qui me reste… Adieu donc, mon cher voisin. J'aurais encore mille choses à vous dire ; vous les saurez une autre fois.

VINGTIÈME RÉPONSE

19 mai.

Je suis plus heureuse que vous mon cher voisin. Le désir de la liberté ne me tourmente point. Non que je la prise moins que vous ne faites ; mais je prétends (ne vous effrayez pas du paradoxe) que bien loin de l'avoir perdue, c'est ici que j'ai trouvé la véritable ; celle qui ne dépend pas d'une porte ouverte ou fermée, mais de l'affranchissement de la tyrannie que le monde et tout ce qu'il contient exerce sur nous. Quelle erreur de se croire libre dans des lieux où non seulement nos moindres actions dépendent de cent regards différents, mais où nous n'osons même penser à notre gré ; où nos sentiments prennent la teinture de tout ce nous environne ; où la plupart des objets qui nous approchent, semblent avoir le droit de nous séduire ; où enfin nous ne jouissons point de nous-mêmes. Car ce n'est que dans la solitude qu'on se retrouve ; et je vous dirai que c'est ici que j'ai véritablement fait connaissance avec moi. Jusque-là je ne savais pas trop qui j'étais. Je me prenais tantôt pour une personne, tantôt pour une autre. Je sais présentement à quoi m'en tenir, non seulement sur cela, mais sur beaucoup d'autres choses : car en se connaissant bien, on connaît le genre humain ; chacun pouvant trouver en soi l'abrégé du monde entier. Je crois donc avoir acquis plus que je n'ai perdu : je le sens même ; et le préjugé contraire est tellement vaincu, qu'il n'ose plus paraître. Travaillez aussi à vous en défaire entièrement ; et goûtons le plaisir de tromper le sort qui nous persécute, en faisant notre bien du mal qu'il nous a préparé. Si des biens plus parfaits vous attendent, je vous permets de les désirer ; si vous devez trouver des sociétés beaucoup plus agréables que celle que vous pouvez avoir ici, votre impatience est pardonnable : mais si l'égalité s'y trouve à peu près ; l'espèce de nécessité qui se rencontre dans notre commerce, ne doit pas vous le faire dépriser. Je ne me cite là, que parce que je m'y trouve par hasard : je ne m'y place pas par dépit. Enfin vous n'êtes point seul en ce monde qui puissiez avoir des regrets : chacun a fait ses pertes ; car chacun a ses liaisons : mais il faut prendre garde d'en former les nœuds, de manière qu'ils se puissent lâcher. C'est le meilleur parti, entre celui de les rompre, ou de se laisser déchirer le cœur. C'est par de semblables précautions que je me reconnais plus jalouse de ma liberté, que ne le sont ceux qui la déplorent vainement. C'est en sa faveur que j'ai toujours pris soin d'éviter les pièges, où tant d'autres de mon espèce se laissent envelopper.

Pour finir ce chapitre de la liberté, j'ai encore à vous dire que j'en veux un acte ces jours-ci ; et en même temps en préparer un plus sérieux. Donc je ne vous écrirai point, ni vous à moi. Je veux me mettre en retraite. Ce dessein peut paraître bouffon. Riez-en, si vous voulez ; mais ne le contrariez point. Répondez encore à celle-ci, sans ménager votre papier, et sans craindre l'étonnement du cher patron, dont il ne convient pas, je crois, que vous cherchiez à lui faire querelle : en ce cas, je sais bien qui prendra sa défense.

Il me reste un mot à vous dire sur notre ancienne dispute. Je ne prétends point que les sentiments et les façons de parler soient semblables en tous les hommes. Je crois seulement qu'ils tournent sur un même pivot. Au surplus, je ne suis pas si persuadée que vous l'êtes, que le bien et le mal leur soient toujours distribués également. Je pense, à la vérité, qu'il peut y avoir une espèce de proportion entre les différentes conditions : mais la diversité des caractères la dérange souvent. Or ce n'est que la combinaison de l'un ou de l'autre, qui rend notre état heureux ou malheureux. J'abuse de la permission que vous m'avez donnée de vous écrire sérieusement. J'aurais mieux fait de répondre aux choses gracieuses que vous me dites en prose, et en vers que j'ai fort approuvés, que d'aller prendre un ton si bizarre pour une lettre. Encore une fois, je vous en demande pardon, aussi bien que du traité des grenouilles qui vous a interrompu si mal à propos. Je serai plus discrète à l'avenir. Adieu, mon cher voisin.

VINGT ET UNIÈME RÉPONSE

20 mai.

Jouissez tout à votre aise de mon impertinente rivale[8]. Quand elle serait autre qu'elle n'est, je suis trop fière pour être jalouse. Je ne troublerai de longtemps vos plaisirs. Ce qui partagea hier mon temps, du moins en valait la peine. J'avais la liberté d'entretenir ce que j'aime le mieux. Le moyen de n'en pas profiter ? Quant à la paresse, elle ne me domine pas assez pour me priver jamais de rien. Les sacrifices que je lui fais, ne sont que des choses aussi insipides qu'elle. À propos de sacrifice, nous devons à la prudence celui de nos écrits. Faites le vôtre qui ne sera pas grand, et je ferai le mien. Vous voyez que ce n'est que pour vous, que j'ai soin de la correction, et de peur que vous ne me jugiez capable de fautes grossières. C'est bien là un trait de vanité. Quant au reste du système en question, il nous faudrait au moins trois heures de conversation pour le mettre au net. En attendant, je l'abandonne, non sans quelque indignation de vous voir soupçonner que j'admette des principes qui vont à préférer l'utile à l'honnête. Dieu merci, il y a longtemps que j'ai fait mes preuves du contraire ; ma vie en répond d'un bout à l'autre ; et la conversation d'hier, dont vous êtes en peine, pourrait encore en faire foi. Il est vrai qu'elle fut sérieuse de ma part, et peut-être plus que de raison. Nous parlions… Mais non, vous n'êtes pas digne d'en être instruit, mon injuste voisin. Adieu donc, laissez-moi en repos.

8 L'ouvrage de tapisserie de Ménil.

VINGT-DEUXIÈME RÉPONSE

21 mai.

Quoique je vous ai annoncé mon silence, et que vous n'en dussiez pas être alarmé, mon cher voisin, puisque je vous en dis les raisons ; je ne puis souffrir qu'il succède encore immédiatement à notre entrevue. Ne faut-il pas au moins nous en parler, avant que de nous taire ? Il n'y a personne qui, à la voir, n'eût jugé que nous avons beaucoup de sentiment, ou fort peu d'esprit. Cependant je ne crois pas que nous soyons si tendres ou si bêtes que nous avons paru ; et je ne comprends pas par quelle fatalité, désirant de nous voir, ayant des choses intéressantes à nous dire, nous n'avons pu nous expliquer sur rien. Vous qui devinez si bien les énigmes, devinez donc celle-là. J'entends mieux votre paradoxe ; je trouve même qu'il s'ajuste fort avec le mien. Je conçois de reste qu'une demie liberté est une espèce d'avantage qui peut devenir insupportable ; et c'est ce qui me fortifie dans le dessein d'une plus profonde retraite. La distraction que vous traitez si légèrement, peut aller loin, surtout quand elle ne rencontre aucune diversion ; et je ne sais pourquoi vous décidez si hardiment que la mienne ne fait précisément que suivre le mouvement de ma plume. Autre erreur. Vous pensez que celui qui ne dédaigne pas se déclarer jaloux, se contente d'une soumission servile et d'un culte où le cœur et l'esprit se dispensent d'entrer. Non, ce n'est assez de déférer même exactement à des ordonnances qui, après tout, ne sont faites que pour nous ; puisqu'elles tendent uniquement au maintien de la société humaine, dont nous faisons partie. Nous devons un hommage plus parfait ; et c'est cette adoration en esprit et en vérité ; devoir le plus essentiel, et qui se remplit que par une attention sans partage. Vous souhaitiez, il y a quelque temps, de savoir comment j'étais venue à penser sur cela comme je fais présentement. Je vous en rendrai compte, si vous voulez ne m'en demander plus d'autre. Cet ouvrage, dont j'avais formé le plan depuis longtemps, a reçu ici sa première ébauche ; mais je suis tellement convaincue de ne pouvoir l'achever que dans la retraite, que, s'il arrive enfin que je quitte celle-ci, ce ne sera que pour en prendre une encore plus austère. Vous voyez que je vous parle avec assez de confiance ; et cela mérite bien que vous renonciez à tout ce qui pourrait altérer des projets si justes et si sérieux.

VINGT-TROISIÈME RÉPONSE

22 mai.

Voici une erreur de fait dans laquelle vous êtes tombé, qui demande un prompt rétablissement, malgré la résolution de ne point écrire. Vous croyez que je jouis d'une liberté plus étendue que la vôtre : j'ai peur que cela ne vous fasse sécher d'envie. Je vous avertis donc que le mot d'entretien qui vous a trompé, ne signifiait autre chose qu'une longue lettre. Nos privilèges à cet égard, sont, je crois, assez semblables. La suspension de vos désirs de liberté pendant dix heures, employées vraisemblablement pour la plus grande partie à dormir, et le reste à prier Dieu, me paraît un ouvrage de la nature et de la grâce dont vous n'avez point à vous vanter.

La différence de l'utile à l'honnête sera donc traitée à fond entre nous, la première fois que nous nous pourrons voir ; j'en doute fort. Je vous suis très obligée de l'inquiétude que vous avez eue de ma fausse migraine ; mais je désapprouve que vous placiez cette attention avant quelque autre, que dans l'ordre naturel elle ne doit pas précéder.

Ce ne fut ni le sommeil, ni la pure paresse, qui retardèrent hier mon ajustement. Des soins plus engageants s'en mêlèrent ; entre autres celui de consoler le cher patron, dont les peines me sont plus sensibles que les miennes propres.

Vous remarquerez que ce billet ne demande point de réponse : vous pourrez sans honte consentir d'avoir le dernier.

LETTRES DE ROSE DELAUNAY AU CHEVALIER DE MÉNIL (2)

8 janvier [1720][1].

Vous avez beau dire, mon cher Ménil, la joie d'être libre, le plaisir de revoir vos amis, les soins et les amusements qu'offre le monde ne vous permettent point d'être aussi touché de nos malheurs que je le suis. Je l'avais prévu d'avance, et je le sens encore dans la façon dont vous vous exprimez avec moi. Peut-être parliez-vous d'une façon plus touchante dans le billet, que plus à loisir vous aviez écrit à notre ami ; mais le sort envieux de ma satisfaction le lui a fait perdre, sans que j'aie pu le voir.

Ne croyez pourtant pas que ceci soit des reproches, je suis persuadée que ce degré de vivacité de nos sentiments dépend de la différence de nos situations ; et puis, toutes réflexions faites, je suis ravie que vous ne soyez pas si affligé que moi. Si par hasard il y avait de l'injustice dans ce que je pense, excusez la défiance attachée au malheur et ne me sachez mauvais gré de rien, puisque vous connaissez la source de tous mes torts, et qu'elle ne doit pas vous déplaire.

J'ai une grande impatience de savoir quelle sera la réponse qu'on vous promet ; votre départ sera une seconde séparation qui m'affligera encore plus sensiblement que la première. On m'a dit que vous allez chez vous ; je craignais fort que vous n'allassiez plus loin ; mais vous semble-t-il que cela doive être long ? Tâchez de me faire savoir ce que vous pensez sur cela.

Quant au moyen d'avoir de mes nouvelles, celui que vous avez choisi, est l'unique qui convienne tant que je resterai ici ; mais, si j'en sors, il faudra prendre d'autres voies. Ne point parler de moi, car il faut éviter de se montrer en commerce avec des gens suspects. Il est bien vrai pourtant que le nôtre porte sa justification avec soi. Le pis qui en puisse arriver,

1 L'année indiquée (« 1719 ») est fautive. Une note de l'éditeur précise : « Le Chevalier de Ménil était sorti de la Bastille le 5 Janvier 1720. Il fut exilé en Anjou ».

c'est qu'on découvre que nous avons une tendre amitié l'un pour l'autre, et je crois que nous n'avons pas tort ; cela doit rassurer. Il me paraît, suivant ce que vous me dites, que les discours du public sont bien variés, et qu'on n'y peut faire aucun fonds. Pour moi, je ne sais rien. La solitude dans laquelle je suis confinée, ne me permet pas d'apprendre ce qui se passe. Je sais seulement ce que je pense, et vous en devez être content.

11 janvier 1720.

J'étais résolue, sur vos instructions et sur votre exemple, de tout sacrifier à la prudence, et de ne plus attendre de vos nouvelles, ni de songer à vous donner des miennes. Vos dernières instances, et les sollicitations d'un ami qui m'assure que vous vous intéressez à ce qui me regarde, plus que je n'ai cru le voir, m'arrachent cette infraction à la règle que je me suis prescrite. Je ne prendrai cependant aucun soin de vous rassurer sur les inquiétudes que vous me témoignez. Je ne suis que trop à l'abri des soupçons, et peut-être voudrais-je les mériter. Je ne m'efforcerai pas non plus de prouver la part que je prends à ce qui peut vous rester de peine. C'est un point trop décidé pour en renouveler la discussion. Que me reste-t-il donc à vous dire ? Rien, sinon que je vous souhaite un sort plus heureux que le mien. On m'a rendu compte du changement et du délai de votre voyage ; puisse-t-il être de courte durée, ou du moins puissiez-vous y trouver assez de douceur et d'agrément pour ne la pas sentir. Au reste, je ne sais pourquoi vous avez été surpris que je vous aie redemandé ce que je n'avais qu'aux conditions de n'en faire part à personne. Si j'ai eu quelques moments de distraction sur cela, elle n'a pas dû durer toujours. C'est une exactitude pour mon devoir qui ne prend rien sur la bonne opinion que j'ai de vous. Dans ce même principe je vous conseille de ne rien garder qui puisse servir de monument de notre intelligence. Adieu encore une fois, conservez-moi, votre souvenir, si vous pouvez, et comptez à jamais sur le mien.

Lundi au soir 14 janvier 1720.

Je suis charmée des nouvelles que vous m'avez données. Infiniment contente de vous, j'ai en horreur mes injustes soupçons, et je vous jure de n'y plus retomber. Soyez dans la dernière certitude de moi. Que ne pouvez-vous savoir tout ce que j'ai pensé depuis votre éloignement, et combien il me coûte : je m'assure que vous en seriez satisfait. Non, vous ne savez point combien vous m'êtes nécessaire, surtout dans le trouble où je suis, que votre présence seule pourrait calmer.

L'espérance que vous me donnez, que votre absence ne sera pas longue, est la seule consolation qui me reste. Ne négligez rien pour l'abréger. Que j'ai eu tort de blâmer des précautions qui tendent à cette fin ! Si j'étais encore assez insensée pour retomber dans le même inconvénient, n'ayez nul égard à mes plaintes ; mais je m'en crois bien à l'abri. Observons le style le plus réservé. Ne savons-nous pas ce que nous avons à nous dire, et ne pouvons-nous pas le suppléer l'un pour l'autre ? Encore une fois ne risquons rien de ce qui nous est si essentiel ; et puisque si heureusement vous avez mis nos affaires en bon chemin, ne les dérangeons pas. Croyez que je n'ai rien plus à cœur, et que j'y veillerai avec toute l'attention qu'on a pour ce qu'on désire uniquement. Adieu, mon cher M., comptez que je n'ai jamais été plus que suis toute à vous.

2 mai 1720.

La difficulté de s'expliquer de loin[2], sur des choses qui demandent une discussion exacte, m'a empêchée de répondre à votre lettre. J'ai donné cependant à vos conseils toute l'attention qu'ils méritent ; j'étais déjà prévenue de la nécessité où je suis de me rendre : je ne songe plus qu'à me ménager un prétexte honnête pour en amener l'occasion, et cela même est devenu fort difficile. L'envie de garder les bienséances ne m'a pas permis de saisir le premier moyen qu'on m'a présenté, et je trouve de si mauvaise grâce d'y revenir, sans que rien m'y ramène, que je ne puis m'y résoudre : cependant mon état commence à me peser infiniment ; ce que je trouverai, en le quittant, ne me plaira peut-être guère davantage. Je voudrais être au bout du monde, et n'en jamais revenir ; et si quelqu'un, aussi dégoûté de lui que moi, voulait me faire compagnie, je n'aurais rien de plus à souhaiter. Ce n'est point l'impression passagère

2 Note de l'éditeur : « Mademoiselle de Launai sortit de la Bastille dans les premiers jours de février 1720 ». Selon Pierre-Jacques Brillon, *Journal des conseils de Mgr. le duc du Maine*, Paris, Bibliothèque de l'Institut, Ms 377, p. 296, ce serait plutôt le 6 juin. Les propos qu'elle tient dans ces lettres jusqu'à cette date le confirment.

de quelque mécontentement présent qui me fait parler de la sorte, c'est le résultat d'une infinité de réflexions qui ne sont combattues par rien, qui forme en moi un dégoût du monde dont je ne reviendrai jamais. En un mot, si je devais quitter cette retraite-ci, pour me confiner dans une autre assortie à mon gré, je vaincrai toute difficulté de ma part pour me mettre en état de jouir d'un parfait repos, qui est présentement tout ce que je désire. Ce qui fait, pour vous en parler sincèrement, que je balance sur les conditions pour me tirer de captivité, c'est la répugnance que j'ai pour l'esclavage. Depuis que j'examine ces deux états, je n'ai encore pu décider lequel est à préférer. J'ai l'esprit fort agité, et je suis certainement, eu égard à toutes les circonstances, dans la situation du monde la plus triste. Je ne doute point, connaissant votre bon cœur (aussi vous en êtes-vous rapporté à ma crédulité), que vous ne partagiez ma peine. On m'a dit même que vous étiez tenté d'agir en ma faveur ; je ne sais ce que vous pourriez faire ; j'ai seulement pensé que vous pourriez consulter avec un de mes amis qui est aussi des vôtres : philosophe indifférent de son métier, mais qui s'est pourtant déjà donné quelques mouvements pour moi, et qui, réchauffé par quelqu'un de plus zélé, pourrait agir plus efficacement. Sur ce que je vous en dis, je crois que vous entendez bien que c'est F[3]. Je ne vois nul inconvénient que vous avouiez prendre intérêt à ce qui me regarde. Vous avez, avec pleine licence, passé un temps assez considérable avec moi, et dans un lieu où les connaissances sont plutôt faites qu'ailleurs ; j'ajoute cette remarque pour vous servir d'excuse, si vous croyez en avoir besoin. Enfin, il me semble que nous pourrons paraître amis, sans que personne y trouve à redire ; et pour moi, je ne me soucie point de faire mystère de ce que je pense pour vous, persuadée, comme je le suis, que vous n'êtes pas disposé à en faire mauvais usage : ainsi, vous pouvez sur cela user de ce qui me regarde comme du vôtre, suivant que l'occasion peut le requérir. Voyez donc ce que vous pourrez faire, pourvu que vous ne hasardiez rien qui vous nuise ; je n'appréhende pas de vous être obligée.

Le plus parfait ami qui soit au monde vous rendra compte de l'état présent des choses. Adieu : si vous êtes toujours le même, comptez aussi de me retrouver telle que vous le pouvez souhaiter.

---

3 Fontenelle.

Mardi 7 mai 1720.

J'ai admiré, comme vous, l'accord parfait de nos deux lettres ; il est vrai que j'ai remarqué aussi quelques dissonances dans votre réponse. Il me semble que nous pensons bien différemment sur des points assez essentiels ; l'occasion ne presse pas de les discuter. Je vous dirai seulement que je suis très éloignée de croire qu'on doive tout quitter pour moi : aussi n'invitai-je à la retraite que quelque misanthrope dégoûté du monde, et non quelqu'un qui veuille m'en faire le sacrifice. Si cela ne se trouve pas, je sais vivre seule ; et pourvu que je puisse rompre mes liens, je veux bien courir les risques du parti que je médite. Ce n'est par aucun chagrin contre mes amis, que je suis disposée à les abandonner : au contraire, je n'en ai aucun dont, à vue de pays, je n'aie sujet de me louer ; mais quelque chers qu'ils me puissent être, le repos du corps et de l'esprit m'est devenu si nécessaire, que je le préfère à leur société. Il est vrai que, dans la situation présente, un couvent me conviendrait fort, et me serait agréable avec une personne à laquelle je suis attachée ; mais, comme je ne suis pas à portée de disposer de moi, ce ne sera vraisemblablement pas le sort qui me sera destiné. Cependant, comme le temps amène tout, je ne renonce pas à l'espérance de jouir des douceurs d'une pareille solitude ; et, comme je n'affecte aucun lieu particulier, ma fortune sera bien mauvaise, si je ne trouve moyen de la rendre indépendante dans quelque coin de l'univers.

Ma santé est meilleure depuis que vous me l'avez recommandée ; je suis persuadée de l'intérêt que vous y prenez, comme à tout ce qui me regarde, à quoi je ne doute point que vous ne preniez beaucoup de part ; et bien que les nouvelles assurances que vous m'en donnez n'ajoutent rien à l'opinion que j'en avais, j'en reçois cependant une extrême satisfaction. J'approuve fort le parti d'en confier le dépôt à un ami fidèle, auquel une plus grande réserve serait injurieuse, après tant de témoignages de sa part d'une amitié si parfaite. Je ne réponds point à quelques reproches que vous me faites, parce que ce sont choses qui se détruisent d'elles-mêmes, par l'interprétation favorable qu'on y doit donner.

Quant aux affaires présentes, j'en attends l'issue plutôt du temps que des soins qu'on s'en peut donner. Je suis cependant fort touchée de la bonne volonté de mes amis, et leur en fais tout le gré qu'elle mérite. Je vous rends des grâces particulières de l'attention que vous avez pour ma pauvre bonne ; je ne doute point que ce ne lui soit une extrême consolation ; et je puis vous dire avec vérité, que la peine que lui cause mon état est une des choses qui me le rend plus pénible : qu'elle conserve sa santé, et vous la vôtre, je vous en prie.

Voilà une lettre d'ancienne date ; j'ai pensé ne vous l'envoyer pas : cependant, puisqu'elle vous était destinée, vous la verrez. Au surplus, ma santé est bonne, et j'ai eu aujourd'hui des nouvelles dont je suis plus contente que des précédentes. Quand l'effet que je puis attendre sera effectué, nous raisonnerons de tout le reste ; j'espère que ce sera avec une satisfaction réciproque : en attendant, je vous souhaite toute celle que vous méritez, et vous donne le bonjour de tout mon cœur.

Lundi 15 mai 1720.

On vous a rendu compte de ce que vous souhaitiez de savoir ; j'en attends quelque heureux effet, par la disposition des choses, tant de ma part que de celle des autres. Au surplus, j'ignore quelle sera ma destinée ; mais à vue de pays, je prévois qu'il s'agira de retourner à mon ancien gîte, et je juge qu'il ne nous sera guère plus facile de traiter ensemble de là que d'ici. J'ai toujours pensé que vous seriez tenté de faire le voyage dont vous me parlez ; je serais bien fâchée de m'opposer à la satisfaction qui vous en peut revenir ; et si vous croyez vous y trouver bien, allez-y. Je ne vous promets pas de vous y donner de mes nouvelles ; mais quand on a passé par d'aussi grandes épreuves que nous avons fait, on sait souffrir toutes sortes de privations.

Vous me ferez grand plaisir de voir la bonne, et de lui dire quelque chose de ce que vous avez appris, et surtout assurez-la de ma bonne santé ; je me porte en effet bien depuis quelques jours.

Je suis ravie qu'il en soit de même de vous ; je vous en remercie comme de la justice que vous rendez à mes sentiments. J'espère que vous n'aurez point sujet de vous en plaindre.

Mardi 21 mai 1720.

Eh bien ! puisque vous voulez que je vous parle plus franchement que je n'ai fait, je vous dirai que votre projet m'a semblé bizarre, et que j'en ai trouvé la proposition déplacée. Il m'a paru singulier que vous n'ayez tant souhaité la fin de votre exil, que pour vous en ménager un plus long et plus éloigné ; il est vrai aussi que j'ai trouvé que, dès que vous aviez pu former un semblable dessein, j'aurais tort d'en traverser l'exécution. J'ai pensé de plus que si les empressements qu'on vous témoigne, et la satisfaction que vous attendez de ce voyage, ne vous permettaient pas de le différer jusqu'à ce que mon sort fût décidé, il vous siérait mieux de partir libre de tous les engagements qui peuvent vous retenir ou vous rappeler, et c'est à quoi je me serais disposée : alors, comme j'ai voulu vous le dire, vous n'auriez que faire d'apprendre de mes nouvelles. Que si vous avez le loisir d'attendre que vous m'ayez fait voir vous-même toutes les convenances de votre éloignement, je n'y devrai pas trouver plus de difficulté que vous ; j'aurai du moins assez de raison pour ne vous montrer sur cela que des sentiments conformes aux vôtres.

Je pourrais me plaindre du soupçon que vous me montrez ; mais, comme je vous fais peut-être la même injustice, je n'ose hasarder des reproches que je puis également mériter. Il faut donc remettre l'éclaircissement de nos doutes à des temps plus favorables.

Si ceci prend fin, et que j'abandonne la ville en même temps que ces lieux, je reviendrai certainement quelques jours après, ne fût-ce que pour quelques heures, et je pourrai vous voir chez la bonne. Vous serez averti dans le temps ; peut-être est-il encore bien éloigné. Quoi qu'il en soit, je vous répète que vous n'aurez pas sujet de vous plaindre de moi, lorsque vous serez à portée de juger sainement de ce qui me regarde. Vous avez lieu d'avance de vous louer infiniment d'un ami qui me rend fidèlement vos discours, et qui même a soin de leur donner l'interprétation la plus favorable. Je n'ai rien appris de nouveau ; j'en saurai peut-être davantage dans quelques jours : en attendant je vous en souhaite d'heureux, et une aussi bonne santé que celle dont je jouis présentement.

Samedi.

Je croyais avoir aujourd'hui quelque chose à vous apprendre, et je ne sais rien de plus, ma santé n'a pas été si bonne ces jours passés que je vous l'avais annoncé ; je me porte cependant assez bien dans ce moment-ci, et je pense, vu l'incertitude de ma destinée, qu'il ne serait pas raisonnable de prétendre que vous réglassiez vos démarches sur les miennes. Faites donc ce que vous jugerez à propos sans craindre que je m'en formalise.

28 mai 1720.

Puisque vous aimez les aveux sincères, je vous dirai encore que de plusieurs lettres que vous m'avez écrites depuis votre retour, il n'y en a que deux dont j'ai été satisfaite, et la dernière en est une ; il n'y a rien à y répondre que de s'en louer, et je le fais avec plaisir. Je n'ai pas encore l'humeur si chagrine que j'en trouve à me plaindre. Soyons donc contents l'un de l'autre ; de votre part vous le devez sur ma parole et j'y suis très disposée de la mienne.

Réservons nos murmures contre les événements peu favorables, qui peut-être à la fin se rendront plus propices. Voilà déjà un changement en bien ; je vous en fais mes compliments puisque vous y êtes intéressé ; ce que je ne croyais pas. Je suppose du moins que la menace précédente vous avertira de prévenir de quelques manières que ce soit de semblables accidents, qui tôt ou tard ne sauraient manquer d'arriver. À ces affaires se sont joints des contretemps particuliers qui ont différé l'exécution de ce qui me regarde. S'il n'arrive rien de nouveau, j'espère que la partie pourra se renouer, en attendant, c'est beaucoup d'avoir l'esprit tranquille ; joint à cela je me porte assez bien : je vous prie d'en faire de même et de calmer notre bonne autant que vous pourrez. S'il arrive quelque chose de nouveau avant que cette lettre vous soit rendue, ce que je n'attends pourtant pas sitôt, notre très cher ami[4] vous en instruira. Je vous donne le bonjour de tout mon cœur.

8 juin 1720.

Enfin je pourrai vous parler à vous-même, s'il n'arrive encore quelques contretemps aux soins que je prendrai pour me ménager l'occasion de vous voir. J'espère être lundi dans la matinée à la *Présentation*[5], et là nous nous expliquerons sur beaucoup de choses dont j'ai le cœur et l'esprit pleins ; en attendant comme rien n'est sûr, je vous dirai toujours ce qui se peut dire, non pas ce que je pense de ma situation présente ; car vous me croiriez l'esprit dérangé ; en tout cas c'est l'esprit des veilles sans interruption que j'ai faites depuis que je suis ici. Quoi qu'il en soit, je n'ai point été encore dans une disposition plus triste ; et si je ne reçois

---

4 M. de Maison-Rouge.

5 Couvent parisien.

d'ailleurs la satisfaction qui me manque, j'ai peur enfin de me manquer à moi-même. On m'a mandé que vous êtes fort content de mon sort ; cependant qu'avons-nous gagné de toutes mes peines ? je n'en ai senti qu'une vivement : elle me reste dans toute son étendue. J'ai de plus une fatigue de corps bien plus insupportable à mon gré que l'ennui. Je vois que je suis dévouée pour ma vie à tout ce qu'il y a de plus triste, et je suis même privée des amusements de l'espérance : car enfin toutes les choses dont j'avais pu me flatter me paraissent prendre une tournure qui ne m'en laisse point. Je finis cette plainte tragique, parce que voici une occasion qui se présente pour vous l'envoyer.

11 juin 1720.

J'ai dérangé hier toutes mes affaires pour tenir une parole que je n'aurais pas dû donner, je me rendis chez madame de R. à six heures, et comme malgré tous les contretemps qui me retinrent ; (j'y pensai mourir et je n'ai jamais été en ma vie en pareil état) : il n'y avait nul inconvénient à m'y venir voir et même à m'y attendre puisque j'y loge ; mes amis ont droit de m'y venir chercher pour aujourd'hui ; je n'y serai que jusqu'à jeudi, et je pars sur le soir. Ce sera donc vraisemblablement sans vous voir ; voyez du moins madame de R. L'état dans lequel elle m'a trouvée ne m'a pas permis de lui en cacher la cause : vous vous expliquerez avec elle peut-être avec moins de honte qu'avec moi.

12 juin 1720.

Quoique vous en puissiez dire et quoi que je puisse faire pour me tromper moi-même, vous êtes prodigieusement changé. J'ai commencé à m'en apercevoir depuis votre retour. Vous aviez exigé de moi que je ne m'en rapportasse qu'à vous, et c'est vous-même qui avez tourné mes soupçons en certitude. Enfin vous n'êtes pas le même ; vous ne tenez plus à moi que parce que vous vous souvenez d'y avoir tenu. Toutes vos démarches tendent à vous en séparer ; que n'en convenez-vous de bonne foi ? Croyez-vous que je veuille vous retenir malgré vous ? Que m'en reviendrait-il ? Ne vous ai-je pas toujours dit que quelque engagement que vous puissiez prendre avec moi, vous en seriez toujours le maître, et que je ne voudrais jamais rien devoir qu'à vos propres sentiments. Mais s'ils sont de l'espèce commune, variables, sujets au changement, je perdrai moins que je ne croyais en vous perdant. Ah ! si votre constance ne s'est pas trouvée à l'épreuve de quelques mois d'absence, que n'aurais-je point à craindre dans le cours de ma vie de tant d'autres choses plus propres à diminuer un tendre attachement ? Je vous avoue qu'une pareille expérience serait bien capable de m'éloigner du dessein de la passer avec vous. Je veux pourtant connaître plus nettement la disposition de votre âme.

Autrefois je savais comment m'en assurer, mais cette règle tant vantée entre nous s'est enfin trouvée fausse ; je serais bien loin de compte si je m'avisais de juger encore de vos sentiments par les miens ; quoiqu'il en soit, je ne puis supporter l'incertitude où je suis. Il faut que je vous voie ; ce ne peut être ici, je m'en suis éclaircie : j'obtiendrai plus facilement d'aller à Paris.

Vous serez informé du jour et de l'heure, et ce sera où j'ai logé la dernière fois. Je n'avertirai personne de mon voyage, qui sera court, afin de n'être point importunée de visites ; ne préparez point ce que vous aurez à me dire, car ce ne sont pas de beaux discours que je veux entendre ; je veux voir le fond de votre cœur, s'il est véritablement changé au point que je me le persuade, je vous demande seulement d'en convenir de bonne foi ; je m'en affligerai sans aigreur : car enfin est-on maître de ses sentiments ? mais la seconde trahison serait sans excuse.

Je n'exige donc de vous qu'une entière sincérité sur vos dispositions présentes, moyennant quoi je vous pardonne d'avance tout le mal qui m'en pourra revenir. Mais si vous songez tant soit peu à dissimuler sur rien avec moi, je ferai en sorte que ce ne soit point impunément ; non que je médite aucune sorte de vengeance contre vous ; mais si vous avez fait cas de mon estime, je pourrais vous punir par un éternel mépris. J'ose dire qu'alors il vous serait si justement dû, que vous n'auriez aucun droit de vous en plaindre. Fasse le ciel que je ne sois pas contrainte de changer mes sentiments en une forme qui leur est si contraire. Adieu, je vous souhaite autant de satisfaction que j'ai de peines ; je ne puis vous souhaiter un bonheur plus complet.

13 juin 1720.

J'ai reçu votre lettre du 12 le jour même et au moment que je venais de vous écrire. Vous pouvez continuer sans autre formalité, j'en userai de même ; heureux de pouvoir nous expliquer l'un à l'autre sans contrainte : ce que nous avons à dire n'intéresse que nous, et la connaissance qu'on en pourrait avoir me semble moins préjudiciable que la privation d'un commerce si nécessaire. Mais pourquoi vous tiens-je un tel discours ? à vous qui vous proposez de sang-froid d'aller passer un long temps loin d'ici ; j'avoue que j'ai honte de penser si différemment de vous, mais j'en aurais peut-être encore davantage de ne me pas toujours retrouver la même. Enfin, je suis assez contente de vos lettres ; que ne le suis-je autant de vos discours et de votre conduite, dont plusieurs traits ne se peuvent excuser, puisque je ne les excuse pas ! Nous les discuterons quand nous pourrons nous voir ; j'espère que ce pourra être dans quelques jours, et vous en aurez avis. En attendant, j'aurai soin de vous apprendre de mes nouvelles par la poste. Vos lettres me sont exactement rendues, n'en ayez point d'inquiétude, ce ne sera pas dans mes moments perdus que je vous écrirai, mais dans tous ceux dont je pourrai disposer, qui sont en petit nombre, tellement qu'à peine ai-je pu écrire ce peu de mots ; et si je ne finis cela ne partira pas aujourd'hui. Ma santé est un peu meilleure quoique je ne fasse presque plus d'usage du sommeil. Portez-vous bien aussi, c'est ce que je souhaite le plus.

Dimanche au soir, 16 juin 1720.

Vos nouvelles du 15 m'ont trouvée dans un abattement dont à peine pourront-elles me tirer ; quelle que soit la disposition qu'on ait à se persuader ce que l'on désire fortement, l'impression contraire a été si vive, que je ne sais comment j'en pourrai revenir. Je n'avais encore rien éprouvé de pareil, et si j'ai souffert en ma vie de plusieurs manières, non pas à la vérité dans ce genre, pourquoi faut-il que je me sois exposée si légèrement à des peines si cruelles ! je ne veux point vous les dépeindre dans toute leur étendue. Je serais fâchée de devoir à la pitié ce qui semble m'appartenir à d'autres titres. À propos de titres, je me suis occupée ces jours-ci à relire ceux qui fondaient mon ancienne possession ; j'ai résolu de vous les remettre entre les mains ; je ne veux conserver aucun témoignage contre vous, ni rien qui m'en fasse souvenir. S'il arrive enfin qu'il faille nous séparer, vaine précaution : ne retrouverai-je pas toujours en moi ce que je voudrai éviter avec tant de soin ! Il n'est que trop certain que je ne puis plus me soustraire aux sentiments qui me dominent ; ils doivent uniquement décider de mon sort, et s'ils ne sont pas ma félicité comme je m'en étais flattée, ils seront à jamais mon malheur. Je ne dois rien espérer ni du temps, ni des secours ordinaires, cela est bon pour remédier à un goût frivole, mais un véritable attachement dans un cœur comme le mien est ineffaçable : heureuse si je l'avais pris pour quelqu'un qui en fût aussi capable que moi ! C'est à quoi je me suis méprise : car enfin, quoi que vous en puissiez dire, quand vous ne seriez pas aussi misérable en fait de sentiments que j'ai pu le croire, il est certain que vous ne me valez pas. Cette connaissance me donne une douleur si sérieuse, qu'elle n'admet ni honte, ni dépit de m'être si légèrement trompée ; je suis simplement affligée d'avoir perdu un bien qui me paraissait inestimable, c'est-à-dire l'opinion toute parfaite que j'avais de vous, et c'est ce que je ne puis retrouver, quand même vous ne m'échapperiez pas absolument. Cependant, tel que vous êtes, je vous chéris encore au point d'avoir en horreur tout ce qui n'est pas vous. Je m'en suis aperçue sur quelques propositions qui m'ont été faites, où je pourrais trouver des avantages apparents : mais, comme dit Athis[6], que servent les faveurs que nous fait la fortune, etc.

J'espère vous voir demain, et si je ne puis vous entretenir à loisir, comme je le désire, je pourrai du moins vous rendre moi-même cette lettre. Je serai bien aise qu'elle ne passe pas par d'autres mains. Cependant si vous ne venez pas chez mon amie, je la lui laisserai pour vous la rendre ; je suis ravie que vous soyez content d'elle, elle me paraît aussi, dans une lettre qu'elle m'écrit, fort satisfaite de vous. Je ne sais que vous dire de ma santé, je ne suis point malade et ne me porte pas bien ; outre l'affreuse tristesse qui s'est emparée de moi, les veilles continuelles achèvent de m'assommer ; je n'ai pu faire faire ici la drogue dont je m'étais si bien trouvée. Quoique j'en aie apporté le mémoire, on m'a donné en guise de cela je ne sais quoi qui réveille au lieu d'assoupir. Adieu jusqu'à demain ; j'ai pris mes précautions pour qu'on vous donnât avis de mon arrivée : je repartirai le soir et serais bien fâchée de ne vous pas voir.

19 juin 1720.

Voilà une attention bien régulière et peut-être trop pour vous, car ce n'est point-là ce que je vous demande. Votre messager est arrivé précisément à mon réveil, qui a été assez doux, ayant succédé à un sommeil plus

---

6 *Atys* de Quinault et Lully, acte III, scène 1.

tranquille qu'à moi n'appartient, et c'est l'effet des meilleures dispositions dans lesquelles je suis revenue. À mon arrivée j'ai trouvé ici un de vos amis qui m'a accueillie avec des transports de joie qui ont fourni un spectacle agréable dans le lieu où je suis ; il m'a promis une conversation fort ample sur beaucoup de choses qu'il a à me dire : il partait, ce sera pour son retour. À propos de voyage, je vous confie très secrètement que j'en pourrai faire un vendredi prochain, mais je ne sais comment je pourrai m'arranger pour vous voir ; cependant je ne me soucie point du reste. J'en ai reçu beaucoup de satisfaction quoiqu'elle n'ait pas été parfaite. Le point de vue qui me reste m'afflige d'autant plus qu'il vous est agréable ; je ne veux pourtant plus vous en parler ; suivez vos projets, mais dites-moi sincèrement quel temps vous y destinez. Il m'est revenu que cela pourrait aller jusqu'à 18 mois : si vous l'avez pensé, non pas seulement si vous le faites, puis-je rien croire de ce que vous me dites ? Il est vrai que vous êtes bien faible en réponse sur cet article, et que j'aurai besoin pour vous justifier de vous prêter moi-même toutes les raisons qui vous manquent. Je serai peut-être encore assez bonne pour le faire, mais n'abusez pas de ma facilité. Puisque nous avons renoué notre intelligence, tâchons que rien ne la trouble. Goûtons la douceur d'être contents l'un de l'autre, sinon autant qu'il est possible, du moins assez pour fonder une espèce de repos si nécessaire au soutien de la vie. Je me porte assez bien, j'ai beaucoup dormi cette nuit, quoique je ne me sois couchée qu'entre huit et neuf heures du matin. Il est vrai que ce qu'on m'ôte de repos, m'est payé de toutes les gracieusetés possibles. Cela ne fait que croître et embellir, et si cela va toujours de même, j'ai lieu de me promettre beaucoup d'agrément. Que n'ai-je de plus la liberté de voir ce que j'aime si tendrement, quoiqu'il ne m'aime pas tout à fait de même. Je ferai de ce commerce la douceur de ma vie, tout inégal qu'il est devenu. Adieu mon cher M., j'ai peur d'impatienter votre petit courrier qui a fait son message de fort bonne grâce. J'ai été ravie de le voir pour le premier objet qui s'est présenté à moi en ouvrant les yeux ; j'en augure bien pour le reste de ma journée. Ne passez pas la vôtre sans penser à moi ; pour moi, il n'y a rien à me recommander sur cela. Je voudrais bien vous revoir. J'ai cent choses à vous dire, dont je n'ai pu en entamer pas une. Ne sortez point de chez vous le jour que je vous marque, afin que je puisse vous faire savoir l'arrangement que j'aurai fait, si je ne puis vous en instruire plus tôt. Adieu encore une fois ou plutôt bonjour de toute mon âme.

20 juin 1720.

Le voyage que j'espérais faire demain devient fort incertain. Je m'en console, car je n'aurais pu, quelque mesure que j'eusse prise, rien faire qui m'eût été agréable. Cette contrainte me déplaît infiniment. Je souhaite au moins d'apprendre des nouvelles des personnes qui me sont chères, puisque je ne puis les voir. N'avais-je pas raison de ne point tant désirer le changement de mon état, puisque je n'en suis pas mieux pour ce qui m'intéresse le plus ? Encore si mes peines présentes étaient partagées autant qu'elles le méritent, j'y trouverais quelque soulagement ; mais vous savez ce qui en est. Je ne veux pas en dire davantage ; le ton plaintif est trop désagréable ; j'aime donc mieux vous raconter mes prospérités. J'ai assez bien dormi et je ne me porte pas mal ; je commence à espérer que je pourrai me faire à la vie bizarre que je mène. Rendez-moi compte de vous. Vous ne sauriez douter de l'intérêt que j'y prends, quoique sans trop de raison ; mais je ne puis faire autrement, comme je vous l'ai déjà dit. Peut-être avec le temps deviendrai-je plus raisonnable ; c'est à quoi j'ai envie de travailler sérieusement, et dès que j'y verrai la moindre apparence de succès, je vous promets de vous en donner avis. En attendant, je vous donne le bonjour, et encore de très bon cœur.

Dimanche au soir, 21 juin 1720.

Si je ne vous écris ni plus souvent ni plus amplement, ce n'est assurément pas que je ne sois occupée de ce qui vous regarde. Je n'y pense que trop ; mais la manière dont je pense ne me détermine point à vous en rendre compte. Car enfin je ne puis revenir de l'opinion que je me suis formée, soit à tort ou à raison ; et je sens bien, quoi qu'il en soit, que le discours n'en peut être qu'à charge. Je vais même jusqu'à penser que le meilleur parti serait de rompre tout commerce entre nous. En effet, si mes idées sont vraies, à quoi bon vous contraindre ? Et si elles sont fausses, voulez-vous demeurer exposé à mes injustices ? Sortons, s'il est possible d'un état pénible à l'un et à l'autre. Tirez-moi d'erreur, si j'y suis, ou confirmez mon opinion, si elle est bien fondée ; je vous en conjure au nom de la sincérité que vous m'avez promise. Ne craignez ni plaintes ni reproches, vous n'en essuierez point. À l'exemple de ce Romain qui dit en apprenant la mort de son fils ; *Je savais qu'il était mortel*[7] ; je dirai simplement : je savais qu'étant homme il était sujet au changement. Ce que je pourrai penser de plus, ne sera su que de moi. Parlez donc, et parlez vrai. C'est uniquement ce que je vous demande.

22 juin 1720.

Je vous avais mandé que j'irai à Paris, et puis que je n'irai point ; j'y fus, et n'y fis rien d'agréable. Si vous étiez au point de juger de ce que coûte ces sortes de contradictions, je vous en entretiendrais ; mais il vous faut d'autres propos. Cependant que vous dirai-je qui ne se rapporte à ce que je sens, que je ne puis confier qu'à vous ; mais à vous qui êtes tranquille, et peut-être content, pendant que je me désespère. Car enfin, je n'ai jamais été si outrée de mon sort que je le suis ; la nécessité absolue qui me privait de tout était moins insupportable que les égards qui m'interdisent la seule chose dont je me soucie, et pour laquelle je donnerais de si bon cœur tout le reste. Si je n'étais pas seule à me tourmenter de la situation présente, on trouverait quelque expédient, du moins pour l'adoucir. Pourquoi ne pas consulter votre petit ami qui est déjà instruit, et que je crois bien intentionné ? Il pourrait vous avertir de quelques jours d'absence, lui qui est ordinairement informé des marches ; et savoir si l'on ne pourrait pas, sans conséquence, venir ici, les maîtres de la maison n'y étant point ; ou bien quelque matin, comme je l'avais pensé. Après tout, si l'on ne s'en soucie pas, il n'y faut point songer ; la complaisance même serait de mauvaise grâce, et l'on est quitte. N'aurai-je point de vos nouvelles ? N'avez-vous rien à me dire pour amuser l'ennui de ma solitude, et dissiper la profonde tristesse où je suis, dont je ne trouve moyen d'éviter le reproche, que par le soin que j'ai de me cacher ? aussi suis-je plus solitaire que je ne l'étais même dans ma retraite. Dieu veuille, avec sa grâce, m'en retrouver une autre, où je puisse ne penser qu'à lui ! Tout le reste ne vaut guère le soin qu'on en prend. À propos, vous êtes-vous maintenu dans les bonnes dispositions où je vous ai vu ? Je le souhaite pour l'amour de vous, et vous donne le bonsoir.

Je reçois dans ce moment votre lettre du 21. Je ne puis la lire avant que d'envoyer celle-ci ; je suis seulement contente de la voir très pleine : je ferai réponse pour demain.

---

7 Diogène Laërce, *Xénophon*.

22 juin 1720[8].

Je vous ai écrit tantôt une lettre que j'ai datée du 23 par une erreur dont je ne fais que m'apercevoir. Autre erreur que je vous confesse, de vos deux lettres que j'ai reçues avec plusieurs autres, je n'en ai reconnu qu'une d'abord pour être de vous ; c'était celle du 21 et du 22. Je l'ai seulement ouverte ; et sans avoir le temps de la lire, j'ai donné la mienne au facteur qui allait partir ; ensuite j'ai lu, avec contentement, ce que vous me mandez, et puis j'ai trouvé l'autre du 20 que j'aurais dû recevoir avant-hier. Je ne sais pourquoi elle a retardé ; mon voyage a pu encore prolonger le retardement : il m'a donc été funeste de toutes manières, et je suis fort dégoûtée de pareille partie. J'avais eu la pensée de vous proposer, à tout événement, une promenade au jardin du roi ; mais n'étant pas assez sûr d'y aller, je n'osai vous y embarquer : cependant j'y fus, et ce fut matière de repentir de ne vous avoir pas fait ma proposition ; d'autant plus que cela aurait pu amener une connaissance que vous auriez pu faire avec une dame qui demeure dans ce quartier-là, et que je vois souvent, et chez laquelle je puis plus facilement aller que chez mon autre amie. Je ne voudrais pas lui parler avec la même conscience ; mais, à titre d'amis, on pourrait s'y rencontrer et en faire une maison de société très commode. J'ai encore d'autres vues ; mais je ne trouve pas à propos de les communiquer à des gens qui ont si peu de ressource dans l'esprit, pour ne pas dire dans le cœur, qu'ils ne trouvent aucun moyen de rompre un engagement des plus mal pris, et dans un temps où les prétextes, et même les raisons, fourmillent pour ne pas s'éloigner de ce pays-ci. Je ne veux plus en parler avec aigreur, ni me plaindre en aucune sorte ; car, en effet, rien n'est plus insupportable que des plaintes pour ceux à qui elles s'adressent, et rien de plus avilissant pour ceux qui les font. Je veux donc reprendre un peu courage, et me souvenir que quand on ne peut se venger, il est inutile de se plaindre.

29 juin 1720.

Je me suis si bien trouvée de la journée d'hier, que j'en suis toute autre ; ma situation me semble absolument changée : tout ce qui me

8 Cette lettre et la précédente ont été écrites le même jour. Mlle Delaunay s'en explique au début de la seconde lettre.

déplaisait ne me déplaît plus ; et je vois que tant de peines que je croyais avoir se réduisent à une, sans laquelle tout irait bien. J'admire le prompt effet et la grande vertu du remède que j'ai employé ; mais je soupçonne qu'il sera besoin de le renouveler, si je veux éviter de retomber dans les mêmes accidents.

Dites-moi de vos nouvelles, et comment vous vous trouvez : enfin ce que vous pensez sur les choses dont nous avons parlé. J'espère que j'en apprendrai quelque chose dès aujourd'hui ; car vous devez m'écrire ; et si vous voulez j'en pourrai savoir davantage jeudi ; car il est question d'une partie pour ce jour-là, et l'on doit même dîner ; ce qui me fait croire que l'on partira au plus tard à une heure : n'en faites aucun semblant. S'il y a quelque changement d'ici-là, je vous le ferai savoir. Je pourrai aussi, en attendant, faire un tour à la ville, mais je ne sais pas encore le jour ; je ferai en sorte de vous en avertir. Rendez-moi compte de votre conduite, comme je fais de la mienne, et surtout dites-moi au vrai, quand vous croyez partir pour votre grand voyage. Tâchez qu'il ne soit pas éternel ; car, en vérité, cela ne serait pas soutenable. Pressez votre départ pour hâter le retour, et soyez ici cet hiver, sans quoi je ne réponds de rien. Vous avez aussi trop de confiance, et je crois qu'il serait bon de vous en ôter une partie : je ne sais comment vous avez pu venir à ce point-là, en étant naturellement si éloigné.

7 juillet 1720.

Rien de plus semblable que la situation dans laquelle nous nous sommes trouvés : je suis d'autant plus contente de la peinture que vous m'en faites, que n'ayant osé m'expliquer si clairement, j'espère que vous aurez suppléé à ce que je ne vous ai pas dit, puisque vous vous êtes trouvé à portée d'en juger si bien par le simple usage de la règle que vous voulez remettre en vigueur. Je me flatte aussi que vous n'aurez pas laissé d'être content du peu que je vous ai dit. Je n'ai manqué qu'à m'inquiéter du risque que vous avez couru, mais je vous avouerai que j'avais l'esprit si rempli et si occupé, que je ne me suis point aperçu de la violence de l'orage. J'ai appris avec étonnement ce qui m'en a depuis été raconté : heureuse que cette disposition m'ait sauvé l'inquiétude que je n'aurais pas manqué d'avoir, si j'avais été plus à moi et que j'eusse pensé que vous fussiez si près du danger ; j'ai tremblé du récit que vous m'en avez fait, et je ne puis comprendre la léthargie qui m'a laissée si tranquille pendant que vous étiez en péril : je crains que vous n'en soyez offensé. S'il y a faute, vous savez d'où elle vient et devez me la pardonner. Enfin vous vous en êtes bien tiré et votre âme est contente ; je m'en réjouis de toute la mienne : plaise à Dieu que de nouveaux orages ni réels, ni métaphoriques, ne nous alarment plus ! Nous ne serions pas toujours disposés à les contempler si tranquillement ; il en est d'une espèce qui attaque directement le principe de la tranquillité, tâchons bien de les éviter et de prolonger le calme où nous nous trouvons. N'a-t-on point deviné d'où venait le changement que l'on a remarqué en vous ? Ne vous laissez point pénétrer sur cela ; la connaissance que l'on en aurait pourrait mettre obstacle à notre satisfaction, et ce que l'on ne veut pas qui soit su ne doit être dit à personne. Vous deviez m'écrire aujourd'hui pour m'apprendre des nouvelles dont je ne suis que trop bien informée ; mais ce soin doit être changé en celui de chercher à me consoler autant qu'il est possible, de la perte d'un ami que je regrette infiniment. J'en ai été si occupée toute la nuit que je n'ai point dormi, et je me porte assez mal aujourd'hui. J'ai fort mal à la gorge, et quelques autres incommodités qui m'abattent beaucoup : aussi faut-il avouer qu'il n'y a point de santé qui puisse résister à la vie que je mène ; si elle continue, il pourra bien arriver que vous ne me retrouverez plus à votre retour. Voilà des idées un peu tristes et différentes de celle d'hier ; je vous en fais mes très humbles excuses, j'aurais voulu vous les cacher, mais j'ai fait vœu de vous laisser voir tout ce que je pense, dont la variété vous paraîtra bizarre. Bonsoir, j'attends de vos nouvelles, et des assurances de votre amitié, qui, peut-être, me remettront en meilleur état.

15 juillet 1720.

Mon voyage a fini aussi sottement qu'il avait commencé ; je ne crois pas qu'on m'y rattrape ; car à quelques moments près je n'ai guère en ma vie passé plus mal mon temps : au demeurant je me porte bien. Quelle nouvelle de vous aurai-je ce soir ? On apporta hier votre lettre du 10 ; voyez la diligence de nos courriers. J'enverrai ce soir pour suppléer à leur paresse, si je puis trouver quelqu'un, mais cela n'est pas sûr, car les plus petites choses ici ne sont pas sans difficultés. Il est bien plus commode d'être près des gens dont on est curieux de savoir des nouvelles. Je pense comme cela, je ne sais si c'est fantaisie, enfin c'est la mienne. Je n'ai rien de nouveau à vous apprendre, et presque, rien à vous dire, car il y a beaucoup de choses dont je ne puis ni ne veux vous parler. Voyez donc si c'est un grand avantage de recevoir de mes lettres, et combien il doit être facile de s'en passer. Vous pouvez cependant avec certitude compter sur ma parfaite amitié, soit que vous en receviez ou non des assurances.

19 juillet 1720.

Puisque vous aimez les lettres laconiques, vous avez bien rencontré, c'est mon fort. Je puis même, pour abréger, vous renvoyer à la précédente, car je n'ai rien de plus à dire.

Vous n'avez pas besoin de mes conseils pour ce qui regarde vos affaires ; vous savez mieux que moi ce qui vous convient, je ne vous communique pas non plus mes projets, car ils me réussissent si mal que je n'en fais plus.

Je n'ai reçu qu'hier au soir votre lettre du mardi. Bonjour.

23 juillet 1720.

Vous avez donc reçu cette lettre dont j'étais en peine ; je venais de vous écrire par notre ami pour vous marquer le doute où j'étais sur cela ; je n'ai point reçu votre lettre du 14 je vous en ai écrit une du 18 que vous ne me marquez pas avoir reçue.

Vous me rassurez sur mes inquiétudes d'une façon géométrique, plus exacte que touchante ; je ne veux pas m'en plaindre, car vous diriez que je ne sais faire autre chose. Soit donc ainsi que vous le dites ; votre conduite en sera la preuve. En attendant, je suis bien aise de vous dire pour mon propre honneur que je ne suis point sujette aux vapeurs, encore moins à tirer mes principes de mon humeur. Enfin si je m'ennuie, cela est assez ordinaire, quand on est éloigné de ce qui est le plus cher ; heureux qui n'en fait pas la triste expérience. Je voudrais bien vous mander des choses très agréables, ne fût-ce que pour ôter à mes lettres l'air triste qui les rend déplaisantes : mais je ne fais rien de cette espèce, et à moins d'avoir recours à la fiction, sur quoi je ne suis pas fort ingénieuse, je ne puis sortir du style sérieux. Le vôtre n'est pas trop gai non plus ; mais je crois que c'est par politesse, cependant je vous en dispenserais volontiers. Si je pouvais vous voir, j'aurais plus de choses à vous dire sur toute sortes de tons ; mais je ne vois encore rien qui m'en promette l'occasion. Bonsoir, je vais faire une promenade solitaire, dans laquelle je vous dirai tout ce que je ne vous dis pas ici.

24 juillet 1720.

Je n'ai que trop cru ce que vous m'accusez d'avoir dit de vous. Eh ! qui ne penserait en effet de la facilité avec laquelle vous avez consenti à ce que je vous ai demandé, que vous y aviez peu d'opposition. N'avez-vous pas su résister dans d'autres temps à des propositions pour le moins aussi raisonnables ? et quelle grâce avez-vous à faire valoir une déférence à mes volontés, dont je ne vois de marques qu'autant que je veux m'éloigner de vous ? Il est vrai que j'ai été à Paris sans vous en avertir : mais vous, avez-vous cherché les lieux où vous pouviez me rencontrer ? Aucune des personnes que je vois n'a entendu parler de vous : votre oubli m'a été marqué autant qu'il était nécessaire pour fortifier mes résolutions. Quelles résolutions, bon Dieu ! Ce que j'ai cru faire pour mon repos n'a fait que l'éloigner ; et si vous n'êtes pas mieux que moi, nous sommes bien à plaindre l'un et l'autre. Je veux bien vous avouer la peine où je suis, s'il est vrai que vous ayez besoin de cette consolation. Mais je ne veux pas démentir un parti dont les difficultés me font d'autant plus sentir la nécessité. Je n'espère plus ni du temps ni de mes soins la tranquillité que je désirais, mais j'attends de mon courage la persévérance d'un dessein convenable ; et si je ne puis maîtriser mes sentiments, je veux du moins régir ma conduite. Je serai malheureuse, mais au moins je n'aurai nul reproche à me faire ; et si j'ai à me plaindre, ce ne sera pas de moi que je me plaindrai.

26 juillet 1720.

Vous voulez donc que je rie et badine avec vous, comme avec le reste du monde. Je vous avais destiné un traitement particulier ; mais peut-être en effet la distinction est-elle onéreuse. J'ai pour les autres des agréments forcés, et pour vous des défauts naturels, que je ne prenais nul soin de vous cacher ; je vois bien qu'il y a trop de confiance dans cette conduite, et que vous vous trouverez mieux dans l'ordre commun : enfin, si vous vous contentez de discours, nous n'en manquerons point. Je m'étais avisée de n'avoir que des sentiments qui vous étaient ou montrés ou cachés, selon qu'eux-mêmes l'ordonnaient. Je tiendrai donc désormais une autre route pour parvenir à l'honneur de vous plaire, et je serai très flattée d'y réussir. Après cela je vous dirai, pour justifier le partage que j'avais fait de ma bonne et de ma mauvaise humeur, que je trouverais plus juste que qui cause mes chagrins et mon ennui en partît, que ceux qui n'y ont nulle part. Nous éclaircirons cette affaire au premier jour, quand j'aurai moins de mal à la tête qu'aujourd'hui. Je ne vous aurais pas même écrit, si je n'avais voulu vous donner avis tout aussi tôt que je le puis, qu'il ne tiendra qu'à vous que je vous voie mercredi prochain. Vous pourrez venir en sûreté l'après-midi ; mais n'en dites rien à personne sans exception.

2 août 1720.

Je suis bien aise que vous rendiez justice à l'honnêteté de mon procédé ; je souhaite que le vôtre soit tel qu'il puisse au moins justifier l'estime que je vous ai témoignée : après cela, quelque chose qui arrive, je ne m'en plaindrai pas. La maxime de connaître avant que d'aimer est si sensée, que quiconque néglige de la mettre en pratique, mérite bien d'en être puni. Je ne sais ce qui a empêché que vous n'ayez été content de votre journée ; pour moi j'en suis demeurée fort satisfaite. J'avais des doutes qui se sont éclaircis ; cela rend l'esprit plus tranquille. Ma satisfaction serait entière, si vous aviez mis plus au net l'aveu que vous me faites dans votre dernière lettre, et véritablement je ne sais pourquoi vous êtes demeuré en si beau chemin. Il faut du moins avoir le courage de dire ce que l'on pense, quand on n'a pas celui de faire ce que l'on doit. Si vous pouvez prendre la résolution d'user enfin d'une entière franchise, je vous offre encore ici un entretien pour mercredi prochain ; j'espère qu'il terminera toute contestation entre nous. Je compte d'aller demain et peut-être mardi à Paris ; mais je ne sais de quelle manière je pourrai disposer de moi : on va comme on est mené, quand on n'est point à soi, et cela empêche de pouvoir faire aucun arrangement.

10 août 1720.

Vous avez vu plus tôt que moi, ce que je vois présentement mieux que vous ; et si j'ai quelque temps erré dans le principe, vous errez dans les conséquences. Un projet qui ne peut avoir une heureuse issue ne saurait trop tôt être abandonné : or, qui veut la fin doit vouloir les moyens ; donc qui prétend rompre une liaison doit éviter tout ce qui peut l'entretenir. Enfin, quand on songe à se séparer, on ne doit pas chercher à se voir. Je ne puis penser autrement, ni agir que conformément à des vues si raisonnables. Je crois bien que si la raison me revenait, j'aurais peine après à m'en départir. Ne dites point que j'outre en toute matière ; car, au moins en celle-ci, suis-je dans les justes bornes. Quant à l'utilité que vous prétendez tirer de mon exemple et de mes préceptes, vous êtes dans le vrai point de vue pour en profiter ; cela ressemble à ces figures en perspective, dont l'objet change quand on s'en approche ; et peut-être ne verriez-vous rien moins que ce que vous croyez voir, si l'on changeait la distance. Tenons-nous donc où sommes, et de là raisonnons, argumentons à qui mieux mieux. Ne me sachez point mauvais gré de ne pas déférer à ce que vous paraissez souhaiter, puisque je n'ai en vue que notre bien le plus solide, à l'un et à l'autre.

13 août 1720.

J'avais résolu de ne pas répondre à votre billet de ce matin, tant il m'a piquée ; mais je ne suis pas la maîtresse de choisir une autre occupation, soit pour décharger mon cœur, ou pour exercer mon esprit, en quoi réside comme vous le pensez, tout ce que je possède, et même mes sentiments. Je ne suis pas peu surprise, je vous l'avoue, que vous me croyiez la sotte ambition d'exagérer mes faiblesses. Si les gens raisonnables en sont susceptibles comme d'autres, du moins ne doit-on pas penser qu'ils cherchent à s'en faire honneur. Il n'y a guère que de jeunes personnes gâtées par la lecture des romans, qui puissent s'imaginer que ce soit une assez belle chose d'avoir une passion pour en affecter le caractère, sans en sentir les mouvements. J'aurais cru que du moins le nombre de mes années me mettait à l'abri d'un semblable soupçon. Je ne vous sais aucun gré du soin que vous prenez d'écarter les idées qui peuvent vous maintenir dans cette opinion ; je serais curieuse, au contraire, de vous en voir faire le merveilleux assemblage, et je crois que ce serait plus singulier que les défauts que j'attribue à l'amour ; car c'est à ce titre que j'ai prétendu que le désordre et l'injustice l'accompagnent : ce ne sont point des qualités recommandables nécessaires à sa perfection, mais bien ordinairement dépendantes de sa nature. Quant à l'injustice, il n'arrive guère que l'on s'en reconnaisse capable, que par une espèce d'équité supérieure à la bonne opinion qu'on a naturellement de soi-même ; et, puisque vous ne découvrez pas les vôtres, je juge que vous êtes moins équitable que moi.

14 août 1720.

Peut-être, en ce moment, vous plaignez-vous de moi. Mais si vous pouviez savoir ce que je souffre du mal que je puis vous avoir fait, vous me plaindriez moi-même. Oui, je vous l'avoue, ce que j'ai entrepris est au-dessus de mes forces. Je ne puis me détacher de vous, ni rien souffrir de ce qui m'en sépare. N'est-ce donc pas assez du sort qui me persécute, pourquoi me persécuté-je moi-même ? Je pouvais vous voir et passer la journée avec vous, et je ne vous vois pas ; il ne me reste que le désespoir que me cause la cruelle violence que je me suis faite. Ah ! que je sens bien que c'est se donner la mort que de se priver de ce qu'on aime ! Cependant vous voulez me quitter, et me persuader que je vous suis encore chère. Non, non, cela est incompatible. Je n'en fus jamais si bien convaincue que dans ce moment-ci. On ne s'expose point de plein gré à un tourment si insupportable. Enfin, si vous êtes résolu de m'abandonner, trouvez donc moyen de m'arracher du cœur les sentiments qui m'attachent si intimement à vous, comme vous vous êtes défait de ceux qui vous unissaient à moi. Je ne puis oublier combien je vous ai vu persuadé que nous ne pourrions être heureux l'un sans l'autre. Qui vous a donc appris que vous pouviez facilement vous passer de moi, et vous inspirer le dessein de pousser jusqu'au bout une si funeste expérience ? Connaissant la faiblesse et la légèreté de vos sentiments, comment avez-vous souffert que je m'y sois fiée ? Pourquoi ne pas m'avertir du risque que je courais ? Deviez-vous me prêter la main pour me jeter dans un abîme, d'où vous ne songez plus à me tirer ? Je me suis flattée quelque temps que vos torts avec moi me dégageraient d'avec vous. Ils vous ont seulement détruit dans mon esprit, vous ne l'êtes point dans mon cœur.

Vous n'êtes plus, il est vrai, à portée de me tromper, et je n'en suis pas moins assujettie à vous. Cette dépendance est d'autant plus onéreuse que je ne trouve plus rien qui la justifie. Jouissez donc de la satisfaction (si c'en peut être une) de m'avoir rendue aussi malheureuse qu'il est possible de l'être. Ma destinée, assez triste d'elle-même, ne demanderait pas qu'on prit soin de la rendre plus déplorable. Mais c'est trop gémir et se plaindre. Si j'ai la faiblesse de m'accorder ce soulagement, j'espère, du moins qu'il ne sera que pour moi, et que vous n'en verrez jamais rien.

(*Cette lettre ne fut pas rendue.*)

24 août 1720.

Un de vos amis, que j'ai vu aujourd'hui, m'a demandé la réponse d'une lettre que je crois qu'il vous a fait écrire ; car, dans le dernier voyage qu'il fit ici, il me força, en quelque manière, et contre mon intention, de lui parler de vous. Comme je ne puis, lorsque je fais tant que de parler, dire autre chose que la vérité, je lui dis à peu près ce qui s'était passé entre nous. Je lui recommandai de ne vous en point parler, cela me paraissant hors de propos. Mais vraisemblablement il a passé mes intentions. Quoi qu'il en soit, je n'ai eu nul dessein qu'il vous engageât à aucun retour vers moi. Je suis contente de la situation présente ; et si votre intention a été de me mettre l'esprit en repos, je puis vous assurer que vous y avez bien réussi. Je n'ai rien trouvé de plus efficace que l'éclaircissement que vous m'avez donné. Gardez-vous bien de le révoquer. Laissez-moi jouir de la tranquillité que vous m'avez procurée. Ne songez point non plus à me voir. Remettez demain entre les mains de mon amie ce que je vous ai redemandé ; et lorsque je serai à Paris où je compte d'aller dans le mois prochain, elle me le rendra. Au surplus nous n'avons rien à nous dire, et il serait peut-être nuisible de se revoir.

9 septembre 1720.

Je ne reçois votre lettre que dans ce moment, il n'en reste plus d'autre à choisir que demain l'après-dînée (car vous ne pourrez recevoir ceci dès le matin) ou mercredi matin. Il n'y aura point d'absence, mais dans le cas présent il faut passer par-dessus cet inconvénient. Quoique j'attende la nouvelle que vous m'avez mandée, je vous avoue qu'elle m'a rudement frappée : Dieu veuille que le temps en diminue la cruelle impression ; je ne puis dans ce moment vous en dire davantage. Adieu donc, peut-être ne vous reverrai-je plus.

10 septembre 1720.

Je croyais que sans attendre ma réponse, qui n'a pu être plus prompte, vous pouviez venir ce matin, et je vous ai attendu avec tout le trouble où m'a jetée la nouvelle que vous m'avez apprise. Je n'essaierai point de vous dépeindre l'état dans lequel vous me laissez ; quand je vous troublerai par d'inutiles remords en serai-je plus satisfaite ? Soyez donc tranquille, si l'on peut l'être en faisant le malheur de quelqu'un à qui l'on se dit attaché. Quoique je vous aie proposé de venir cet après-dînée ou demain matin, l'embarras de votre départ ne vous le permettra peut-être pas ; et toutes réflexions faites je ne puis me dispenser de vous supplier de me rendre les papiers que vous avez à moi. Si vous ne pouvez les apporter, remettez-les à la bonne, bien cachetés, chez qui je les irai prendre. Voici mes raisons : je ne puis croire, quoi que vous m'en disiez, que votre voyage ne soit très long, et je vous avoue qu'il pourrait arriver, qu'ennuyée à la longue de la peine que cela me causerait, je pourrais prendre la résolution de me détacher de ce qui ne servirait qu'à me tourmenter, et si j'y réussissais, j'aimerais mieux que vous n'entendiez plus parler de moi que d'avoir rien à discuter avec vous. Cependant il ne serait pas naturel de vous laisser des témoignages qui déposeraient également contre vous et contre moi. Je ne vois, quant à présent, aucune apparence à ce qui fait l'objet de ma précaution : mais dans de certains cas ce n'est pas assez de prévoir les choses vraisemblables, il faut même embrasser dans sa prévoyance jusqu'à celles qui sont simplement possibles. Si ce que je vous recommande vous est cher, je vous promets de le garder tant que je croirai vous devoir cette fidélité, et je n'en douterai point que sur des preuves certaines. Enfin vous m'allez donc quitter ; cette liberté tant désirée ne devait servir qu'à nous éloigner l'un de l'autre. L'aurais-je cru ! Mais n'en parlons plus, puisse l'avenir m'être plus favorable, quel qu'il puisse être. Je n'espèrerai jamais de vous autant de satisfaction que vous m'avez fait de mal.

27 septembre 1720.

J'ai été si incommodée qu'il ne m'a pas été possible de vous écrire, aussitôt que vous m'aviez marqué. Depuis que j'ai été mieux, gens à qui je dois toutes sortes de déférence m'ont fait entendre qu'il ne conviendrait pas que je vous écrivisse ; cependant je ne puis vous laisser dans l'inquiétude que vous me témoignez ; je me crois du moins permis de vous apprendre les raisons de mon silence.

J'ai reçu la lettre que vous m'avez écrite en chemin, j'ai été fort aise d'apprendre le bon état de votre santé ; je suis ravie qu'il continue et que vous trouviez où vous êtes tous les agréments que vous y attendiez, et plus encore. Si malgré cela vous n'oubliez point ce pays-ci, on devra vous en être fort obligé.

Ma vie est toute telle qu'elle était, et je n'y prévois point de changement agréable ; il est seulement question de s'en contenter : c'est à quoi je borne toutes mes réflexions, afin de perdre, s'il est possible, l'habitude que j'ai prise depuis longtemps de me plaindre de mon sort. Je la condamne, persuadée que la condition humaine en général est malheureuse, et que peu importe de quelle façon cela se fait sentir. Pardonnez-moi les moralités, les gens qui n'entretiennent qu'eux-mêmes, y sont fort sujets. Il est vrai que je me tiens quelquefois d'autres discours, mais je ne les crois pas bons à répéter. La bonne m'a envoyé votre lettre avec l'enveloppe toute cachetée, telle qu'elle l'a reçue hier, et je l'ai eue aujourd'hui, je lui rendrai ce qui est pour elle quand je pourrai la voir ; je vous en fais d'avance ses remerciements : je l'ai vue il y a quelques jours, c'est le seul voyage que j'ai fait depuis votre départ. J'ai eu ici une longue conversation sur votre compte, et je me suis trouvée engagée dans un récit historique que je n'ai pu refuser, et qui m'a paru sans conséquence.

J'ai reçu des nouvelles de notre abbé ; il me paraît fort occupé de l'affaire dont vous lui aviez parlé, mais il n'a pas trouvé les dispositions favorables. Voilà vous rendre un compte exact de tous les petits événements de ma vie ; je ne vous dis rien du reste. Si vous êtes à portée d'en juger, je m'en rapporte à vous, sinon autant vaut que vous l'ignoriez. Conservez votre santé, c'est un bien précieux ; la mienne est meilleure : j'ai soin de la ménager autant qu'il m'est possible, et suis fort sensible à l'intérêt que vous y prenez.

16 octobre 1720.

Eh bien ? je ne suivrai point à toute rigueur le conseil qui vous choque, et que l'on m'a donné sans que je l'eusse demandé. Je suis fâchée de l'inquiétude qui vous en a coûté. Si je vous y avais cru disposé, j'aurais pris soin malgré tout de vous en garantir ; mais je me suis figuré que dans la situation agréable où vous êtes (d'autant plus satisfaisante que vous l'avez choisie), les idées tristes n'avaient garde de vous accueillir. Enfin, le courage avec lequel je vous ai vu surmonter les difficultés qui auraient pu ébranler tout autre que vous, m'a tellement persuadée de votre fermeté, que je n'ai pas dû penser qu'un léger sujet d'inquiétude pût vous alarmer. Je suis surprise aussi que vous disiez que vous n'osez vous plaindre. Je vous donne, à cet égard, un assez bon exemple pour le suivre. Que de choses j'aurais à vous dire, si je n'avais honte de les penser ! Pour m'en punir, je saurai du moins les taire. La bonne m'a envoyé la lettre que vous lui aviez écrite ; elle ne l'a point vue la croyant pour moi. Elle vous a écrit aussitôt pour vous mander que je l'avais fait. Je l'ai été voir aujourd'hui, et elle m'a rendu votre lettre du 8 qu'elle reçut hier, et que sans cette visite j'aurais eue encore plus tard. Cette adresse détournée cause beaucoup de retardement ; cependant il n'y a pas moyen de faire mieux. Un de vos amis, à qui vous avez écrit, m'a envoyé votre lettre ; j'y ai vu avec plaisir la satisfaction dont vous jouissez. Je n'ai point vu ledit ami depuis votre départ, car je n'ai point voyagé qu'aujourd'hui, pour la seconde fois, et je n'ai vu uniquement que la bonne et sa nièce. Mon séjour à la ville semble s'éloigner, et devenir même assez incertain, et toutes les autres choses qui m'intéressent ne se fixent point. Enfin je n'ai aucun sujet de satisfaction ; cependant, avec le temps qui amène tout, il faut espérer la fin de ses peines, ne fût-ce que par la fin du monde dont on nous menace. Et véritablement, n'y a-t-il pas assez longtemps qu'il dure ? Ce sera un spectacle grand et curieux ; mais nous pourrons bien quitter la pièce avant la catastrophe. Vous ne me rendez aucun compte de ce qui vous regarde ; je ne crois cependant pas que vous pensiez que je ne m'y intéresse point.

28 octobre 1720.

Une personne de mes amies, à qui vous avez écrit, m'a envoyé votre lettre sans l'ouvrir, la croyant pour moi. J'y ai vu, avec surprise, que vous

vous plaignez de ce que je ne vous écris pas assez souvent. Vous pouvez cependant vous souvenir que, lorsque vous me fîtes part du projet de votre voyage, je vous dis que je n'aimais pas à écrire si loin, et que je ne vous écrirais point. Cela vous choqua d'abord ; ensuite vous acceptâtes la condition : enfin, en partant vous me dîtes que vous m'écririez, et que vous comptiez d'avoir de mes nouvelles. Je ne m'engageai à rien sur cela ; et, quand je ne vous aurais point du tout écrit, je ne mériterais pas le reproche d'avoir manqué de parole. Cependant voilà la troisième lettre que je vous écris, et c'est autant que j'en ai reçu de vous. Je croyais que vous en deviez être content ; mais vous cherchez à vous plaindre de moi, et il n'est pas difficile de voir que les plus petits prétextes vous suffisent. Mes torts apparemment vous soulagent, puisque vous vous faites un si grand plaisir de m'accuser ; je ne veux pas le diminuer par une justification plus parfaite, ni par une conduite différente de celle que vous me reprochez. C'est chose trop inutile de multiplier les écrits quand on n'a rien de nouveau, ni d'agréable à se dire. Vous en aurez tels soupçons qu'il vous plaira : ceux qu'on prend de la sorte ne méritent pas d'être éclaircis. Il faut se sentir soi-même bien près de manquer aux engagements de l'amitié, pour en soupçonner si légèrement les autres. Au reste, la menace de prolonger votre séjour me paraît prématurée. Avez-vous peur, d'ici au temps de votre retour, de manquer de prétextes pour le différer ? et faut-il de meilleure raison pour se tenir où l'on est, que de s'y trouver bien ? Vos vrais amis sont incapables de rien souhaiter au préjudice de votre satisfaction. Si vous sentez si bien ce que vous seriez à leur place, croyez qu'ils ont senti aussi ce qu'ils auraient fait à la vôtre, et du moins ne vous plaignez pas plus qu'eux.

Ma santé est fort bonne présentement ; je me flatte qu'il en est de même de la vôtre.

1er novembre 1720.

Vous le prenez sur un ton un peu plus supportable que la dernière fois : aussi vous répondrai-je plus cordialement. Voyons donc, sans nous fâcher, ces prétendues injustices que vous me reprochez. Je vous ai écrit peu et froidement. Voilà mon crime. Mais pourquoi trouvez-vous extraordinaire que dans le temps que vous me faites volontairement plus de mal que je n'en pourrais recevoir de mes plus cruels ennemis, je ne sois pas disposée à vous combler de remerciements. Ne faut-il pas du moins attendre que je m'accoutume à ma peine, avant que je puisse traiter avec vous comme avec quelqu'un dont je n'aurais sujet que de me louer. J'ai cru faire tout ce qu'on pourrait raisonnablement attendre de moi, de bannir les reproches et d'étouffer mes justes ressentiments. Du reste, quelle douceur peut-on attendre d'un cœur rempli d'amertume ! Je vois bien que vous n'avez que des idées très imparfaites de la situation où je me trouve, puisque tant de choses, qui ne devraient point vous étonner, vous étonnent. Autres preuves que nous sommes bien loin de compte ; ce sont vos doutes et vos soupçons ridicules. J'en suis indignée : que je voudrais les mériter ! Ce serait une juste rétribution de la facilité que vous avez à les former. Je parais fort tranquille, dites-vous ; si je l'étais en effet, vous seriez plus content de moi. J'en aurais l'humeur bien plus douce, mon commerce en serait plus aimable, et vous seriez tout propre à vous en louer. Il faut pourtant que je tâche d'attraper le point de perfection que vous me présentez. Je suis déraisonnable en pure perte, puisque personne ne m'en sait gré, et que j'en sens par devers moi tout l'inconvénient. Le temps amène tout ; j'en espère plus que de mes réflexions qui me fatiguent, et ne me soulagent point.

Ma santé est assez bonne. Je suis dans l'attente d'un événement auquel je m'intéresse beaucoup, par rapport à des personnes à qui je suis attachée : d'ailleurs, cela pourra décider de mon séjour pendant cet hiver. J'appréhende qu'il ne soit assez ambulant, et ce n'est pourtant pas ce que j'ai de pis à craindre. La campagne est fort désagréable, quand la ressource de la promenade vient à manquer. En fait de vie solitaire, la compagnie des arbres vaut mieux que celle des tisons. La persévérance de tous mes amis à me négliger ne me laisse que le choix de l'une ou de l'autre ; je vois la facilité qu'ils ont à se passer de moi, sans en être piquée ; et voilà ce que vous me demandez, sans pouvoir l'obtenir. Ce pourrait bien être en effet injuste de ma part, de vous refuser ce que j'accorde à d'autres ; et que vous méritez peut-être mieux que personne. Je suis bien aise que vous ayez eu des nouvelles de notre petit ami ; je crois qu'il va revenir : la dernière lettre que j'en ai reçue annonçait son retour vers ce temps-ci. Je serai fort aise de le voir, et de lui parler de vous ; car je n'en parle pas souvent, quoique j'en sois plus occupée que de raison.

10 décembre 1720.

Vous n'aurez reçu que bien tard cette lettre que vous attendiez si promptement. J'ai peur que cela ne m'ait fait quelque nouvelle affaire avec vous, quoique vous m'assuriez de vos bonnes dispositions. Cela est d'autant plus à craindre que je n'ai aucune raison à vous en dire, si ce n'est que le commerce de lettres me touche médiocrement, comme je vous l'ai déjà témoigné. La difficulté de recevoir mes lettres de Paris, et de les y envoyer (ce qui demande des occasions qu'on ne trouve pas toujours à point nommé) diminue encore l'agrément du commerce, et rend les lettres si anciennes quand on les reçoit, qu'on peut, à bon droit, douter si les sentiments qu'elles expriment sont encore les mêmes ; les lettres qui se croisent vérifient souvent ce soupçon, ou tout du moins des espèces de réponse en propos rompu, qui ne servent qu'à embarrasser : c'est pour les éviter que je me suis à peu près réglée à écrire une fois en quinze jours, qui est le temps nécessaire pour suivre le fil du discours. Si vous ne désapprouvez pas que cela soit ainsi, je m'en tiendrai à cet arrangement. Je suis ravie que vous soyez content de moi, et que vous m'assuriez que je dois aussi l'être fort de vous. L'habitude ayant rendu un peu moins sensible la peine que vous m'avez faite, l'amertume qui en était une suite s'est adoucie, et j'en suis plus sociable. Il me reste cependant tous les sentiments qui conviennent dans l'éloignement de ce qui m'attache, et j'ai peine à croire que vous en fassiez aussi bien votre devoir. Quant à la vie que je mène, elle est telle depuis que je suis revenue dans ma solitude, que je vous l'ai dépeinte ci-devant ; je m'y accoutume avec peine, quoiqu'on s'accoutume à tout. Je compte de faire encore un petit séjour à Paris avant la fin du mois ; je m'en fais un médiocre plaisir, à cause des incommodités que j'y ai, et de mon peu de sensibilité pour les amusements que j'y trouve. Je n'ai vu notre petit ami qu'en passant, et à peine ai-je pu lui dire un mot de vous ; il est toujours occupé de tant de choses, que chacune a bien de la peine à trouver sa place. Pour ne rien omettre du compte que je vous dois rendre, je vous dirai aussi qu'un de mes amis, dont je vous ai parlé quelquefois, est de retour, et que j'ai trouvé qu'il m'avait beaucoup moins oublié que je ne l'espérais ; il vient assez souvent ici, et c'est une espèce d'embarras pour moi que je ne sais comment éviter. Il me semble que je vous rends un plus grand compte de moi, que vous ne faites de vous. Je ne prends pourtant pas moins d'intérêt à ce qui vous regarde, que vous pouvez faire à ce qui me touche. Dites-moi donc aussi ce que vous faites, et ce qui vous occupe. Apprenez-moi des nouvelles des personnes qui vous sont chères, et que je respecte infiniment. Dites-moi encore si votre santé est toujours bonne. La mienne va assez bien, aux migraines près que j'ai assez souvent ; cependant je dors beaucoup mieux, quoiqu'avec toujours quelque interruption : au surplus, j'ai l'esprit assez tranquille, et c'est un bien qui répare le défaut de tous les autres. Bonjour de tout mon cœur. Je ne sais si je pourrai trouver moyen d'envoyer ma lettre ce soir ou demain très matin, comme il serait nécessaire pour ne pas manquer l'ordinaire.

23 décembre 1720.

Je suis de retour à Paris depuis le 18, et j'ai toujours été fort incommodée ; ce qui m'a empêchée de sortir, et même de vous écrire. Je commence à être mieux, et je crois que cela n'aura pas de suite. Nous serons ici jusqu'aux derniers jours de l'année, et je prévois que nous y reviendrons bientôt après, pour y être plus longtemps. Je suis sensible, comme je le dois, aux souhaits que vous formez pour la douceur de ma vie. Je prends grande part aussi à ce qui fait le charme de la vôtre, et je n'ai garde de vouloir que vous abrégiez le cours de votre félicité. Cependant je vous supplie de me dire très nettement combien vous avez dessein de faire durer votre absence. Je vous conjure, avec la dernière instance, de vous expliquer sur cela d'une manière qui ne soit ni incertaine, ni embrouillée. Vous me dîtes en partant, que vous seriez de retour au commencement du printemps. Si vos projets sont changés, vous ne sauriez refuser au moins de me le faire savoir. Quant à la difficulté de pouvoir vivre en ce pays-ci, que vous alléguez si volontiers, c'est une raison qui n'est plus guère de mise, puisqu'il est certain que déjà presque toutes choses sont revenues à leur prix ordinaire. Il est vrai que l'argent est rare ; mais cependant, comme on ne paie plus autrement, on ne saurait manquer de recevoir ses revenus en cette espèce ; et il est très vraisemblable que de toute manière, les choses vont reprendre le train commun. Indépendamment de cette espérance, je ne crois pas qu'on doive abandonner son pays, parce qu'on y trouve quelque défectuosité. Il me semble qu'il en est de sa patrie comme de sa femme, qu'on doit garder saine et malade. Enfin, si vous pensez autrement, et que satisfait du repos dont vous jouissez, vous vous contentiez d'en souhaiter autant aux gens à qui vous vous intéressez, il est bon qu'ils le sachent.

24 décembre 1720.

J'en étais là de ma lettre, quand la bonne me manda hier qu'on lui avait apporté dimanche une lettre de la poste, pendant qu'elle était à vêpres. Qu'elle croyait que la lettre était de vous ; mais qu'on avait renvoyé le facteur qui avait remporté la lettre. Je lui ai mandé de faire toutes les diligences possibles pour la recouvrer. J'en attendais des nouvelles ce matin que je n'ai point reçues, et je n'ai trouvé personne pour renvoyer chez elle. J'ai bien peur que cette lettre ne soit perdue. Je comptais d'en joindre la réponse à celle-ci ; mais, comme l'heure s'avance, et qu'il y a longtemps que vous n'avez eu de mes nouvelles, j'enverrai toujours celle-ci. Les contretemps qui arrivent souvent, par la voie que nous avons prise, m'ont fait prier M. Daugère, contrôleur-général de la maison de M. le duc du Maine, et qui loge à l'Arsenal de vouloir bien recevoir mes lettres, et se charger de me les faire tenir. Je ne puis jamais trouver une voie plus prompte et plus sûre, et je vous prie de vous en servir dorénavant. Vous pourrez mettre une enveloppe ou seconde feuille pour la première fois, et mon nom sur la lettre, ce qui ne sera plus nécessaire dans la suite. Je suis bien fâchée de ne m'être pas avisée de cela plus tôt, j'aurais été mieux servie, et me serais épargné cent inquiétudes que j'ai eues. Si je retrouve votre lettre, je vous le ferai savoir aussitôt.

1er février 1721.

J'étais déterminée à ne vous plus écrire, quand ma bonne m'a montré une lettre de vous, dans laquelle j'ai cru voir des dispositions plus louables que celles qui m'avaient si justement offensée.

J'ai donc voulu sur cela m'expliquer encore moi-même avec vous ; premièrement je vous dirai que c'est à tort que vous vous récriez sur mes injustices. Quiconque aurait examiné votre conduite depuis huit mois, avec l'attention que j'y ai donnée, en aurait fait les mêmes jugements que moi, et sans entrer dans l'énumération des faits, vous savez fort bien qu'il y en a qu'on ne peut du tout excuser, quelque envie qu'on en pût avoir. Cependant s'il est vrai que vous soyez plus malheureux que coupable, je ne prétends pas vous charger des torts de la fortune ; je pourrais seulement me plaindre que vous ne m'en ayez pas parlé plus nettement, et vous faire remarquer la prise que volontairement vous lui avez donnée sur vous. J'ajouterais volontiers à cela quelques réflexions que je crois sensées : il m'a semblé que c'était une mauvaise politique de s'éloigner dans un temps de crise où chacun se rapproche pour veiller plus sûrement à ses affaires. Quitter le gouvernail n'est pas le moyen d'éviter le naufrage, et si l'on périt enfin, il faut du moins se mettre à portée de saisir quelque planche avec laquelle on puisse regagner le rivage. Je vous avoue que je suis surprise que vous vous contentiez de gémir sans songer à vous tirer de peine : on trouve mille occasions quand on veut les chercher, mais rarement vont-elles nous trouver quand nous les fuyons. Vous aviez autrefois un ami qui est plus accrédité que jamais ; il a fait dernièrement donner un emploi très considérable à quelqu'un qui était moins à portée de prétendre ces sortes de choses que vous ne seriez si vous vouliez les poursuivre ; enfin il se présenterait assez de vues différentes si l'on était à portée d'en conférer pour agir ensuite sûrement. Par exemple, j'avais eu une idée sur une place unique dans la maison d'un prince du sang, telle qu'il n'y a point de gens, de quelque condition qu'ils fussent, qui ne s'en firent honneur ; j'aurais en main plusieurs moyens pour mener cette affaire si je savais qu'on l'approuvât. J'avais encore la vue de quelque autre place plus facile à obtenir, mais à la vérité moins avantageuse. Toutes ces différentes pensées ne peuvent s'expliquer de si loin. Je sais tous les lieux communs sur l'amour de la liberté qu'on y peut objecter, mais j'en trouve la réponse dans la nécessité qui force souvent l'inclination. Vous ferez de mes réflexions le cas qu'il vous plaira : j'ai cru pourtant vous en devoir encore faire part, et je me suis chargée dans ce dessein de la réponse que vous devait ma bonne. Elle s'intéresse fort à vous, et vous devez être content de ses sentiments. Quant aux miens je ne vous en parlerai point, c'est une matière sur laquelle je ne me suis que trop malheureusement expliquée, et je serais bien difficile à instruire si je n'avais appris du moins sur ce point à me taire.

18 février 1721.

Ma bonne m'a donné encore une lettre du 7, que vous lui avez adressée pour moi ; j'avais reçu celle du 13 de l'autre mois par M. D[9]. : je n'y avais pas répondu parce que je n'avais pas trouvé de réponse à y faire. Je ne puis rien comprendre à tout ce que vous me dites ; c'est vous présentement qui vous plaignez de moi, je ne m'y attendais pas : en quoi vous ai-je manqué ? Je vous soupçonne légèrement, dites-vous, et je prends mon parti avec trop de facilité : voilà ce que j'ai pu démêler de l'accusation que vous formez en récriminant. Croyez-moi, cessons de discuter nos prétendus torts ; nous ne viderons pas un pareil procès par écrit. Si vous restez où vous êtes, ce n'est pas la peine de nous éclaircir davantage, et si vous revenez, il sera facile de mettre au net ce qui nous paraît obscur dans le point de vue où nous sommes. Jusque-là il est à propos de suspendre son jugement et de croire par provision que l'on ne passe point tout d'un coup d'une extrémité à l'autre, surtout parmi les gens qui ne sont pas plus fous qu'on ne l'est ordinairement. Je vous rends à cet égard plus d'honneur que vous ne m'en faites, car je ne pense pas que vous ayez changé ; je suis seulement persuadée que vous n'avez jamais eu les sentiments que je vous avais crus. Je sais trop qu'un véritable attachement n'est pas si facile à rompre, et c'est n'en point du tout connaître la nature, que de supposer une telle facilité. Cette opinion que j'ai de vous ne m'est pas nouvelle, je l'ai eue souvent dès les premiers temps, et la suite m'en a fourni des preuves incontestables : elles ont fait chacune l'impression qu'elles devaient faire ; vous l'avez vu et n'avez pu douter que du tout ensemble. Il n'en résulta sinon une diminution de sentiments, au moins un changement de conduite. Pourquoi vous en plaindre ? Ce doit être un soulagement pour vous. Vous êtes en lieu où vous vous trouvez bien ; faut-il, pour mettre le comble à votre satisfaction, que l'on se désespère ailleurs, et que vous en soyez certain ? Que pourrait-il vous arriver de mieux, que d'avoir à faire à quelqu'un qui ne s'en prend qu'à soi-même de son erreur, qui étouffe ses plaintes, et se contente de régler ses démarches. Encore faut-il être capable de reprendre le chemin de la raison, et si malheureusement l'on s'en est écarté, savoir y rentrer sinon de bon cœur, au moins de bonne grâce. Que cela ressemble peu à la légèreté qu'on met en avant

9 M. Daugère.

et contre laquelle on fulmine si hors de propos ! Toute ridicule qu'elle serait, on se trouverait heureuse d'en être capable. Ainsi j'aime autant en être soupçonnée que d'exposer un détail de faiblesse, qui, eu égard aux circonstances, n'en sont pas moins honteuses. Tout ce qui reste à dire sur le ton où nous sommes ne me paraît propre qu'à nous faire réciproquement de la peine. Nous nous l'épargnerons, si vous m'en croyiez, et cesserons de nous écrire. On doit du moins au soin de son repos d'éviter tout ce qui ne sert qu'à entretenir et renouveler une agitation qui lui est funeste. Enfin il ne reste qu'à oublier ce dont on ne peut se souvenir qu'avec amertume. Je ne veux point finir sans vous faire les compliments de ma bonne qui vous chérit encore très particulièrement. Son amitié me serait d'un grand secours si je pouvais la voir plus souvent ; mais, quoique je sois presque toujours à Paris présentement, je n'ai guère plus de facilité d'aller chez elle que lorsque je demeurais à la campagne. Adieu encore une fois. Si, toute réflexion faite, vous trouvez que je me suis trop aisément décidée, rappelez le passé, remarquez le présent, et jugez, je vous prie, si j'ai pu être médiocrement sensible à tout ce qui m'a si justement blessée.

19 mars 1721.

J'ai été surprise et en peine de ne pas recevoir de vos nouvelles le jour que j'en attendais ; je me suis doutée que ma lettre n'aurait pas été portée fidèlement, et je craignais même qu'elle ne fût perdue ; c'est l'inconvénient de n'avoir point de gens à soi. Cette nécessité de faire passer mes lettres dans les mains du premier venu est l'une des principales raisons qui m'empêchent d'écrire plus souvent ; mais véritablement je sens bien que si vous aviez été conduit et retenu malgré vous où vous êtes ; si vous étiez fâché d'y être, j'eusse passé par-dessus toute difficulté pour vous adoucir l'amertume d'un séjour forcé. Je vous avertis une fois pour toutes, que de tout ce qui peut vous déplaire en moi, vous ne devez vous en prendre qu'à votre bizarre éloignement ; s'il n'a pu rompre tout commerce entre nous, il m'a mis du moins dans la disposition de vous ôter toute la douceur d'une liaison que vous m'avez rendue si onéreuse. Vous me citez vos autres amis ; ont-ils été blessés comme moi ? Ne vous y trompez point, quelque meilleure mine que je vous fasse, je ne puis oublier ce qui m'a fait une peine si sensible ; l'impression est trop profonde ; elle ne s'effacera jamais entièrement. Ce ne sont point des reproches que je vous fais, mais puisque vous voulez que je vous parle, et même que je vous entretienne longuement, je ne puis vous cacher la situation de mon âme. Si vous êtes étonné que mon ressentiment soit vif et dure longtemps, je suis encore plus surprise qu'il vous paraisse injuste ; et c'est un sujet de confusion pour moi d'avoir des sentiments desquels non seulement vous n'êtes pas capable, mais que vous ne pouvez même comprendre. Je ne veux pas vous en dire davantage sur ce ton.

31 mai 1721.

Je vous ai rendu compte de mon voyage, et vous aurez dû être consolé de n'avoir rien dérangé pour m'attendre, puisque vous ne m'auriez pas rencontrée. Quand on est aussi peu libre que je le suis, il est fort rare de faire ce que l'on souhaite ; c'est ce qui fait que je voudrais véritablement ne me soucier de rien ; cela conviendrait parfaitement à ma situation : je n'espère pourtant pas de parvenir à cet heureux état. Il faut donc se prendre comme on est, et prendre aussi les choses comme elles sont. Il en résulte qu'on est quelquefois content, et plus souvent fâché : ainsi, toute la vie point de bonheur parfait, il n'y faut pas songer. Je ne pousse point mon ambition jusque-là ; mais aussi je ne puis me contenter d'une félicité toute en idée. Par exemple, si l'amitié est un véritable bien, ce n'est, selon moi, que lorsqu'on en jouit dans un commerce assidu et rarement interrompu ; car de savoir simplement que j'ai des amis, et de ne pouvoir vivre avec eux, cela ne me rend point heureuse. Je ne demande pas que rien ne manque ; mais je nie qu'un bien purement spéculatif, qu'on ne peut mettre en usage, puisse satisfaire. Il me semble que vous êtes plus facile à contenter, et je vous en révère.

11 août 1721.

Pourquoi démentir la vérité qui vous est échappée ? Après en avoir senti l'amertume, j'en pourrai goûter la douceur ; et puisque vous n'avez point hésité à me dire des choses dures à entendre, vous devez du moins souhaiter que j'en profite. Ne vous efforcez donc point à m'induire de nouveau en erreur. Je ne m'y suis que trop égarée ; et si les premières peuvent trouver quelque excuse, celle-ci serait trop forte pour me la pardonner. Le moyen de croire un discours réfléchi, au préjudice de celui qui est parti de l'abondance du cœur, et qui d'ailleurs est si conforme à ce que je vois depuis longtemps ? Je m'en tiens donc absolument à cet aveu sincère qui m'est très salutaire. N'en ayez point de regret. Je trouve dans votre franchise de quoi réparer ce qu'il y a de défectueux dans vos sentiments, et vous pouvez encore compter sur toute mon estime. Je me contenterai aussi de la vôtre que je crois mériter, et dont je ne me rendrai jamais indigne.

*

Je suis très touchée du soin que vous avez de ma tranquillité ; puisqu'elle vous est chère, elle court peu de risque d'être altérée. La confiance que j'ai en la vérité de vos sentiments y donne un fondement assez solide, pour résister aux apparences qui pourraient encore la troubler : d'ailleurs, je me mets à la raison sur les choses que j'ai trop fortement et peut-être injustement souhaitées ; et loin de vous accuser des difficultés qui s'y trouvent, je reconnais qu'elles sont dans la nature de la chose, et que vous avez dû les apercevoir mieux que moi, parce qu'en effet elles sont plus tournées de votre côté que du mien. Peut-être à votre place penserais-je comme vous faites, et à la mienne eussiez-vous pensé comme j'ai fait. Le vrai moyen de corriger l'injustice de nos opinions est de changer l'aspect sous lequel elles se présentent à nous. Enfin, je commence à me persuader que ce qui semblait devoir faire tout mon bonheur, n'étant pas de même avantageux pour vous à tous égards, ne l'était pas réellement pour moi, dont les intérêts ne peuvent pas être séparés des vôtres. Au surplus, ma vie s'avance, et il importe moins comment elle s'achève, que si elle ne faisait que commencer. Joint à cela, les idées de religion qui persuadent que les situations les moins agréables sont les plus favorables au salut, et qu'il faut abandonner à Dieu le soin de ce qui nous regarde, dont lui-même prend soin : en voilà assez pour se tenir en repos, et attendre tranquillement les événements, quels qu'ils puissent être.

*

J'ai causé ce matin un quart d'heure avec notre petit ami ; il ne m'a point parlé de vous. J'ai jugé qu'il n'avait rien de nouveau à m'en dire, ou plutôt qu'il n'y pensait pas, et j'ai pensé à ne lui en rien dire non plus : c'est un homme tout plein de rien, qui n'a de sentiments que ceux qu'il se fait, et qui n'en inspire aucun ; aussi ne lui parlé-je avec quelque confiance, que lorsqu'une espèce de nécessité m'y oblige.

Je sais bon gré à notre ancien confrère, dans la vie dissipée qu'il mène, de ne vous avoir point oublié. Je ne sais qui sont les fils de ce compatriote dont vous me parlez.

Voilà une assez longue lettre ; si vous comptez ces mots sans vous amuser à les peser, j'espère que vous en serez content : et même, avec un examen équitable, je puis encore prétendre que vous en serez satisfait.

*

J'ai enfin reçu aujourd'hui votre lettre du 22, et hier au soir celle du 24. Je suis bien aise que vous soyez content de moi. Pour vous satisfaire totalement, je ne veux laisser aucun sujet de plaintes en arrière. Vous trouvez, à ce qu'il me semble, que mes lettres sont trop succinctes : faites réflexion, je vous prie, qu'ayant changé le plan de notre conduite, le style doit nécessairement s'en ressentir. Cette amitié à laquelle nous voilà voués, admet bien une entière confiance, et la confiance fait dire tout ce qui intéresse, et même tout ce que l'on pense ; mais elle ne fait pas penser : et, lorsque les occasions ne fournissent pas, les discours tarissent, semblables à ces ruisseaux qui manquant de source, ne coulent qu'autant que l'abondance des pluies entretient leur cours. Cet inconvénient et quelques autres qui en peuvent suivre, sont réparés par de grands avantages. La paix et la tranquillité du commerce, la cessation des injustices et des différends qui le peuvent altérer, mille autres biens solides qui se trouvent dans les liaisons que la raison forme et entretient, leur donnent assez de mérite pour devoir s'en contenter. Mais aussi faut-il connaître assez la nature des choses pour ne prétendre de chacune d'elles que ce qu'elle comporte.

7 janvier 1722.

J'ai trouvé votre réponse suffisamment claire pour savoir à quoi s'en tenir : je m'en contente et vous promets que vous ne serez plus importuné de mes questions ni de rien de ma part qui puisse troubler ce parfait bonheur dont vous jouissez. Je souhaite que les réflexions que vous pourriez faire sur l'irrégularité de votre procédé n'y apporte aucune altération.

1722.

On m'a mandé que vous vous plaigniez de moi, et d'autre part on m'a dit que vous partiez, et que vous souhaitiez de recevoir de mes nouvelles avant votre départ. Que voulez-vous que je vous dise ? Si vous preniez encore quelque intérêt à ce qui me regarde, je vous consulterais sur une proposition qu'on m'a faite et qui semble avantageuse par le nombre des convenances qui s'y trouve ; je ne l'aurais pas écoutée autrefois, mais les temps sont changés, et il me semble que la raison ne permet pas de sacrifier sa fortune à des sentiments qui n'ont point trouvé de retour. Cependant si ce projet pouvait faire de la peine à quelqu'un qui m'est encore cher, je ne pourrais le suivre. Parlez donc, et parlez sincèrement ; n'affectez point par honneur les sentiments faux et gardez-vous d'en cacher de véritables par générosité. L'erreur, de quelque espèce quelle fût, serait également funeste et causerait le malheur de quelqu'un à qui vous ne devez pas vouloir de mal.

Quoique je ne doive pas au mouvement de votre cœur, mais au conseil d'un de vos amis, l'honneur que vous me faites de m'écrire, la même bienséance m'oblige à vous répondre. Madame votre cousine, que je vis il y a quelque temps, me dit que vous balanciez entre aller à sa campagne ou en Anjou ; j'ai bien cru que le dernier remporterait, je souhaite que vous ayez de votre voyage toute la satisfaction que vous en devez attendre ; l'ignorance de ce qui me regarde ne vous empêchera pas d'en jouir, vous la supportez depuis longtemps assez patiemment pour que je vous y croie bien accoutumé. Madame votre cousine qui a la bonté de s'intéresser à moi, aura de mes nouvelles, et je cultiverai toujours avec grand plaisir son amitié qui m'est fort chère.

Fin des lettres de Mademoiselle de Launay au Chevalier de Ménil.

LETTRES DE MADAME DE STAAL À MONSIEUR D'HÉRICOURT[1]

À la Visitation de Chaillot[2], ce 28 juillet 1740.

Je suis bien confuse, monsieur, de ne vous avoir pas remercié plus tôt d'une attention flatteuse dont j'ai senti tout le prix ; mais j'ai été embarrassée d'une affaire, moi qui n'en ai jamais, qui m'a engagée à beaucoup d'écritures pour lesquelles il m'a fallu remettre ce qui m'aurait été infiniment plus agréable, c'est-à-dire la lecture de l'ouvrage dont vous avez bien voulu me faire part, et les témoignages de ma reconnaissance. Je n'ai donc lu encore qu'une partie de la vie de Philippe[3], que je veux lire moi-même : ce que j'en ai vu m'a fort plu, et j'avoue que les défauts qui s'y peuvent trouver ne m'ont pas encore frappée ; le style m'a paru vif et serré, et l'on sent que l'ouvrage est de bonne main ; quand je l'aurai lu tout entier je vous dirai mieux ce que j'en pense ; je me réserve cette occasion de vous entretenir. Puisque vous voulez bien, monsieur, dans votre absence conserver quelque commerce avec moi, quelque peine que j'aie à écrire, je ne la sentirai pas pour vous, et elle sera toujours moindre que celle de me servir des malheureuses mains que je pourrais employer. Nous sommes dans le couvent depuis deux jours ; nous allons demain à Paris, où je serai bien fâchée de ne vous pas trouver. Nous retournons dans huit jours à Sceaux, puis nous allons

1 Note de l'éditeur : « Toute relation avec M. le Chevalier de Ménil était cessée depuis longtemps ; M. Maison-Rouge était mort, ainsi que M. de Silly. Mademoiselle de Launay avait épousé M. de Staal, officier suisse, lieutenant ; il obtint, par la protection de M. le Duc du Maine, les grades de maréchal de camp et de capitaine aux Gardes suisses. Elle vécut à Gennevilliers jusqu'au 15 juin 1750. Elle mourut à l'âge de 55 ans environ ».

2 Fondé en 1651, le couvent de la Visitation Sainte-Marie de Chaillot accueillait des membres des plus grandes familles du royaume. Mlle de La Vallière s'y retira, Louise Palatine de Bavière, future abbesse de Maubuisson y séjourna et Henriette-Marie de Bourbon, reine d'Angleterre, y fit de longues retraites. Mlle du Maine, fille du duc du Maine, y fut élevée jusqu'en 1723.

3 Philippe II, dit Auguste (1165-1223), roi de France.

à Anet ; toutes ces courses me paraissent immenses par la répugnance que j'ai au mouvement, si contraire à ma faible santé, et véritablement je n'ai plus que ce que les nouveaux philosophes appellent la force d'inertie ; aussi de tous les biens du monde, le seul qui excite encore mes désirs est le plein repos, assaisonné d'une douce société. Si vous me faites l'honneur d'en conserver quelqu'une avec moi, ce que je souhaite fort, je vous prie qu'elle soit des plus familière, exempte de toute cérémonie et compliment. Et pour vous en donner l'exemple je finis en vous assurant simplement, monsieur, que personne ne vous honore et estime plus parfaitement que

L...... de St[4].

À Sceaux, ce 8 octobre 1740.

Ce n'est que la veille de mon départ d'Anet que j'ai reçu, monsieur, la lettre que vous m'avez fait l'honneur de m'écrire ; les petits embarras que j'ai eus à mon arrivée m'ont empêchée d'y répondre plus tôt : elle m'a fait un extrême plaisir, non seulement parce qu'elle est de vous, dont les marques d'attention me sont très sensibles, mais encore par l'agrément qui lui est propre. Je vous plains cependant de vivre avec la nation que vous me dépeignez si bien[5] ; mais où n'est-on pas à plaindre, quand on a le cœur droit et l'esprit sensé ! Si ce pays-ci offre une société plus facile et plus douce, on n'a guère moins de peine à y faire de vrais amis : il y a longtemps que j'y cherche quelqu'un que je ne trouve pas ; je suis bien fâchée du doute où vous me paraissez de revenir cet hiver ; nous nous plaindrions ensemble, vous de la province, moi de la Cour. J'entends dire que les apparences de guerre s'éloignent, cela donne quelque espérance que vous pourrez avoir votre congé ; je le désire véritablement, et bien plus encore que vous pussiez nous rester. J'ai fait des projets sur vous, et vous voyez que je suis obligée d'aller chercher bien loin les gens dont j'ai affaire ; ne vous étonnez donc point de ne pas trouver sous votre main ce qui peut vous convenir. J'ai achevé l'histoire de Philippe, avec encore plus de plaisir que ne m'en avait fait le commencement : les faits sont intéressants, le style vif et serré, mais

4 « Launay de Staal ».
5 Héricourt vivait alors à Marseille.

la clarté ne m'a pas paru également répandue. Si cet ouvrage n'est pas absolument sans défauts, il est à tout prendre fort agréable à lire. Vous me faites l'honneur de me demander mon avis sur quantité de pièces qui me sont tout à fait inconnues ; j'ai seulement ouï parler du Parallèle des Romains et des Français[6], et je ne sais par quel bout on a pu s'y prendre, je n'y vois trait de ressemblance ; il y en aurait plutôt entre les Grecs et nous : mais ce n'est peut-être pas des caractères dont il s'agit. Je parle à tort et à travers, ne connaissant que le titre ; j'adopte celui que vous donnez à Marguerite d'Anjou[7], dont j'ai lu une partie ; mais je blâme l'auteur de donner cet amphibie pour une véritable histoire. Je ne sais pas plus que vous ce que c'est que le Caloandre fidèle[8] ; pour les lettres de Voltaire je tâcherai de les voir, et ce que vous croyez antique sera encore nouveau pour moi. L'on n'est point curieux ici, et les ouvrages d'esprit n'y arrivent que lorsqu'on n'en parle plus dans le monde.

Je ne suis guère mieux instruite de l'affaire dont vous avez la bonté de me demander des nouvelles ; ce n'est pas un procès, mais une espèce de banqueroute dont je suis menacée. Ma santé se soutient dans une honnête médiocrité ; je vous rends grâce de l'intérêt que vous y voulez bien prendre, et vous assure, monsieur, qu'on ne peut être plus flattée que je le suis des marques de votre amitié, ni désirer plus que je fais de mériter votre estime.

À Paris, ce 3 janvier 1741.

Après la confidence que je vous ai faite, monsieur, vous devez croire que je ne suis surchargée ni de lettres ni de réponses à faire ; ma situation ne m'attire point les semblants d'amitié qui partent de la vanité, ou de l'intérêt. Je ne suis donc pas plus embarrassée dans ce temps-ci que dans un autre ; mais les devoirs de toute l'année s'emparent tellement de moi que j'ai rarement quelques instants dont je puisse disposer : c'est ce qui fait que mes réponses ne sont pas aussi promptes que le désir que j'ai de vous entretenir. Je suis bien fâchée de voir que pour longtemps

6 Abbé Gabriel de Mably, *Parallèle des Romains et des Français, par rapport au gouvernement*, Paris, Didot, 1740.

7 Marguerite d'Anjou (1430-1482), reine d'Angleterre.

8 *Le Caloandre fidèle*, traduit de l'italien d'Ambrosio Marini, Amsterdam, Westein et Smith, 1740.

ce ne peut être que par lettre ; j'avais principalement envie de sonder le fond de votre bonne volonté pour moi, et d'examiner jusqu'à quel point vous agréeriez ma confiance, et vous y voudriez répondre. Pour vous mettre cela plus au net, je vous dirai qu'il s'agit de paperasses que je voudrais ne pas laisser tomber entre les mains de gens incapables d'en prendre soin, et de discerner l'usage qui s'en peut faire ; il ne s'y trouverait peut-être rien qui méritât d'être conservé ; mais je voudrais que la condamnation fut précédée d'un jugement : j'en attendrais de vous un très équitable, supposé que vous en voulussiez prendre la peine. C'est ce que je vous prie de me dire avec la même franchise que je vous avoue les desseins que j'ai faits sur vous.

Je suis ravie du jugement que vous portez du parallèle des Romains et des Français ; c'est précisément ce que j'en ai pensé : il est tout plein de belles choses, et ne plaît point. Il y a un sens dessus dessous insupportable ; c'est je crois ce qui fait perdre l'attention, cause la fatigue et l'espèce d'ennui qu'on éprouve en le lisant. Vous ne me parlez ni de l'anti-Machiavel du roi de Prusse[9], ni des institutions de physique de madame du Châtelet ; ce sont des ouvrages dignes de votre curiosité ; peut-être n'avez-vous pu encore les avoir.

J'ai commencé la Grecque[10] à cause de ce que vous m'en dites : on croit en effet que mademoiselle Aïssé[11] en a donné l'idée ; mais cela est bien brodé car elle n'avait que 3 ou 4 ans quand on l'amena en France. Avez-vous lu madame de Luz[12]… qui a eu un si grand succès à Paris, et à mon gré si peu mérité ? La lettre de M. de Sainte-Aulaire n'a pas fait la même fortune.

Il paraît aussi des écrits sur les affaires politiques ; je voudrais bien qu'elles n'amenassent pas la guerre, et vous voir cet été, monsieur ; mais c'est le temps où nous ne sommes plus ici : et puisque vous n'y pouvez venir cet hiver, il n'y a plus de point de vue où l'on puisse se fixer.

Je vous en ai assez dit pour vous persuader de ma parfaite estime, de ma sincère amitié, et du désir que j'ai de la vôtre. N'oubliez rien de tout cela, monsieur ; nous en ferons usage si nous pouvons.

9 Frédéric II de Prusse, *Anti-Machiavel*, 1740.

10 Abbé Prévost, *Histoire d'une Grecque moderne*, Amsterdam, F. Desbordes, 1740.

11 Charlotte Aïssé (1693-1733), femme de lettres.

12 Charles Pinot Duclos, *Histoire de Madame de Luz : anecdote du règne d'Henri IV*, La Haye, P. de Hondt, 1741.

À Paris, ce 18 mars 1741.

Depuis que j'ai reçu votre dernière lettre, monsieur, j'ai toujours voulu y répondre; voilà comme il en arrive de tout ce que je veux : affaires, incommodités, de moi et des autres, tout s'est rassemblé pour m'ôter jusqu'au moindre moment de loisir. J'avais cependant une extrême impatience de vous marquer combien je suis touchée de vous voir disposé à remplir mes vues; mais peut-être croyez-vous que ce n'est qu'une méchante plaisanterie, et lorsque vous verrez le fatras que je voudrais abandonner à votre discrétion, vous reculerez quelques pas en arrière. Quoi qu'il en soit, je désire fort d'être au moment d'en faire l'épreuve; n'ayez donc point d'armement, s'il se peut, et venez dans un ciel moins beau que le vôtre, mais où la terre est peuplée de gens plus sociables et plus propres à goûter les agréments de votre commerce. J'en trouve infiniment dans celui de madame D[13]... dont vous jugez si bien : il ne me manque que d'en pouvoir jouir. Il est vrai que mon genre de vie est tel que la connaissance des gens aimables ne me produit que de nouveaux regrets.

Vous avez eu une attention pour moi, dont elle m'a fait part, et quoique je n'en aie pas profité, je ne vous en suis pas moins obligée. Voilà la troisième fois que je reprends cette lettre pour l'achever; cela fait preuve du peu de temps que j'ai à moi.

Madame la duchesse du M.... a eu ces jours-ci deux accès de fièvre tierce qui m'ont prise toute entière. Dieu merci la voilà guérie : j'en suis quitte à meilleur marché, quand ce n'est que moi qui suis malade.

J'approuve absolument les jugements dont vous me faites part, si ce n'est avec confiance en votre façon de penser, que ce soit du moins dans l'accord qui s'y trouve avec la mienne. Je ne vous dirai rien de ce que j'ai lu, car je n'ai eu le loisir de rien lire depuis longtemps; je ne sais même s'il y a quelque chose de nouveau qui mérite attention. M. de Mairan m'envoya hier une réponse qu'il a faite à madame du Châtelet, au sujet des forces vives; je n'en ai encore vu que les premières lignes : la première chose que je ferai sera d'achever ce petit ouvrage, que je crois pourtant au-dessus de ma force. Soyez persuadé, monsieur, soit que je vous le dise, ou ne vous le dise pas, que je pense beaucoup à vous, et avec tous les sentiments que vous méritez.

---

13 Mme du Deffand.

À Paris, ce 22 [avril][14] 1742.

Votre marque d'attention, en partant de chez vous, monsieur, m'a fait un plaisir fort sensible ; j'ai été très aise de voir que vous songiez à moi, malgré l'occupation d'un grand voyage, et ravie d'apprendre votre bonne santé et celle de madame D'[15].... Je suis persuadée que le mouvement et la variété des objets lui feront plus de bien que toute les drogues de la pharmacie. J'ai grande envie de vous savoir arrivé chez vous, où je crois qu'elle se plaira infiniment ; j'aurais pourtant plus de joie de vous voir revenir ici pour y fixer votre demeure : je crains bien que ce temps-là ne soit encore fort éloigné.

Vous faites trop d'honneur à ma confiance, elle vous est bien et dûment acquise ; si les témoignages ne vous en deviennent à charge, ils ne vous manqueront pas. Notre grande affaire[16] est achevée, cela est si épais, que j'en suis effrayée ; je projette d'en faire un abrégé, où tout ce qui pourrait être bon et curieux serait conservé, et où tout ce qui n'est intéressant que pour soi, y serait supprimé : j'arrangerai cela selon mon idée, et lorsque vous serez revenu ici, vous m'en feriez faire une copie sous vos yeux, si votre zèle subsiste encore, comme je veux m'en flatter.

La nouvelle la plus fraîche que je puisse vous dire, c'est l'enlèvement de Madame l'Abbesse de S. A.*** par ordre du roi, pour la mettre à la Saussaie, près de Juvisy, où elle fut menée hier après avoir fait toute la résistance possible. M. le Maréchal de N[17]... lui porta l'ordre auquel, elle ne se rendit que lorsqu'elle ne put douter qu'on n'y employât la force.

Au reste je suis véritablement affligée du mauvais succès de l'éloge qu'a fait notre ami. C'est un déchaînement inconcevable, et qui me paraît fort injuste. Il a été entendu dans notre maison avec applaudissements ; mais ailleurs et presque partout il est mis en pièces, et si vivement que cela sent la cabale. Il s'est désisté prudemment de l'Académie française, et c'est encore un nouveau dégoût qu'il ne mérite pas. Heureux qui ne travaille que pour soi, ou tout au plus pour ses amis ! C'est un grand danger que de se livrer au public. Dieu nous en garde à jamais l'un et l'autre.

---

14 Erreur : « août ».

15 Mme d'Héricourt.

16 La préparation de l'édition des *Mémoires*.

17 Adrien-Maurice de Noailles, maréchal de France (1678-1766).

Je crois que ma lettre vous trouvera à Marseille. J'espère, Monsieur, que bientôt après votre arrivée, vous me donnerez de vos nouvelles ; elles me feront toujours grand plaisir.

Nous serons le 4 de mai à Sceaux pour n'en plus revenir.

À Sceaux, ce 9 juin 1742.

Je devrais, Monsieur, vous exposer mille raisons qui m'ont empêchée de vous écrire plus tôt, et pourtant je ne vous en dirai aucune, parce que séparément, ou toutes ensemble, je crains qu'elles ne valent rien.

Nous sommes venus ici, comme vous l'avez fort bien compté, le 4 du mois passé. J'ai fait un petit voyage de deux jours à Paris, il y en a huit. J'y laissai avec beaucoup d'inquiétude Madame D… assez malade ; mais j'ai eu depuis tous les jours de ses nouvelles par M. de M… et celles d'hier me l'annoncent comme guérie. Madame la D. du[18] M. était à Versailles pendant mon séjour à Paris ; elle s'y trouva fort incommodée, et en revint un jour plus tôt qu'elle n'avait compté, au grand détriment de mes projets. L'air de Sceaux l'a guérie dans le moment ; et tout va bien, hors mon humeur, qui se noircit de plus en plus, malgré la sérénité du temps. Nous avons passé, selon votre prédiction, de l'hiver à l'été sans printemps. Quant à moi, je ne m'en soucie guère ; je suis si lasse de voir des fleurs et d'en entendre parler, que j'attends avec impatience la neige et les frimas. Je désirerais encore plus leur retour, si vous deviez l'accompagner ; mais j'ai peur que les saisons ne se renouvellent plusieurs fois avant que nous vous revoyions.

J'entends dire, outre ce que vous m'en avez mandé, que Madame D… réussit tout au mieux. Je n'en suis pas surprise ; elle me semble toute faite pour représenter. Oh ! que je serais embarrassée, s'il me fallait contenter sept à huit cents personnes ! Combien de malédictions je leur donnerais, qui me seraient bien rendues !

Vous savez que nous gagnons des batailles toutes les semaines. Il faudrait en apprendre encore une aujourd'hui, pour ne pas interrompre cette louable pratique ; mais loin d'avoir à vous faire part de si grands événements, je n'ai pas la plus chétive nouvelle à vous mander, pas même dans le genre littéraire. Vous savez que notre ami a manqué une seconde fois l'Académie française. Il m'a paru supporter cet accident avec une

18 Erreur : « de ». Il s'agit de la duchesse du Maine.

indifférence très philosophique. J'acquiesce entièrement au jugement que vous portez de sa personne et de ses écrits, et aussi à ce que vous pensez sur mes griffonnages. Je crois que je gâte tout en voulant réformer ; mais je ne barbouille que ma première copie, et l'autre restera telle qu'elle est. Si je viens à la parfin, et que je vive assez longtemps pour vous revoir, vous verrez ce qui vaudra mieux.

Je montrai à Madame de S*** ce que vous me mandiez pour elle, qu'elle trouva flatteur et élégant. Elle n'est pas ici, et a été incommodée ; mais elle est mieux, et j'espère que nous l'aurons bientôt.

Souvenez-vous toujours, Monsieur, de quelqu'un qui ne vous oubliera jamais.

À Sceaux, le 27 juin 1742.

Il me sera plus aisé, Monsieur, de vous rendre raison du retardement de ma réponse cette fois-ci que l'autre, car j'ai été malade ; et quoique ce n'ait été qu'une fièvre tierce dont je n'ai eu que trois accès, ma tête en est restée en assez mauvais ordre pour avoir peine à écrire. Quant à mon autre silence, dont je me suis si mal justifiée, ne pensez pourtant pas que l'oubli y ait eu aucune part : au contraire, ce qui m'a étonnée, c'est que j'ai toujours pensé à vous écrire, et ne l'ai fait que bien tard mais avant que de recevoir votre lettre.

Nous voilà donc abandonnés de notre principal allié[19], et dans la plus étrange situation du monde. Je suis si occupée de cette funeste catastrophe, que je ne sais si je pourrai vous dire quelques mots par-delà ; mais que dire sur cela même, puisqu'on n'y voit encore qu'un abîme ? La tristesse où je suis ne m'empêche pas de partager la satisfaction que vous devez avoir de la réussite de Madame D***[20]. Je sens tous les agréments qui vous en reviennent, et j'en ai un véritable contentement, aussi bien que de ce que vous tirez directement d'elle dans ce nouveau séjour.

Madame Dou… s'est bien tirée d'une assez grande maladie ; j'en ai été fort inquiète.

Je regrette infiniment Madame du T… Malheureusement pour moi, je l'ai plus vue dans le cours de sa maladie, que je n'avais fait jusque-là,

19 Frédéric II de Prusse.

20 Probablement Mme d'Héricourt dont le nom est aussi orthographié « Madame d'H… » ou « Madame D… », à ne pas confondre avec Mme du Deffand.

et je n'ai commencé à la bien connaître que quand je l'ai perdue. Il me semble que je n'ai vu aucune femme qui eût autant tout ce qu'il faut avoir pour plaire et se faire admirer.

Quoique je ne sois guère en train de parler bagatelles, je vous demanderai si vous avez vu Pamela, c'est un roman anglais traduit en français par un Anglais[21], mal écrit, chargé de détails qui devraient être fort ennuyeux, présentant souvent des objets infiniment désagréables. Cependant j'ai lu les quatre tomes avec un attachement qui ne m'a pas permis de quitter, que je ne fusse au bout que j'ai trouvé avec regret. Le vrai, la naïveté des peintures, la force et la justesse des sentiments y font goûter un extrême plaisir ; c'en est je crois le principal mérite. Les petits détails, qu'on croirait rebutants, mettent tellement les objets devant les yeux, que c'est plutôt une action qu'un récit. Je ne pense pas que la Pamela française, quoique peut-être un peu mieux décorée, pût jamais plaire autant que celle-ci. J'ai peur aussi que vous ne tiriez rien de bon de la cassette que vous avez bien voulu conduire si loin. Mademoiselle de Fand… a été malade et nous ne l'avons presque pas vue. Quand elle sera ici, je ne manquerai pas de lui faire vos compliments.

J'irai vers le 15 de juillet faire un tour à Paris et à Gennevilliers[22], en attendant notre départ pour Anet, qui est fixé au 2 d'août. Nous n'y arriverons que le 5, et nous y serons jusqu'au mois d'octobre. Pensez à moi, Monsieur, le plus que vous pourrez.

À Sceaux, le 3 juillet 1742.

Je deviens plus régulière à répondre, comme vous voyez, Monsieur ; ce n'est pas que je sois de meilleure humeur, au contraire ; mes mauvaises dispositions ont saisi celles des affaires générales, pour se rembrunir de plus belle, et me voilà, je crois, à la dernière nuance et sans ressource ; car l'expédient de Chirac[23] n'est pas de saison, il fait trop chaud pour fuir ; sans cela j'aimerais assez à vous aller trouver : c'est ce qui achève mon accablement, que le temps qu'il fait. Je passe les nuits sans dormir,

21 *Pamela, ou la vertu récompensée* (*Pamela, or Virtue rewarded* en anglais) est un roman épistolaire de Samuel Richardson paru en 1740.

22 Rose se reposait parfois dans cette petite maison de Gennevilliers qui appartenait à son époux, le baron de Staal.

23 Pierre Chirac (1657-1732) nommé en 1730 premier médecin de Louis XV.

et le jour à fondre avec gens que je vois se délecter de ce qui me tue, et n'apporter aucun remède à l'excès de la chaleur dont ils font leurs délices. C'est un des grands inconvénients de la société, de vivre avec ceux dont le tempérament est si différent du nôtre.

On ne dit rien depuis la nouvelle du traité du roi de Prusse avec la reine de Hongrie[24], qui est assez détaillé dans les gazettes ; elles marquent aussi la retraite des Saxons, qui était aisée à prévoir. Il ne transpire encore rien du parti qu'on prendra en ce pays-ci ; et c'est de quoi l'on est fort curieux. Les raisonnements, les réflexions, je ne vous les dis point, vous les ferez mieux qu'un autre, et il n'est pas à propos de les envoyer si loin.

Il y a, à ce que j'ai ouï dire, beaucoup de tracas à l'Académie des sciences, la guerre est partout ; je ne sais pas l'occasion de celle-ci. On dit merveille de la réponse du duc de R***[25] à la réception de l'abbé du R**. Je n'ai pas encore vu ces deux discours. Je suis toujours bien piquée pour notre ami, et pense tout comme vous sur son compte. Je n'approuve pas moins votre exhortation sur ce qui me regarde ; mais je ne vois guère de jour à en profiter. L'espérance, qui est presque l'unique secours des mortels, m'a toujours été refusée, et c'est je crois par où je suis essentiellement malheureuse. Le courage dont je me suis aidée autrefois n'y a tant servi, qu'il est usé ; il ne me reste d'appui que la proximité de ma fin, que l'âge et la faiblesse de mon tempérament me promettent. En attendant, je dois faire un petit voyage, vers le 15 de ce mois, à Gennevilliers, pendant que notre maîtresse ira faire quelques courses ; elle m'a accordé à peu près une quinzaine de jours ; j'en paierai huit chez monseigneur et maître : cela n'a pu s'arranger autrement. Je tâcherai d'avoir le reste pour Paris. On a exigé en même temps, que je ne prendrais rien sur le séjour d'Anet, où nous allons le 2 du mois prochain, pour y rester jusqu'en octobre : mais ne vous ai-je pas déjà dit tout cela ? C'est bien radoter. Madame de S**** est ici depuis hier. Je lui ai fait vos compliments ; elle m'a chargée de vous dire tout au mieux pour elle. Pour moi, Monsieur, vous savez ce que je pense et penserai toujours pour vous.

---

24 Traité préliminaire signé à Breslaw le 11 juin 1742, avant celui, définitif, de Berlin, le 28 juillet 1742.

25 Louis-François-Armand de Vignerot du Plessis, duc de Richelieu (1696-1788).

À Sceaux, ce 9 août 1742.

Vous avez fort bien compté, Monsieur. Je suis revenue à Paris le lundi 23, et ici le vendredi suivant. J'y trouvai madame L. D. D. M., avec de la fièvre et un gros rhume ; elle était tombée malade la veille, et cette maladie a continué et ne m'a pas laissé jusqu'à ce moment-ci un instant pour vous répondre. J'ai passé dans sa chambre seize ou dix-sept heures chaque jour ; et, quoique la pleine nuit en ait été exceptée, ce genre de vie m'a été extrêmement pénible, et ne m'a pas fait grand honneur, parce que je n'ai pas ce qui s'appelle veillé, ne paraissant pour l'ordinaire qu'à six ou sept heures du matin. J'en ai pourtant fait assez pour renforcer la maladie dont vous me taxez ; et Dieu veuille qu'elle n'aille pas jusqu'au point que vous n'osiez plus lui donner son véritable nom.

J'ai été apprendre à Gennevilliers à rêver à la Suisse, suivant le conseil que vous me donnez. J'y ai passé huit jours, et je m'en suis bien trouvée : ç'a été pour moi le pays où l'on dort. Nous n'en voyons pas même ici la copie ; et j'ai bien payé, depuis que j'y suis revenue, ce petit moment de repos et de liberté.

C'est à bien des reprises que je vous écris cette lettre, et cette fois-ci c'est de bon matin ; car je ne puis plus dormir, quoique j'en aie à présent un peu plus de loisir. Faites des lettres qui vous ont été confiées, ce que vous jugerez à propos ; mais je pense que si vous en entreprenez une seconde copie, il faudrait y mettre les copiées et non copiées de suite, chacune selon sa date, et supprimer celles qui ne valent pas la peine d'être transcrites, et celles qui pourraient donner quelques indices. Je consens de bon cœur qu'elles vous restent, assurée que vous n'en confierez le secret à personne, et que les chiffons seront exactement brûlés.

Si je fais jamais refaire une copie du grand écrit, on y intercalera les premières lettres. J'ai senti, en faisant à quelqu'un cette lecture, combien la promptitude d'une certaine liaison est choquante ; ce qui est en partie sauvé par les lettres qui la précèdent, lesquelles font filer la connaissance. Je crois que vous ne comprendrez rien à ce que je dis ; car j'ai l'esprit si barbouillé depuis quelques jours, que je ne m'entends pas moi-même. J'approuve fort votre jugement sur les deux discours. Je ne vous dis point de nouvelles, Monsieur ; la plus remarquable est qu'il n'en vient plus aucune de l'armée de Bohême. Vous savez que celle de la Meuse est en marche pour la joindre. On dit le comte de Saxe arrivé à celle de Bavière, et qu'il en prend le commandement.

Conservez-moi votre amitié, Monsieur, et soyez bien sûr de la mienne. Je crois que nous irons à Anet dans huit jours.

À Anet, ce 10 septembre 1742.

Madame D** m'a mandé, il y a déjà longtemps, Monsieur, que vous lui aviez envoyé un paquet de papiers à me remettre. Je l'ai priée de le garder jusqu'à mon retour, n'ayant pas de voies sûres à lui indiquer pour me le faire venir ici ; s'il y a une lettre pour moi dans ledit paquet, vous comprenez bien que je ne l'ai pas reçue, et que je n'y puis faire de réponse ; mais vous penserez que j'aurais dû m'expliquer avec vous sur cela, plus tôt que je ne fais : car vous ne devinerez point combien, et encore moins de quoi j'ai été occupée depuis quelque temps. J'ai trouvé, contre mon attente, l'équivalent du remède de Chirac. Je crois que j'aimerais mieux toutes les maladies du monde ; au moins n'a-t-on qu'à souffrir en paix. Je ne vous expliquerai pas ceci plus clairement, ce n'est pas matière d'une lettre ; j'aime mieux vous dire, je ne sais pas quoi ; car on ne sait point de nouvelles. Le nouveau ministre n'est pas encore arrivé ; on l'attend cette semaine. Rien de sûr du coté de Prague[26], et des sorties dont on n'est instruit que par des voies suspectes. L'armée de Maillebois doit être arrivée hier à Nuremberg. Des détachements autrichiens vont, à ce qu'on dit, au-devant d'elle ; non pour combattre, mais pour ravager la route qui lui reste à faire. Tout dépend de l'arrivée à point de cette armée. Nous jouons gros jeu, cela fait trembler. Vous savez mieux, ou plus tôt que nous, ce qui se passe en Italie. On croit qu'il n'y aura rien en Flandres cette année, malgré le mouvement des troupes de ce côté-là. Voilà tout ce que je sais. Dites-moi ce qui vous regarde et vous intéresse particulièrement, et soyez sûr, Monsieur, de toute la part que j'y prends. Je ne saurais vous dire combien nous resterons ici ; je ne le sais pas encore ; je présume que nous y passerons une partie du mois d'octobre ; et s'il fait beau, peut-être jusqu'à la fin. J'ai un extrême désir de revoir mes dieux pénates : j'en aurais plus encore, si les vôtres étaient en même lieu.

26 Le siège de Prague dura de juin à décembre 1742.

À Anet, ce 3 octobre 1742.

J'ai reçu, il y a déjà longtemps, Monsieur, votre lettre du 9 septembre, à laquelle je n'ai pas répondu, et je reçois aujourd'hui celle du 26. Je vais répondre à l'une et à l'autre, quoique je sois actuellement dans mon lit pour les restes d'une incommodité qui me tient depuis quinze jours, mais dont me voilà presque guérie : c'est un cloud ou abcès au sein, qui a percé par plusieurs endroits ; cela est accompagné d'une espèce d'érésipèle aux environs du mal, le tout ensemble m'a beaucoup incommodé.

Vous me dites, dans votre première lettre, des choses si flatteuses, que je ne sais comment les recevoir. Je pense que l'amitié vous a séduit : cela est encore plus satisfaisant. Vous savez que je n'ai pas reçu ce manuscrit ; j'ai mandé qu'on le gardât pour mon retour. Je voudrais répondre aux judicieuses réflexions que j'ai trouvées dans le cours de cette lettre ; mais ma situation incommode pour écrire ne me permet que d'aller au plus pressé.

Vous me demandiez si je connaissais M. et madame de M***. Point du tout, Monsieur, ni madame, par moi-même ; mais j'ai ouï dire beaucoup de bien d'elle à madame de R***, que je crois fort capable de bien juger : voilà à quoi se réduisent toutes mes connaissances à cet égard.

Venons à ce que je ne puis vous expliquer sans faire un volume ; il s'agit d'une affaire qui ne me regarde point, mais dans laquelle je me trouve empêtrée d'une façon qui m'obligera vraisemblablement à tout rompre, et qui m'y dispose par le redoublement d'horreur que j'ai pris pour le monde. En rompant avec lui, je n'en tiendrai que plus à mes vrais amis. Quelle espérance éloignée de vous revoir l'automne prochain ! encore faut-il que tout aille bien pour s'en flatter : et qui sait comme tout ira ! Nous voilà au moment critique qui doit en décider, et peut-être sera-ce par une action générale dont l'événement est toujours douteux.

Je suis cependant ravie que vous jouissiez d'une douce paix dans l'intérieur de votre maison, c'est le bonheur le plus intime. Je prends grande part à la bonne santé de madame D*** et je suis très flattée du souvenir dont elle m'honore : assurez-la, Monsieur, que je ne lui disputerai pas, sur mes sentiments, le droit qu'elle a de partager tout ce qui vous appartient.

Je crois que nous ne retournerons que vers le 20. Il me semble aussi que c'est un peu me rapprocher de vous. Au reste, je vous exhorte à n'être pas si philosophe, que vous négligiez les avantages que vous pourriez tirer du nouveau ministère : on doit à sa famille ce qui serait indifférent pour soi.

À Sceaux, ce 24 octobre 1742.

Je n'ai reçu votre lettre du 12, Monsieur, que sur le point de mon départ, et j'ai remis après mon arrivée à y répondre.

Je suis dans une véritable confusion des soins et de l'attention que vous avez mis à ce qui le méritait si peu par soi-même ; je sens tout le prix des sentiments qui vous ont engagé dans ce travail pénible et si peu digne de vous. Je ne suis pas en peine de l'exécution : quand les architectes veulent bien devenir manœuvres, l'ouvrage doit être bien fait. Vous ne voulez pas de remerciements ; mais vous ne sauriez m'interdire une véritable reconnaissance. Je n'ai encore rien vu ; j'envoie aujourd'hui à Paris chercher le premier paquet que vous avez envoyé ; car je crois que je n'irai à Paris que vers la fin du mois prochain.

Ne soyez pas en peine de ce que je vous ai mandé ; quoique la résolution soit forte, l'exécution n'en peut être aussi prompte que je le désire. De nouvelles circonstances l'ont barrée de façon qu'à peine puis-je entrevoir comment elles se pourront franchir. Le fond de cela ne m'est point personnel, je n'y suis entrée qu'incidemment ; mais j'ai vu tant de choses qui m'ont déplu, que je ne puis surmonter le dégoût que j'en ai pris, lequel, ajouté aux précédents, est devenu d'une force invincible. Il m'est impossible de vous faire aucun détail ; mais, lorsque je serai à portée de prendre quelques mesures, vous en serez informé. J'ai encore un petit reste du mal que je traîne depuis plus de six semaines ; je le vois pourtant en train de guérir, et je commence à prendre du lait deux fois par jour, et m'y mettrai peut-être pour toute nourriture ; car j'ai le sang en mauvais état, et je crois que c'est le seul moyen d'y remédier.

Vous ne me dites rien de votre santé, Monsieur ; je vous la souhaite parfaite, aussi bien qu'à madame D*** ; c'est assurément le plus grand bien de la vie et le plus nécessaire pour en supporter tous les maux. Peut-être y préférerais-je les véritables amis, si l'on en pouvait jouir à son gré.

À Paris, ce 9 décembre 1742.

J'ai reçu, Monsieur, tout ce que vous avez pris la peine de m'envoyer. J'ai eu la patience de le lire d'un bout à l'autre, et j'ai admiré la vôtre d'avoir suivi, avec un soin si exact, un travail si peu digne de l'attention que vous y avez donnée. Les lettres de l'abbé[27] sont parfaitement rétablies, et peut-être mieux dans les lieux restitués, qu'il ne les avait dictées. Elles ne sont pas dans l'ordre où elles ont été écrites ; le renversement est visible en quelques endroits, et notoire en d'autres. Les lettres où il est question des malheurs de notre maison, de la Bastille, de son changement de demeure, sont toutes des dernières ; car il était à la mort quand je fus en liberté, et n'écrivit plus depuis. Celles de R. manquent aussi d'ordre ; elles ont été dérangées les unes et les autres, et il eût été difficile d'en retrouver la suite ; mais le choix en est bon. Il me semble pourtant qu'il y en a encore quelques-unes qui ne sont pas mauvaises, et l'on pourra garder les originaux des supprimées, que nous pourrons revoir quelques jours. Je ne sais s'il ne reste pas, dans celles qui ont été choisies, des indices qui puissent faire connaître à qui elles s'adressent ; ce que je ne voudrais pas, tant pour mon honneur que pour l'intérêt de la vérité ; car on en pourrait inférer contre moi des choses fausses, dont je ne serais pas flattée. Par exemple, dans celles de l'abbé, il y est parlé d'un certain homme à bonne fortune, comme si j'avais eu de grandes relations avec lui : la vérité est qu'il ne m'a jamais dit pis que mon nom. Il paraît aussi, en général, dans les unes et les autres, plus de condescendance de ma part, que je n'en ai admis dans ces commerces de coquetterie d'esprit, où je n'ai fait aucun trafic de sentiments, ni vrais, ni apparents et dont le simple amusement était l'unique objet. Il m'a semblé, après avoir relu ces vieux fatras, que j'avais besoin de cette justification, du moins auprès de vous. Je serais fâchée que vous crussiez que je me fusse jamais livrée à l'indigne manège des coquettes, qui pour inspirer des sentiments et les entretenir, en montrent qu'elles n'ont pas.

Quant aux lettres écrites à M. de S[28]., comme elles tiennent à des faits qui me sont encore assez présents, je les ai remises à peu près dans leurs suites. Si vous pouviez m'indiquer quelque occasion sûre, je vous les renverrais comme je les ai arrangées, avec une marque qui distingue

27 Abbé de Chaulieu.
28 Marquis de Silly.

entre les brouillons de lettres, celles qui s'adressent à la maîtresse, et celles qui sont pour la dame confidente ; si vous n'avez point de voies pour que je vous les fasse tenir, je mettrai de suite la première phrase de chacune, comme vous me l'aviez marqué.

En voilà trop sur des choses si peu importantes ; mais celles qui méritent toute l'attention présente sont si tristes, qu'on n'a pas le courage d'en parler. Dites-moi, Monsieur, de vos nouvelles personnelles, et de celles de madame D*** ; il n'y en a point où je prenne plus de part. Les miennes ne valent pas grand-chose, quoique ma santé ne soit pas mauvaise.

À Paris, ce 24 janvier 1743.

J'ai peut-être abusé de la permission que vous m'avez donnée, Monsieur, de rendre ma réponse aussi tardive qu'il me plairait ; ce n'est pourtant pas que j'en aie eu d'autres à faire, car je n'ai reçu aucunes lettres pour le commencement de l'année, et pas plus de visites. Les étrennes ont été à l'avenant. J'ai eu l'humiliation d'acheter un almanach ; ce qui ne m'était point encore arrivé. Je suis ce qui s'appelle une âme délaissée, et c'est une action fort généreuse à vous de vous souvenir de moi. Jugez donc combien je désire de conserver en vous tout ce qui me manque d'ailleurs. Votre amitié, Monsieur, dont je sais faire tout le cas qu'elle mérite, m'en dédommagera suffisamment.

Je suis de retour à Paris, où je vois madame Dou… et madame Dan… autant que je le puis ; mais je ne puis guère, surtout aller loin, comme aux filles Saint-Thomas, n'ayant ni équipage, ni meneurs. La grande habitude de vivre seule m'accoutume à me passer de compagnie, et la connaissance du monde me fait goûter la retraite. Je vous avoue que hors la société des vrais amis, s'il y en a, je ne me soucie plus de voir personne. Pour vous qui, par votre place, vous trouvez obligé de vivre avec les vivants, vous devez désirer qu'ils soient sociables, et vous avez raison de regretter que quelqu'un dont vous pourriez faire un usage agréable, se prive, par un travers, de l'avantage réciproque d'un commerce familier.

Je n'ai rien de plus nouveau et de plus intéressant à vous dire, que l'arrivée du maréchal de B****[29], et de son armée de Prague à Egra, le

29 François-Marie, duc et maréchal de Broglie.

27 décembre. Le courrier parti le 28 est arrivé aujourd'hui. Le chevalier de B****[30] sera ici dans deux jours. L'armée de M. de L*** a suivi celle du maréchal, et n'a pu la joindre ; il est arrivé avec la fièvre et mal à la poitrine ; il a laissé 4 000 malades dans Prague, et 1 500 hommes de garnison. Jusqu'à présent on ne sait aucun autre détail, mais le chevalier rendra compte de tout.

Faites, je vous supplie, Monsieur, un compliment, de ma part, des mieux tournés, pour le commencement de l'année à madame D*** : quel que soit votre bien dire, il ne surpassera pas mes sentiments pour une personne si estimable, qui fait partie de vous-même.

À Paris, le 30 janvier 1743.

Vous m'avez écrit la plus belle lettre du monde, Monsieur. L'on ne peut contrarier quelqu'un avec plus de ménagement et de politesse, que vous le savez faire ; mais la contradiction afflige toujours, et d'autant plus qu'elle semble mieux fondée. La vôtre a encore cet avantage de se trouver conforme au sentiment unanime de toutes les personnes que j'ai consultées. Je serais tentée de croire que vous ne savez tout ce que vous dites, s'il n'était trop violent de se persuader qu'il n'y ait que soi qui ait raison. Cependant, il me semble que tous tant que vous êtes, vous tombez dans une espèce de contradiction. Vous et les autres à qui j'ai cent fois parlé du dessein de m'affranchir d'un état qui ne m'était insupportable que par la contrainte et la perpétuelle sujétion, et qui m'y encouragiez alors, vous ne m'en détournez que depuis que ce même état, avec tous ces défauts, se trouve assaisonné d'une infinité de dégoûts, et spécialement de celui de déplaire, qui semble en devoir faciliter sa sortie.

Je voudrais pouvoir vous mettre plus au fait de la situation présente ; mais il faudrait faire un volume, dont la matière n'est pas assez agréable pour l'entreprendre. Et puis, quand vous sauriez tout, vous n'en jugeriez pas autrement ; car les mieux instruits parlent tout comme vous. Venons donc à autre chose. La grande éminence[31] termina hier sa longue agonie ; je ne sais ce qui en va résulter. C'est un objet de grande attention. La feuille des bénéfices est donnée à M. de M*** ; la charge de grand

30 Achille de Broglie, dit chevalier de Broglie (1672-1750), frère du précédent.

31 Le cardinal de Fleury, ministre d'état de Louis XV.

aumônier de la reine, à l'archevêque de Rouen ; mais c'est folie à moi de vous dire des nouvelles. Vous avez des gens ici qui vous instruisent de tout, bien mieux que je ne pourrais faire, et qui vous envoient même toutes les mauvaises chansons dont on est accablé. Tout a dégénéré, jusqu'à ce genre où nous excellions autrefois.

Je souscris à tout ce que vous pensez, Monsieur, sur l'article des lettres, si ce n'est que je pense que le dérangement qui se trouve en quelques-unes, ne vaut pas la peine de les récrire.

Je vous envoie les premières lignes de celles à M. de S., dans leur ordre, autant que j'ai pu le retrouver, et vous rends de nouvelles grâces des soins que vous donnez à ce qui n'a que le prix que votre amitié lui accorde.

Que je suis fâchée que vous soyez à deux cents lieues d'ici ! Qu'il me siérait bien de vous voir, et de vous entretenir tout à mon aise ! J'irais chercher, dans votre ménage, la douceur et le repos qui manque dans le mien. Je suis très flattée, Monsieur, d'y avoir place, du moins par un tendre souvenir que je vous prie de me conserver, avec assurance du juste retour qu'il mérite.

À Sceaux, ce 28 mai 1743.

Je pourrais vous alléguer mille choses qui m'ont empêchée, depuis un mois, de répondre à votre dernière lettre, Monsieur ; la véritable raison de ce retardement, c'est que j'ai voulu être toute à moi pour vous dire l'impression que vos sages réflexions ont faites sur mon esprit, et j'ai voulu voir si elle serait durable, avant que de vous en faire part. J'éprouve encore des variations dans mes idées ; mais je commence à croire que les plus raisonnables prendront le dessus. La dose de vers, jointe à la prose, a fait un médicament bien approprié à mon esprit malade : aussi l'avez-vous préparé avec toute la dextérité possible. Raisons solides, exemples frappants, flatteries délicates, vous n'y avez rien épargné ; j'en espère un plus heureux effet que celui des narcotiques qui calment d'abord et ne guérissent pas. Mais je veux vous dire pour l'honneur de cette guérison, si vous l'opérez (car je ne suis encore sûre de rien), qu'il ne s'agit pas de ce qu'on pourrait comparer à des vapeurs, par ennui, dégoût des mêmes choses, désirs de choses nouvelles ; mais de désagréments réels essuyés pendant longtemps, et d'espèce à marquer le défaut d'estime et la supposition des vices dont on se croit le plus éloigné. Il est vrai que les gens sans idées fixes, qui ne jugent que par passion, vous rendent en un moment ce qu'ils vous ont ôté de même. Reste à savoir si la restitution, toujours jointe à la facilité de reperdre, est bien satisfaisante. Un état par lui-même absolument contraire à mon inclination dominante s'est trouvé de plus sujet à de tels inconvénients et à des révolutions, qui me privent des soutiens si nécessaires à la faiblesse humaine, je veux dire des gens qui s'intéressent à nous, et à qui l'on parle avec confiance. La seule personne qui fût ici sur ce pied-là avec moi, s'est retirée depuis six semaines, par les mêmes raisons qui m'ont tentée d'en faire autant. La dame dont vous soupçonnez le refroidissement a suivi le train de la Cour, et s'est entièrement éloignée de moi, tant que j'ai eu l'air de disgrâce. Soit qu'on l'ait exigé d'elle, soit que la prudence lui ait suggéré cette conduite, elle l'a tenue constamment pendant plus de six mois. Elle est actuellement ici, où elle me voit sur un meilleur pied, et me fait toutes sortes de prévenances, et quelques plaintes de mon refroidissement pour elle. Je lui en ai brièvement expliqué la cause que je n'oublierai pas, quoique j'en use fort poliment de mon côté. Toutes ces choses, Monsieur, jointes à la réflexion que j'ai faite, que quand on ne sait pas hurler avec les loups, il ne faut point vivre avec eux, m'ont semblé des motifs suffisants du parti que je voulais prendre, et fort différents de ce qu'on appelle fantaisies. C'est pour les justifier que je vous ai fait ce long détail. Je crains, malgré votre intelligence, que vous n'ayez peine à le comprendre, car c'est, en quelques endroits, un galimatias impénétrable. Ce n'est pas à cette seule occasion que je m'aperçois que je baille extrêmement, et c'est peut-être la meilleure raison que j'aie pour quitter le monde. Il n'y a rien de pis que d'y traîner la décrépitude de son corps et la décadence de son esprit. Vous aurez su par des gens mieux informés que moi, les tristes nouvelles venues ces jours-ci de Bavière. Quel début de campagne ! et quelles suites en peut-on attendre ! Le malheur général, les chagrins particuliers, m'ont jetée dans une mélancolie que la distraction que j'ai eue pendant quinze jours de liberté que j'ai passés à Paris, n'a pu vaincre. La mort d'une personne que je voyais peu, mais que je désirais toujours, arrivée en même temps, m'a ôté toute la douceur de ce petit soulagement, qu'un voyage, fait sans moi, m'avait procuré. Est-il donc vrai que vous en pourriez faire un en ce pays-ci cet été ? C'est le plus grand bien qui pourrait m'arriver, pourvu qu'il ne se rencontre pas dans le temps que je serai, peut-être, au haut et au loin ; car malgré tout ce que j'ai fait et ferai encore pour éviter cette corvée, je vois que je n'y pourrai réussir. Ce sera deux mois au moins, commencés vers la fin de juillet, plus insupportables que tout le reste de l'année.

Si j'ai été longtemps à me mettre à vous entretenir, vous voyez, Monsieur, que je ne puis vous quitter.

Les vers qui m'ont fait tant de bien sont extrêmement jolis ; je ne les connaissais point, vous ne pouviez mieux faire que de me les envoyer.

La première fois que vous me ferez l'honneur de m'écrire, Monsieur, dites-moi des nouvelles de Madame D***, aussi bien que des vôtres.

À Paris, ce 30 janvier 1744.

Je vous avais promis, Monsieur, que vous trouveriez de mes nouvelles en arrivant à Marseille ; je ne me suis pas acquittée de ma parole. Ceci, cela m'en a empêchée. Après quoi j'ai pensé que vous m'écririez quand vous seriez arrivé, et qu'autant valait attendre pour vous faire réponse. Ce prétexte saisi par la paresse, et entretenu par de petits embarras qui se sont succédés les uns aux autres, me mène trop loin ; je veux enfin surmonter cette sotte passion formée du débris de toutes les autres et vous entretenir. Ne croyez pas que ma nonchalance ait été jusqu'à ne pas m'informer de vos nouvelles ; j'en ai su par Madame Dou… et même par Madame D***. J'ai été chez elle et ne l'ai pas trouvée. Elle est venue chez moi, et nous causâmes assez longtemps. J'aurais voulu retourner chez elle, mais madame la duchesse du Maine a presque toujours été incommodée, et il ne m'a guère été possible de sortir. Cependant je fus fort contente de la visite et des sages discours dont elle fut remplie. On me parla d'un prompt départ dont on me parut craindre les suites, sans néanmoins être ébranlée sur l'exécution ; j'approuvai cette disposition et pesai sur les raisons qui vous faisaient désirer une compagnie si utile et si nécessaire au lieu où vous êtes. Elle a très bien réussi à notre cour où elle n'est pourtant pas venue souvent. La bonne grâce, le sage maintien, les propos convenables, ont été fort loués en ma présence. Elle est en effet très propre à bien réussir dans le monde. Elle me dit qu'elle sortait peu, et que l'état de sa santé ne lui permettait pas d'en user autrement, et m'assura que la vôtre était bonne ; ce qui me fit grand plaisir, car vous n'étiez pas bien quand vous partîtes : mais les voyages assez souvent raccommodent la santé. La mienne n'a souffert que de légères altérations ; mais mon esprit s'affaisse de jour en jour, et le dégoût de moi-même et de toutes choses, est au dernier degré. C'est une grande maladie que le commerce du monde augmente, et que la solitude ne guérit pas. La société des vrais amis serait le meilleur remède, mais où les prendre ? S'il y en a, ils sont loin, ou situés de sorte qu'on ne les saurait voir.

Voilà bien du discours qui, à ce que j'espère, m'attirera quelque chose de vous et de ce qui vous regarde, à quoi je ne cesserai jamais, Monsieur, de prendre le plus sensible intérêt.

À Paris, ce 4 mars 1744.

J'attendais l'événement du combat, Monsieur, pour vous écrire des félicitations ou des doléances ; mais depuis huit jours que la première nouvelle en est venue ici, nous ne savons plus ce que sont devenues les flottes, et je me lasse d'attendre : cette incertitude tient tout le monde dans une étrange agitation. Ce qui se passe de l'autre côté, enveloppé d'un voile impénétrable, n'excite pas moins la curiosité et l'inquiétude. Voilà une position singulière, d'attendre en même temps du Nord et du Midi des événements dont les suites doivent être si importantes ; il n'y a point de léthargie qui puisse résister à cette grande secousse : aussi la mienne n'y tient pas ; je sens même qu'elle confond les petits ébranlements des objets particuliers. Vous raisonnez si bien et si philosophiquement sur cela dans votre dernière lettre, qu'il ne paraît pas que votre tête ne soit pleine que d'agrès, et de l'équipement des galères qu'on dit que vous allez mettre à la mer : il y aurait bien là de quoi en remplir beaucoup d'autres. Je vous plains infiniment d'avoir un travail si grand et si prenant, quoique vous sachiez si bien le soutenir.

Je n'ai vu qu'une fois madame D***, depuis la dernière lettre que vous m'avez fait l'honneur de m'écrire, parce que nous avons fait nos campagnes ordinaires cet hiver, et que dans le peu de temps que j'ai été à Paris, madame L. D. D. M. a toujours été incommodée, et qu'en conséquence je n'ai pu sortir ; je ne pus même faire qu'une très courte visite, par cette raison ; et comme il y avait du monde et du jeu, il n'y eut aussi qu'une conversation générale. Je fus fort contente de sa politesse et de l'air du monde qu'elle possède très bien : elle m'assura que dès qu'elle pourrait sortir elle viendrait me voir : j'en serai fort aise mais véritablement je ne puis aller, à cause de tous les liens qui me serrent. Je ne puis voir non plus madame Dou… et j'en suis bien fâchée : c'est une amie précieuse que je serais ravie de cultiver ; je ne m'en connais point d'autre en ce pays-ci : mais je me flatte, Monsieur, que j'ai en Provence quelqu'un sur qui je puis compter ; c'est dommage de la distance qui m'en sépare : Dieu veuille un jour nous rapprocher.

À Sceaux, ce 21 mai 1744.

Puisque je n'ai pas eu l'honneur de vous écrire, Monsieur, depuis votre lettre du 27 mars, vous devez juger que pendant tout ce temps-là je n'ai rien fait de ce que j'ai voulu faire. Madame L. D. D. M. a eu plusieurs rhumes consécutifs avec de la fièvre ; nous voilà à la fin du cinquième : Dieu veuille que ce soit le dernier de cette année. J'ai été malade de mon côté, saignée trois fois tout de suite, assez bien présentement. Toutes ces choses m'ont empêchée de profiter du séjour que j'ai fait à Paris jusqu'au commencement de ce mois-ci pour voir madame D*** comme je l'aurais désiré. Elle n'est pas non plus revenue chez moi depuis que je vous l'ai mandé ; j'ai retourné chez elle mais elle allait sortir et je ne la vis qu'un moment. Pendant mon dernier séjour à Paris depuis Pâques, je lui ai fait savoir ce qui m'empêchait d'aller chez elle ; les maladies de madame L. D. D. M. et puis la mienne ; et je n'ai point du tout entendu parler d'elle. Je ne vous fais ce détail, Monsieur, que pour vous faire connaître, que si je n'ai pas rempli à cet égard ce que vous m'aviez paru attendre de moi, ce n'a pas été manque de bonne volonté ; mais par les diverses circonstances qui m'ont maîtrisée. Le parti est donc pris de rester à Paris jusqu'après les couches. J'ai toujours cru que la famille amènerait les choses à ce point-là. Je suis très fâchée que cela n'ait pu se tourner autrement ; car j'en sens tous les inconvénients, et personne, Monsieur, ne prend plus de part que moi à ce qui vous intéresse.

Je n'entreprends pas de vous parler des affaires politiques ; il y aurait trop à dire. Vous allez donc voir votre ministre chez vous ? Voilà bien des événements qui se préparent ! Dieu veuille qu'ils soient heureux et nous donnent enfin la paix ! Ce serait le meilleur de tout et le plus agréable pour moi, Monsieur, si elle vous rapprochait de nous.

À Gennevilliers, ce 1er juillet [1744].

Me voilà dans un lieu, Monsieur, où l'on a du loisir ; je n'y suis que depuis hier, et j'en profite dès aujourd'hui pour répondre à votre dernière lettre ; elle me marque une indulgence dont je ne veux pas abuser. La confiance qui l'accompagne est bien fondée et me touche sensiblement.

La santé et la belle humeur, que le beau temps a ramenées dans notre cour, m'ont fait obtenir avec facilité un congé de 15 jours pour les passer dans ma cabane. Si j'avais pu en disposer à mon gré, j'en aurais employé une partie à Paris, où je n'ai fait que passer pour éviter tout reproche. J'aurais eu l'honneur d'aller chez Madame D*** pour peu que j'eusse eu de temps à moi. J'ai peur que mon passage au retour ne soit aussi rapide, et nous allons le 20 de ce mois à Anet, pour jusqu'au mois d'octobre. Voilà toute société d'amis rompue pour longtemps, j'en trouve d'autres à foison ; mais je n'en tire aucun parti. Je vous plains infiniment d'être dans le même cas et d'avoir encore de plus grandes peines à essuyer. Vous y opposez une morale très sage et quoique vous la donniez pour être de province, j'en fais plus de cas que de celle qui se débite à la Cour. J'aimerais infiniment à savoir les incidents qui vous intéressent, non pour y prêter mes conseils, dont assurément vous n'avez pas besoin, mais pour suivre le cours de tout ce qui vous regarde ; à quoi je prends une très grande part ; mais je conviens que cette satisfaction réciproque est interdite dans l'éloignement où nous sommes, et j'en regrette infiniment la privation : dites-m'en pourtant le plus que vous pourrez, et soyez sûr de l'attention et de la sensibilité que j'y donnerai.

Nous faisons une figure plus brillante en Flandre que sur vos côtes ; Dieu veuille que nous soutenions toute la campagne avec le même éclat, et que nos ennemis en soient assez éblouis pour se disposer à la paix, et qu'enfin elle vous ramène en ce pays-ci. Voilà, Monsieur, le plus ardent de mes souhaits.

À Paris, le 10 juillet 1744.

J'arrive de ma campagne, Monsieur, d'où j'ai eu l'honneur de vous écrire il y a peu de jours, et je ne trouve rien de plus pressé ici que de vous marquer toute la part que je prends à l'heureux accouchement de madame D***. J'en suis informée bien tard, mais j'étais en un lieu où l'on n'apprend rien. Quoique je ne fasse que passer en celui-ci, je ferai tout ce qui me sera possible pour aller chez madame D***, ou du moins j'y enverrai. Elle a beaucoup souffert, mais enfin elle se porte bien, à ce que l'on m'a assuré, et vous a donné un fils. Je ne doute pas qu'elle n'ait une extrême satisfaction qu'apparemment vous partagerez, aussi bien que la joie de vous retrouver ensemble : car je pense qu'après le temps des couches, rien n'empêchera plus le départ. Je sentirai fort vivement, Monsieur, tout ce qui pourra rendre votre satisfaction complète.

Nous venons d'éprouver de grandes aventures bonnes et mauvaises ; notre situation, quoique beaucoup meilleure, n'est pas encore décidée, du moins l'on n'a rien appris aujourd'hui ; on sera peut-être plus savant demain. Vous avez gens qui vous instruisent mieux que je ne pourrais faire ; je m'en rapporte à eux : mais je ne veux m'en fier qu'à moi du témoignage de mes sentiments, Monsieur, sur tout ce qui vous touche.

À Sceaux, ce 14 octobre 1744.

Le désir que j'avais, Monsieur, de vous écrire amplement et de ma main, et la difficulté qui s'y est toujours trouvée par l'état de mes yeux, m'a fait différer depuis trois mois jusqu'à ce moment-ci d'avoir l'honneur de vous entretenir, et même de répondre à vos lettres. J'ai reçu la dernière sur le point de notre départ d'Anet ; ce qui m'a encore fourni des embarras qui ne m'ont laissé aucun moment. Malgré ce long silence, je n'ai point été moins occupée de ce qui vous regarde, et moins sensible pour ce qui vous touche ; je vous avais marqué toute la part que j'ai prise à l'heureuse augmentation de votre famille. Quand je reçus la lettre où vous me faisiez l'honneur de m'en donner avis, elle était si flatteuse que je n'ai pu en perdre le souvenir, et ce n'a pas été sans peine que je me suis vue privée du plaisir d'y répondre. Je n'aurais pas eu moins d'empressement de vous témoigner toute la part que j'ai prise à l'accident de monsieur votre frère, dont j'ai su les blessures et le grand danger, si la peine que j'ai à dicter ne m'avait toujours fait attendre le moment de pouvoir écrire. Désespérant enfin de le trouver, et ne voulant pas mettre votre confiance à une plus longue épreuve, je prends le parti de vous rendre compte comme je peux de mes misères : leur excès a relevé mon courage. Je ne sais comment cela s'est fait ; ce serait une belle matière de discussion : mais il faut finir cette lettre, en vous assurant, Monsieur, que je suis et serai toujours tout ce que j'ai été et dois à jamais être pour vous.

Madame d'H... doit être arrivée chez vous ; je vous félicite, Monsieur, du bonheur de vous retrouver ensemble. J'ai l'honneur de lui faire mes très humbles compliments.

À Paris, ce 9 décembre 1744.

Vous avez bien raison, Monsieur ; l'unique objet de mes désirs serait de voir un peu plus clair. J'étais enfin parvenue à apporter les peines de ma vie, et lorsque je commençais à jouir de ce petit triomphe, non seulement la diminution du peu de clarté qui me restait, mais la privation du secours si nécessaire en cet état, m'a mis à une nouvelle épreuve, plus difficile à soutenir que toutes les autres. Mon lecteur est malade depuis trois mois, et je lui crois la poitrine attaquée ; c'est un garçon d'un vrai mérite, qui m'a servi longtemps, et je ne puis m'en défaire sans lui procurer de quoi vivre ; ce qui n'est pas aisé dans ma situation. Si je pouvais lui trouver quelque petit emploi, je croirais ma fortune faite ; car, hors pour la lecture et les travaux pénibles, il serait propre à bien des choses, et je me pourvoirais de quelqu'un qui lirait sans peine et écrirait mieux qu'il ne fait. Je ne suis point accoutumée à dicter, mais je tâcherai de m'y faire en attendant que j'eusse le secrétaire que vous m'offrez, qui penserait pour moi. Sa tête me serait encore plus utile que sa main ; car il n'y a presque plus rien dans la mienne. Pour vous, Monsieur, je ne sais pas si vous avez oublié à parler, mais je suis sûre que vous savez bien écrire, n'en eussé-je pour garant que votre dernière lettre. La peinture que vous me faites de votre situation, des gens et des choses, est certainement de bonne main et m'a fort intéressée. Je vous plains infiniment, et je regrette d'autant plus votre éloignement, que je vois qu'il ne vous procure rien d'agréable.

J'aurais bien des choses à vous dire et des réflexions à faire sur ce qui se passe sous nos yeux ; si je pouvais écrire au-delà du nécessaire. C'est la privation de commerce avec un ami tel que vous, qui me sait plus sentir celle où je suis de la lumière. L'état des choses ne me donne aucune espérance de votre retour, dont je retirerais une véritable consolation. Conservez-moi cependant le souvenir que méritent les sentiments que je vous ai voués, Monsieur. Je suis ravie de la meilleure santé de madame d'H… et très touchée du souvenir dont elle m'honore ; je lui fais mille compliments et vous remercie des vôtres sur le tardif avancement de monsieur de F…

À Paris, le 5 janvier 1745.

Je vois dans votre attention au moindre signe que vous font vos amis, Monsieur, que vous n'avez point dégénéré des sentiments de feu monsieur votre oncle, dont les prévenances ressemblaient parfaitement aux vôtres ; j'en suis véritablement touchée : cependant je ne puis songer à en faire usage, que je ne sache, si dans les emplois dont vous me parlez il faut se nourrir sur les gages, qui, en ce cas, me paraîtraient trop minces, quel que puisse être le bon marché des vivres au lieu où vous êtes. Je vous supplie de m'éclaircir ce point, après quoi je saurai les dispositions de celui que je désire de placer, d'autant plus que je me vois comme privée de l'espérance que j'avais de faire quelque chose pour lui par moi-même. Voilà un renversement dans ma petite fortune qui dérange tous mes projets ; cependant comme bien des gens, dans le même cas, sont encore plus à plaindre que moi, il faut se taire et craindre que les maux qui nous menacent ne se fassent sentir de toutes parts. Votre amitié, Monsieur, sur laquelle je compte véritablement, me sera toujours une véritable consolation, quoi qu'il puisse arriver. Soyez bien persuadé de la mienne en tout temps, et faites, je vous prie, mille compliments pour moi à madame d'H… Je vous prie aussi, Monsieur, de me marquer si l'emploi dont il s'agit est pénible ; nous avons de la sûreté à vous offrir et toutes sortes de vertus, mais peu de forces corporelles.

À Paris, le 27 janvier 1745.

Quoique les dispositions soient telles que je ne pusse profiter, Monsieur, des offres que vous avez la bonté de me faire, je n'en suis pas moins touchée de votre intention et de la peine que vous avez prise dans le détail que vous me faites. Le sujet dont il s'agit, a les vertus de l'âme et peu de forces corporelles ; il ne pourrait soutenir aucune fatigue : cependant je ne crois pas qu'il ait la poitrine attaquée, et il recommence à lire auprès de moi, mais d'un ton trop bas pour mon oreille qui commence à baisser de façon à me faire envisager que je serai bientôt sourde et aveugle. En attendant que cela se perfectionne, je m'aiderai dudit lecteur, et peut-être que par la suite on trouvera quelque chose qui lui puisse convenir.

Je ne doute pas, Monsieur, de la part que vous prenez à toutes mes calamités : heureusement ma sensibilité diminue autant qu'elles augmentent ; et somme toute, je ne suis pas pis qu'auparavant ; je crois même être mieux, c'est-à-dire, plus tranquille. Je vois les maux et je ne les sens plus ; et vu la tournure des choses humaines, cet état est peut-être le plus heureux qu'on puisse avoir en ce monde. Je ne vous le souhaite pourtant pas ; car, son insipidité pourrait ne vous pas plaire ; et je ne vous veux, Monsieur, que tout ce qui peut vous être agréable, et à moi, votre souvenir.

À Steuil, le 12 octobre 1745.

Non, Monsieur, je ne me suis pas méprise au motif de votre silence ; mais j'ai pensé que vous poussiez trop loin la circonspection, et je vous en aurais fait des reproches, si depuis trois mois que nous avons quitté notre séjour ordinaire, je n'avais toujours été si peu à moi, que je n'ai pu être à mes amis. Vous avez grande raison de croire que je ne les oublie pas : vous pouvez ajouter que je regrette sans cesse ceux dont la société m'était si agréable. Je sais, Monsieur, que vous m'avez conservé aussi un souvenir qui m'est fort cher ; nos amis communs ne me l'ont pas laissé ignorer : je leur ai fort recommandé de vous marquer combien j'y suis sensible. Il est vrai qu'ils ne peuvent vous instruire des petits détails où vous me faites la grâce de vous intéresser : mais quand j'aurais toute la faculté d'écrire qui me manque, vous n'apprendriez pas grand-chose à cet égard. L'histoire de mes sentiments est à présent fort courte : il y a si peu de révolutions dans mon âme, que ce qui s'y passe est à peine remarquable, et ne me laisse à moi-même qu'un souvenir qui s'efface du jour au lendemain. Nous voilà au 5e ou 6e gîte depuis que nous sommes en campagne ; il nous en reste encore un à faire avant que de nous rendre à Sceaux, où nous serons le 15. J'irai deux jours après voir monsieur de S… qui est revenu de l'armée pour quelques incommodités qui lui restent : je compte de passer chez lui le reste du mois, de retourner ensuite à Seaux, puis à Paris quand il plaira à Dieu. Voilà bien du mouvement pour quelqu'un qui ferait son bonheur d'une vie entièrement stable ; mais il y a longtemps que je sais que la poursuite du bonheur est une folie. Je commence à le sentir ; cela me met dans l'esprit le repos que je n'ai pu encore procurer à mon corps. Je vois avec chagrin que vous n'êtes pas mieux où vous êtes, que nous où nous sommes, et je plains fort l'espèce de malheur que vous y éprouvez. Je ne suis pas encore endurcie à la peine de voir les choses mal aller, bien plus grandes pour ceux qui sont obligés d'y mettre la main. Je voudrais vous dire encore mille choses et à madame d'H... dont le souvenir me flatte infiniment. Le temps me manque ; je vous dirai seulement, Monsieur, que j'ai un désir très vif de son retour et du vôtre. Pourquoi ne feraiton pas la paix ? Voilà encore une victoire du roi de Prusse[32], et tant de succès qu'on pourrait mettre à ce profit.

À Paris, le 18 janvier 1749[33].

J'aurais répondu plus tôt à votre lettre, Monsieur ; car j'avais grande envie de vous dire quelque chose : mais un rhume avec crachement de sang m'a obligée de me faire saigner, et cela a mis ma vue si bas qu'il ne m'en reste que pour me conduire, et si mal que je me heurte de tous côtés. Vous me conseillez de me servir de secrétaire ; je n'ai pas cet esprit-là, je ne sais que dire quand je n'ai pas la plume dans la main, et même avec ce secours je ne vous dirai rien qui vaille. Je baisse de tout point ; mais mon jugement est encore assez sain pour que je m'en aperçoive, et c'est sans aucun chagrin. Je me trouve fort bien d'être bête ; je ne sens presque plus rien, si ce n'est les besoins du corps ; il est vrai qu'ils augmentent autant que ceux de l'esprit diminuent : mais la quantité en est moindre, et calcul fait, je trouve qu'il y a à gagner. La déduction, qu'on voit s'acheminer, fait supporter plus patiemment les maux dont la fin semble prochaine. Enfin, je suis assez contente de l'état des choses, pour ce qui me regarde, mais non pas pour vous qui êtes en butte à des contradictions que vous ne pouvez, comme moi, éviter en ne voulant rien : car, il faut que vous vouliez du moins sur les choses dont vous êtes chargé. D'ailleurs vous avez un plus long avenir pour vous, et de beaucoup prolongé par une postérité, qui presque nous éternise. Belle

32 Bataille de Prandnitz en Bohême, gagnée le 30 septembre 1745, par Frédéric II de Prusse sur les Autrichiens.

33 Ne serait-ce pas plutôt « 1746 » ?

invention pour nous intéresser au futur comme au présent. J'aurais bien encore de ma morale sombre à vous débiter ; mais il faut partir pour aller coucher à l'Arsenal ; j'y vais avec mon crachement de sang qui m'a repris, pour éviter une infection que nous aurions à essuyer ici.

Je suis très flattée du souvenir de madame d'H..., j'espère que le grand homme qu'elle a mis au monde deviendra un héros ; je lui fais mille compliments, et vous prie, Monsieur, de me conserver votre amitié que je me réserve dans mon renoncement à toute chose.

Fin des lettres de Madame de Staal à M. d'Héricourt.

LETTRES DE MME DE STAAL À LA MARQUISE DU DEFFAND

Sorel, samedi 29[a] juillet 1747.

Je lus avant-hier votre lettre, ma reine, à S. A. Elle était dans un accès de frayeur du tonnerre, qui ne fit pas valoir vos galanteries. J'aurai soin une autre fois, de ne vous pas exposer à l'orage. Nous nagions ces jours passés dans la joie, nous nageons à présent dans la pluie. Nos idées, devenues douces et agréables, vont reprendre dans toute leur noirceur. Par-dessus cela est arrivé, depuis deux jours, à notre princesse un rhume avec de la fièvre : ce nonobstant et malgré le temps diabolique, la promenade va toujours son train. Il semble que la providence prenne soin de construire pour les princes des corps à l'usage de leurs fantaisies, sans quoi ils ne pourraient attraper âge d'homme. Je suis réduite, comme vous voyez, ma reine, à vous entretenir du beau temps et de la pluie ; mais que faire de tout ce que nous avons ici ? Une Ribérac, trois Castellanne, deux Caderousse, deux Malézieu, un Villeneuve et sa femme, puis les gens de la maison. Vous tireriez peut-être quelque chose de tout cela : pour moi, les bras me tombent, et je ne trouve rien à ramasser. Je fis pourtant, ces jours passés, une promenade avec Gruchet, qui me dit grossièrement des choses assez fines : cela me fit remarquer combien les moins clairvoyants pénètrent avant dans le caractère de leur maître.

Nous avons appris avant-hier la mort du chevalier de Belle-Isle[1]. J'ai peur que cet accident ne soit fort nuisible aux affaires d'Italie. Je ne sais ce que sera le maréchal sans son frère. Je suis ravie que le neveu du président soit sauvé : je le regarde comme tel, puisqu'on a trouvé la balle. Parlez-lui de moi et à M. de Céreste le plus souvent que vous pourrez. J'aime à être en bonne compagnie : c'est une façon de m'y mettre.

1 Louis-Charles-Armand Fouquet, chevalier de Belle-Isle (1693-1747), petit-fils de Nicolas Fouquet et frère de Charles-Louis-Auguste Fouquet, duc de Belle-Isle.

Qu'est-ce qui retarde votre voyage de Montmorency ? Je me flatte que cela n'a pas rapport à votre santé, dont vous ne dites rien. Si vous trouvez l'occasion, lorsque vous y serez, de dire aux du Châtel combien j'ai été touchée de leur malheur, vous me ferez plaisir. Je me proposais de tâcher de les voir dans mon voyage manqué de Gennevilliers.

Madame de Saint-Maur est fort aise que vous vous souveniez d'elle : elle vous dit cent choses, toutes mieux les unes que les autres. Elle prospère toujours au cavagnole ; mais sa faveur est en raison inverse de son gain.

En dépit d'un troisième orage plus violent que les deux précédents, nous arrivons d'une chasse : nous avons essuyé la bordée au beau milieu de la forêt. J'espérais éviter, comme à l'ordinaire, cette belle partie ; mais on a adroitement tiré parti des raisons que j'avais alléguées pour m'en dispenser ; ce qui m'a mis hors d'état de reculer. C'est dommage qu'un art si ingénieux soit employé à désoler les gens.

Dimanche 30.

Je reçois dans ce moment vos deux lettres, ma reine. Me voilà bien dédommagée de n'en avoir pas eu assez tôt ; mais je vous prie de n'avoir nul égard à mes plaintes, et de vous laisser aller à la paresse quand elle s'empare de vous. J'aime vos lettres passionnément, mais je ne veux qu'il vous en coûte rien pour m'écrire. Le récit de votre conversation m'a fort divertie, et vos réflexions sur la vanité sont excellentes. Quant à ce que vous dites sur les distributions de la fortune, je vous renvoie à Pope[2], qui, me semble, apaise tous les murmures sur ce sujet, disant que celui qui sème les vertus ne doit pas recueillir du froment. Par les détails qui nous sont venus de l'affaire d'Italie, elle me paraît des plus fâcheuses et témérairement entreprise.

J'ai lu à S. A. S. ce qui la regarde dans votre lettre. Elle vous sera fort obligée de bien solliciter l'affaire qui l'intéresse. Elle n'a plus de fièvre, mais elle est toujours fort enrhumée ; elle est bien aise que son avis sur Gaurik[3] ait des sectateurs de distinction. Elle a enfin achevé la pièce, et la trouve excellente. Ne lui écrirez-vous pas directement un de ces jours ? Il me semble que cela est à propos.

---

2 Alexander Pope (1688-1744), poète anglais.

3 Luca Gaurico (1476-1558), astrologue et évêque italien.

Adieu, ma reine. Si j'avais quelque chose de bon à dire, je vous sacrifierais mon dîner; mais ce qui se présente à mon esprit est encore plus insipide que ce que je vais manger. Je perds toute idée quand je n'ai pas le temps à moi, mais non pas les sentiments; car, je vois, ma reine que je vous aime beaucoup.

[À Sorel le mercredi 2 août] 1747.

S. A. S m'ordonne de vous dire, ma reine, que puisque vous lui défendez de vous écrire elle-même, et que vous la menacez, qui pis est, de ne lui plus écrire, elle me charge pour cette fois-ci de vous répondre; ce qu'elle ne pourrait faire qu'avec peine, étant véritablement malade d'un gros rhume qui lui donne, les nuits, un peu de fièvre, et, le jour, un grand accablement. Elle est infiniment sensible aux marques d'amitié que vous lui donnez, et très éloignée de vous oublier. Elle désire passionnément que vous puissiez venir à Anet, et vous assure que rien ne lui peut faire autant de plaisir. Elle est tout à fait fâchée de ne pouvoir à présent vous donner sa loge : elle est engagée pour quatre vendredis de suite; dès qu'elle sera libre, vous l'aurez. Au surplus, madame vous prie, ma reine, pour rien ne diminue le plaisir que lui font vos lettres, de lui écrire sur du papier non lustré; elles n'ont pas besoin de cette grâce extérieure elles en ont toutes assez par elles-mêmes, pour se passer d'ornements étrangers.

Ma commission faite, je vais à présent, ma reine, vous parler de moi. Je regrette encore, plus que vous ne pouvez faire, notre séjour de Sceaux. Ce que j'ai ici n'est pas propre à m'en dédommager : il n'y a que peu de jours où je commence à y dormir, par la généreuse action de Jeanneton[4], qui de la moitié de son grabat a fortifié le mien. Je m'y suis opposée, comme vous croyez bien, de toutes mes forces; mais elle l'a emporté : ce qui me fait voir que sa vertu surpasse de beaucoup la mienne. [Vous m'avez dit ces jours passés que vous ne vous portiez pas bien, sans m'expliquer comment.][b]

Dites-moi donc [si vous êtes mieux à présent et][c] pourquoi les du Châtel sont moins bien avec vous ? Je suis très fâchée que vous manquiez d'amusements : c'est un médicament nécessaire à la santé; notre

4 La servante de Mlle Delaunay.

princesse le pense bien ; car étant véritablement malade, elle va sans fin, sans cesse, quelque temps qu'il fasse. Au demeurant, elle me traite si excessivement bien, que j'aurais mauvaise grâce de critiquer ce que j'approuve moins que sa conduite à mon égard. Je suis même dans les exercices de pénitence, qui me font faire des chansons, pour réparer le passé, et surtout la mauvaise humeur que je n'ai pu contenir les premiers jours.

Je suis transportée de joie que vous soyez réconciliée avec votre appartement de Saint-Joseph[5]. Je ne craignais rien tant que votre déplaisance dans un lieu que vous n'auriez pu aisément abandonner. Il est fâcheux qu'il vous en coûte tant, mais rien n'est si nécessaire, surtout quand on beaucoup chez soi, que d'y être commodément et agréablement.

Je suis ravie du projet que vous faites de venir passer un mois avec nous à Sceaux. Je ne doute pas que vous n'ayez l'appartement que vous souhaitez ; mais je crois qu'il vaut mieux n'en parler qu'un peu avant le temps d'y venir, pour ne pas laisser diminuer la chaleur du plaisir qu'on se fera de vous avoir. C'est bien de cette sorte que je pourrai mettre à profit tous les moments pour vous voir : je vais par ce joli point de vue dénoircir les objets qui m'approchent. Je voudrais bien aussi, ma reine, que vous puissiez faire un tour à Anet. Faites donc accoucher cette grande La Guiche[6] avant terme, s'il se peut ; car j'ai bien de l'impatience de vous voir. Aurez-vous un voyage de Champs avec notre grande dame, qui croît toujours ? Il n'y a rien de pis quand on a déjà plus que la stature ordinaire ; il me semble que vous seriez mieux avec nous.

Je me garderai bien de dire que vous avez fait connaissance avec madame la duchesse de Modène[7] ; tout serait perdu : la duchesse vous a trop sacrifié à sa vanité, et perdra par son indiscrétion ce renouvellement de telle partie.

Le secret de la du Châtelet est éventé, mais on ne fera pas semblant de l'avoir découvert. Elle voulait faire jouer ici le petit Boursoufle[d], le jour de Saint-Louis, impromptu ; et pour que tout fût prêt, elle était convenue avec Vanture de faire transcrire les rôles et de les lui envoyer. Ledit Vanture, peu pécunieux, est fort prudent, et considère qu'un tel

5 Couvent des Filles de Saint-Joseph, rue Saint-Dominique.

6 Henriette de Bourbon-Condé (1725-1780), épouse de Jean-Roger, comte de La Guiche.

7 Charlotte-Aglaé d'Orléans (1700-1761), quatrième fille de Philippe d'Orléans et de Françoise-Marie de Bourbon, sœur du duc du Maine.

paquet, par la poste, serait sa ruine. Il a fait demander, par Gaya[8], que certains papiers qui devaient lui être envoyés, fussent mis sous l'enveloppe de S. A. S., ce qu'elle a accordé sans information ; mais le paquet étant arrivé, et le souvenir de la demande perdu, ces deux enveloppes ont été déchirées, et tout mis au jour. Cependant on ne pouvait comprendre le fond de ce mystère, que j'ai été obligé d'éclaircir, n'y ayant plus rien à ménager que la contenance de la surprise qu'on se promet d'observer. La seconde enveloppe recachetée, le paquet a été remis secrètement à Vanture, qui s'applaudit d'avoir si heureusement concilié l'honnête et l'utile.

Je suis folle, ma reine, de me crever les yeux pour vous conter une aussi plate histoire : en reconnaissance d'un si grand service, songez à me procurer un secrétaire. Je suis surprise que Voltaire ait donné au public ses vers sur la dernière bataille. Comment n'a-t-il pas senti qu'ils sont indignes de lui ? Mais puisqu'il ne sent pas combien ces procédés le déshonorent, que peut-il sentir ? Je suis effrayée du long séjour qu'ils doivent faire ici.

Je m'étais bien trompée sur la guérison de M. d'Aubeterre : je suis très fâchée que le président le perde. Je regrette aussi M. de Brienne, ne fût-ce que pour son courage, digne d'un Lacédémonien. On nous avait déjà mandé sa belle action.

[Je ne saurais vous dire encore quand vous aurez Lacour. On l'occupe ici tous les jours mais quand il nous aura établis à Anet où nous allons dimanche, il n'aura pas grand-chose à faire. Je pense donc qu'il pourra retourner à Paris au plus tard vers le 15.][e]

Je n'ai rien de vous aujourd'hui, ma reine, et n'en pourrai rien avoir que dimanche. Je ne m'en plains pas ; mais c'est un grand plaisir qui me manque : pensez du moins à moi qui pense si bien à vous.[f]

À Sorel, samedi 5 août [1747].

J'espère que j'aurai demain de vos nouvelles, ma reine, et je manquerai peut-être de temps pour vous écrire, car c'est le jour de notre départ : et quoique ce voyage ne soit pas long, c'est toujours une transplantation et de nouveaux arrangements. Sorel est bon à faire désirer Anet : aussi

8 Richard de Gaya, écuyer de la duchesse du Maine.

y vais-je avec un grand plaisir. Ceci est pourtant un des jolis lieux du monde : rien n'est plus gai, plus riant que sa situation, mais rien n'est plus norme et plus triste que les habitants. La dame du château en est à désirer quelque pointe de tracasserie, pour réveiller la compagnie. Nous ferons ce soir un grand souper maigre sans poisson : cela ne sera pas plus plaisant que le reste. Enfin, depuis quinze jours que nous sommes ici, il ne s'y est pas passé aucune chose ni tragique ni comique dont j'aie pu vous faire part. J'ai pensé vous mander le mal de gorge de M. Dumont[9], comme l'événement le plus remarquable. Il voulait se faire saigner, madame ne le voulait pas. Les pleurs de sa femme, l'émotion de l'assemblée, la requête pour avoir M. Bouteille mise au néant, les mesures prises, et manquées, pour, à son défaut, introduire secrètement M. André ; les plaintes d'une part, les dissertations de l'autre, tout cela s'était merveilleusement étendu dans le vide. Enfin, Dumont est guéri malgré lui sans faire de remèdes, et en est tout à fait humilié. Je me flatte que le séjour d'Anet, où nous aurons beaucoup de monde, pourra fournir des incidents un peu plus intéressants que celui-ci.

J'ai eu un accès de fièvre avant-hier. J'ai résisté à l'insinuation de prendre du quinquina dès le premier jour. Je saurai ce soir si j'ai bien ou mal fait, et je vous le dirai demain.

[Sorel] Du 6. [août 1747]

Je ne reçois que dans ce moment votre lettre du 2. Voyez la jolie poste, ma reine, et combien cela fait languir le commerce ! Nous ne serons pas mieux à cet égard à Anet, où nous serons dans quelques heures. La pluie nous a quittés, la fièvre ne m'est pas revenue. Tout va assez bien, hors la santé de la princesse, qui est toujours fort enrhumée, et n'en fait ni plus ni moins.

Il me semble que de la façon dont du Châtel vous a écrit, vous n'avez rien à attendre de plus pour aller chez lui ; il peut même s'étonner que, n'ayant rien qui vous retienne, vous différiez si longtemps, et prendre sujet de là de ne vous pas presser davantage. Ne vous laissez point abîmer dans l'ennui : j'ai cru longtemps qu'il naissait de la crainte[g] ; mais je commence à croire qu'elle en sauve plus qu'elle n'en donne : sa véritable

9 Valet de chambre de la duchesse du Maine.

source est l'habitude d'une vie agréable qui s'est rendue nécessaire ; la mienne, toujours exempte de plaisir, me le fait trouver si étranger, que je ne songe pas à lui.

La du Châtelet m'avait déjà communiqué son projet : je crois qu'elle parviendra à jouer son opéra[10] ; mais point de récidive.

Il y a longtemps que j'ai partagé, comme vous, le monde en fous et en sots ; mais gardons-nous de prétendre le privilège exclusif : si nous ne pouvons voir notre folie, soyons assez sages pour la supposer.

Je vois, par ce que vous marquez de mon petit écrit, qu'il est impossible de faire voir aux autres comme nous voyons [nous-mêmes ; il n'en est pas][h] des yeux de l'esprit, comme de ceux du corps. Je n'entreprendrai donc pas de vous persuader ce que je pense ; mais je vous dirai encore un mot sur cela à mon premier loisir. Avez-vous montré au président cette brochure ? [Comme plus près de ma façon de penser,][i] elle pourrait lui plaire plus qu'à vous ; je serais bien aise de savoir ce qu'il en pense.

Nous avons, ce soir, la duchesse. Je n'en attends pas moindre avantage ; quelques devoirs à lui rendre qui me seront à charge, et puis c'est tout. J'en ai reçu des lettres tous les jours de poste pour savoir des nouvelles de S. A. S. Il a fallu y répondre ; cela m'a désolé. Il y a des gens dont la bonne et la mauvaise humeur sont également incommodes. J'ai été ici à l'abri de toute société ; cela m'a fait supporter les autres inconvénients qui s'y trouvent : les commodités nécessaires me font désirer Anet ; mais j'y jouirai moins de cette douceur. À propos de commodités, je suis bien fâchée que les vôtres vous coûtent cher ; il en résulte un autre malaise. On me coupe la parole. Adieu, ma reine.

Anet, mardi 15 août 1747.

Votre lettre du 11, ma reine, que je reçois aujourd'hui, j'aurais dû l'avoir dimanche. J'aurais écrit si j'avais eu à répondre ; je n'ai de moi-même pu rien fournir : le chaud qui m'accable, l'uniformité qui ne réveille pas, tout cela m'a laissée dans l'étourdissement. Voilà un peu de nouveauté. Madame de Saint-Pierre arriva hier, elle me dit la velléité que vous avez eue de venir avec elle. Mon premier mouvement a été le regret de l'inexécution. Je me suis apaisée quand j'ai vu que n'ayant pas

---

10 *Issé* d'Houdar de La Motte et d'André Cardinal Destouches créé en 1697.

votre retraite assurée, en cas de malaise et de déplaisance, vous auriez pu être désespérée. Je ne veux point acheter mon plaisir de votre peine, pas même celui d'avoir de vos nouvelles ; mais si Lassay[j] [11] peut venir, venez, ma reine, avec lui : vous saurez comment vous en aller.

Madame du Châtelet et Voltaire, qui s'étaient annoncés pour aujourd'hui et qu'on avait perdus de vue, parurent hier, sur le minuit, comme deux spectres, avec une odeur de corps embaumés qu'ils semblaient avoir apportée de leurs tombeaux. On sortait de table. C'étaient pourtant des spectres affamés : il leur fallut un souper, et qui plus est des lits qui n'étaient pas préparés. La concierge, déjà couchée, se leva à grande hâte. Gaya, qui avait offert son logement pour les cas pressants, fut forcé de le céder dans celui-ci, déménagea avec autant de précipitation que de déplaisir qu'une armée surprise dans son camp, laissant une partie de son bagage au pouvoir de l'ennemi. Voltaire s'est bien trouvé du gîte : cela n'a point du tout consolé Gaya. Pour la dame, son lit ne s'est pas trouvé bien fait ; il a fallu la déloger aujourd'hui. Notez que ce lit elle l'avait fait elle-même, faute de gens, et avait trouvé un défaut de... dans les matelas, ce qui, je crois, a plus blessé son esprit exact que son corps peu délicat ; elle a par intérim un appartement qui a été promis, qu'elle laissera vendredi ou samedi pour celui du maréchal de Maillebois, qui s'en va un de ces jours. Il est venu ici en même temps que nous avec sa fille et sa belle-fille : l'une est jolie, l'autre laide et triste. Il a chassé avec ses chiens un chevreuil et pris un faon de biche : voilà tout ce qui se peut tirer de là. Nos nouveaux hôtes fourniront plus abondamment : ils vont faire répéter leur comédie ; c'est Vanture qui fait le comte de Boursoufle : on ne dira pas que ce soient des armes parlantes, non plus que madame du Châtelet faisant mademoiselle de la Cochonnière, qui devrait être grosse et boursouflée. Voilà assez parlé d'eux pour aujourd'hui. Venons à vous, ma reine : j'approuve fort le parti que vous avez pris d'écrire aux du Châtel ; leur réponse vous décidera nettement sur votre voyage. Je suis épouvantée de tous ceux du président : qu'il ne consulte pas le médecin de M. de Pourceaugnac[12], il augurerait mal de l'inquiétude de changer de place.

Je suis fort fâchée que vous ne vous portiez pas bien : la méthode des indigestions accumulées me semble pernicieuse, et je pense, ma reine,

---

11 Léon de Madaillan de Lesparre, marquis de Lassay (1681-1750) qui fit construire en 1724 l'hôtel portant son nom.

12 *Monsieur de Pourceaugnac*, comédie-ballet de Molière et Lully (1669).

que vous ferez beaucoup mieux de conserver vos forces, que de prêter des grâces à votre fauteuil. Vous avez écrit une lettre à notre princesse, dont elle est fort contente. Je crois que vous aurez la loge dans ses vacances, mais je n'ai pas encore la commission de vous le mander. Ce qui m'est bien recommandé, c'est de vous prier, en cas que vous voyiez jour à venir ici, d'en avertir d'avance, afin qu'on puisse vous bien loger : vous êtes extrêmement désirée, et l'on veut que vous soyez bien.

J'ai beaucoup ouï parler des tracasseries de l'armée ; mais je ne suis pas moins persuadée que vous que le ministre s'en tirera bien. L'homme d'esprit a beau jeu vis-à-vis des sots. Qu'il ait des ennemis, cela est attaché aux grandes places et suit toujours ceux qui les occupent. J'aime le bien des choses, et suis très fâchée de cette mésintelligence, qui y nuit infiniment ; j'ai peur que ce malheur soit moins grand que le cavagnole, instrument de discorde entre les esprits que vous aviez si bien raccordés. O ma reine ! que les hommes et leurs femelles sont de plaisants animaux ! Je ris de leurs manœuvres le jour que j'ai bien dormi ; quand le sommeil me manque, je suis prête à les assommer. Cette variété de mes dispositions me fait voir que je ne dégénère pas de mon espèce. Moquons-nous des autres, et qu'ils se moquent de nous, c'est bien fait de votre part.[k]

Mercredi.

La soirée fut orageuse. La duchesse apostrophée par Gaya, au cavagnole, fut douce comme un mouton. La paix que vous avez rétablie sera plus solide que je ne pensais. Travaillez, ma reine, à celle des puissances belligérantes, puisque vous avez la main si bonne : on en sera quitte, en effet, de la part de ladite duchesse, pour les importunités courantes, dont vous faites une exacte énumération. L'altesse en a beaucoup ri ; mais l'altercation susmentionnée l'avait replongée ce matin dans la détresse. Je lui ai fait observer la sérénité de l'air, cela en a remis dans son âme : elle est à la promenade en plein soleil, et tout va bien dans le moment présent.

Nos revenants ne se montrent point de jour, ils apparurent hier à dix heures du soir : je ne pense pas qu'on les voie guère plus tôt aujourd'hui ; l'un est à décrire de hauts faits, l'autre à commenter Newton ; ils ne veulent ni jouer ni se promener : ce sont bien des non-valeurs dans une société, où leurs doctes écrits ne sont d'aucun rapport. Voici bien pis, l'apparition de ce soir a produit une déclamation véhémente contre la licence de se choisir des tableaux au cavagnole ; cela a été poussé sur un ton qui nous est tout à fait inouï, et soutenu avec une modération non moins surprenante : mais ce qui ne se peut endurer, ma reine, c'est l'excès de ma bavarderie. Je vous fais pourtant grâce de ma métaphysique. Pour répondre sur cet article, il faudrait que je susse plus nettement ce que vous entendez par la nature, par démontrer. Ce qui sert de principe et de règle de conduite n'est pas au rang des choses démontrées, à ce qu'il me semble, et n'en est pas moins d'usage. Adieu, ma reine, en voilà beaucoup trop.[1]

Anet, 20 août 1747.

Vous ne vous portez pas bien, vous menez une vie triste ; cela me fâche, ma reine. J'ai envie que vous fassiez votre voyage de Montmorency ; quoique cela ne soit pas gai, c'est toujours une diversion : elle ne manque pas ici à nos ennuis : c'est le flux et reflux qui emporte nos compagnies et nous en ramène d'autres : les Maillebois[13], les Villeneuve sont partis ; est arrivée madame Dutour, exprès pour jouer le rôle de madame Barbe, gouvernante de mademoiselle de la Cochonnière[14], et je crois, en même temps servante de basse-cour du baron de la Cochonnière. Voilà le nom que vous n'avez pu lire. Je crois, en effet, ma reine, que vous avez bien de la peine à me déchiffrer. Nous attendons demain les Estillac, au nombre de quatre, car madame de Vaugué et M. de Menou en sont. Madame de Valbelle nous est aussi arrivée ; la Malause[15] s'est promise demain. Le cousin Soquence, aussi fier chasseur que Nemrod[16], n'est pas encore venu, et toutes nos chasses sont sans succès. La duchesse parle d'aller à Navarre, et ne peut s'y résoudre ; M. de Bouillon la presse, dit-elle ; si elle y va, elle n'y sera guère : c'est un prodige de douceur et de complaisance, elle ne manque pas une promenade. La pauvre Saint-Pierre, mangée de

---

13 Le maréchal de Maillebois et son épouse Louise-Marie-Emmanuelle d'Alègre.

14 Thérèse de La Cochonnière, rôle principal du *Comte de Boursoufle* de Voltaire écrit, puis représenté plusieurs fois à Cirey lors de l'hiver 1738-1739, enfin à Anet le 24 août 1747.

15 Marie-Françoise de Maniban, marquise de Malause, qui joua la comédie chez la duchesse du Maine à Sceaux.

16 Personnage biblique, descendant de Noé (*Genèse*, 10), Nemrod était notamment un chasseur réputé.

goutte, souffrant le martyre, s'y traîne tant qu'elle peut, mais non pas avec moi, qui ne vais pas sur terre, et semble un hydrophobe quand je suis sur l'eau.

Madame du Châtelet est d'hier à son troisième logement : elle ne pouvait plus supporter celui qu'elle avait choisi ; il y avait du bruit, de la fumée sans feu (il me semble que c'est son emblème). Le bruit, ce n'est pas la nuit qu'il l'incommode, à ce qu'elle m'a dit, mais le jour, au fort de son travail : cela dérange ses idées. Elle fait actuellement la revue de ses principes : c'est un exercice qu'elle réitère chaque année, sans quoi ils pourraient s'échapper, et peut-être s'en aller si loin qu'elle n'en retrouverait pas un seul. Je crois bien que sa tête est pour eux une maison de force, et non pas le lieu de leur naissance : c'est le cas de veiller soigneusement à leur garde. Elle préfère le bon air de cette occupation à tout amusement, et persiste à ne se montrer qu'à la nuit close. Voltaire a fait des vers galants, qui réparent un peu le mauvais effet de leur conduite inusitée.

Je suis ravie que vous soyez plus tranquille pour votre appartement ; je voudrais bien plus encore que vous le fussiez sur votre santé. Vous êtes trop bonne d'avoir été en peine de la mienne : soyez sûre, ma reine, qu'il mourrait plutôt un bon chien de berger.

S. A. S., que vous n'avez pas voulu qui vous écrivît elle-même, me charge de vous dire des choses fort tendres de sa part, et surtout combien elle désire vous voir. Que j'ai d'impatience, ma reine, que cette femme accouche heureusement, que Lassay puisse vous amener, et que nous vous ayons au moins quelques jours avec nous.

J'ai distribué vos compliments en partie, j'achèverai ; ils ont été reçus avec grâce et reconnaissance. Si vous n'êtes pas contente de tous vos amis, je suis fort aise, ma reine, qu'il y en ait au moins quelques-uns qui fassent bien. Pour ceux qu'on ne peut attraper qu'en volant, c'est bien fait de se consoler quand on les manque, et de ne pas gâter sa physionomie.

Je garde vos lettres, ma reine, non pour disputer, mais pour me régayer au besoin. Croyez-moi très persuadée que vous entendez parfaitement tout ce que vous voulez entendre, et si vous jouez aux échecs comme aux dés, c'est que le jeu ne vous plaît pas. Adieu, ma reine, portez-vous bien, amusez-vous, pensez à moi, et soyez sûre que je vous le rends au centuple.[m]

Anet, [jeudi] 24 août 1747.

J'espérais quelque chose de vous aujourd'hui, ma reine ! je n'ai rien. Je vous crois à Montmorency ; vous n'aurez aussi, presque rien de moi, car le temps me manque. Vous saurez seulement que nos deux ombres évoquées par M. de Richelieu, disparaîtront demain ; il ne peut aller à Gênes sans les avoir consultées : rien n'est si pressant. La comédie qu'on ne devait voir que demain sera vue aujourd'hui, pour hâter le départ. Je vous rendrai compte du spectacle et des dernières circonstances du séjour ; mais, je vous prie, ne laissez pas traîner mes lettres sur votre cheminée. Madame la duchesse du Maine en a écrit une très pressante à Lassay pour l'engager à venir ici avec vous le plus tôt qu'il pourra. Dieu veuille que cela se puisse bien vite, car j'ai grande envie de vous voir, ma reine !

Anet, dimanche 27 août 1747.

Je reçois dans le[n] moment votre lettre du 23, ma reine. Je suis extrêmement fâchée que vous ayez encore eu votre accident. Je veux toujours me flatter que vous en êtes quitte, et je vois avec chagrin que je me suis trompée ; cependant je suis fort aise que n'ayez pas souffert [et que vous n'ayez d'affaiblissement à craindre que de votre excessive diète. Mais il me semble qu'il ne faudrait pas tant boire jusqu'à ce que vous ayez acquis la faculté de rendre ce que vous prenez][o].

J'ai été interrompue pour descendre. Je viens de faire vos remerciements à S. A. S de la loge ; elle m'a montrée une lettre du président[17], dont elle fort contente, fort fâchée en même temps que vous ayez été malade. Elle pense, comme moi, que cet accident passé vous met en sûreté pour un temps que vous devriez prendre pour nous venir voir ; mais Lassay, les couches de madame de La Guiche ! c'est la mer à boire. Ne pourriez-vous point, [ma reine,][p] engager le président, qui chemine si volontiers, à faire ici une course légère et à vous y amener ? Cela serait charmant ; faites-y tout ce qui se pourra : on ne peut être plus désiré que vous l'êtes.

Je vous ai mandé jeudi que nos du Châtelet partaient le lendemain, et que la pièce se jouait le soir : tout cela s'est fait. Je ne puis vous

17 Le président Charles-François Hénault avec qui la marquise eut une liaison.

rendre Boursoufle que mincement. Mademoiselle de la Cochonnière a si parfaitement exécuté l'extravagance de son rôle, que j'y ai pris un vrai plaisir. Mais Vanture n'a mis que sa propre fatuité au personnage de Boursoufle, qui demandait au-delà ; il a joué naturellement dans une pièce où tout doit être aussi forcé que le sujet. Pâris[18] a joué en honnête homme le rôle de Maraudin, dont le nom exprime le caractère. Motel a bien fait le baron de la Cochonnière, Destillac un chevalier, Duplessis un valet. Tout cela n'a pas mal été, et l'on peut dire que cette farce a été bien rendue ; l'auteur l'a anoblie d'un prologue qu'il a joué lui-même et très bien avec notre Dutour, qui, sans cette action brillante, ne pouvait digérer d'être madame Barbe ; elle n'a pu se soumettre à la simplicité d'habillement qu'exigeait son rôle, non plus que la principale actrice, qui, préférant les intérêts de sa figure à ceux de la pièce, a paru sur le théâtre avec tout l'éclat et l'élégante parure d'une dame de la cour : elle a eu sur ce point maille à partir[q] avec Voltaire ; mais c'est la souveraine, et lui l'esclave. Je suis très fâchée de leur départ, quoiqu'excédée de ses diverses volontés dont elle m'avait remis l'exécution.

Le plaisir de faire rire d'aussi honnêtes gens que ceux que vous me marquez s'être divertis de mes lettres, me ferait encore supporter cette onéreuse charge ; mais voilà la scène finie et mes récits terminés. Il y a bien encore de leur part quelques ridicules éparpillés que je pourrai vous ramasser, au premier moment de loisir ; pour aujourd'hui je ne puis aller plus loin.

Adieu, reine ; je vous prie de vous guérir parfaitement et de me mander avec la plus grande exactitude comment vous vous portez.

Anet, mercredi 30 août 1747.

J'espérais apprendre hier vos nouvelles, ma reine. Si je n'en ai pas demain, je serai tout à fait en peine de vous. Notre princesse a écrit au président, et l'invite à venir ici et à vous y amener : vous savez cela sans doute ? J'ai fait ce que j'ai pu pour la détourner de cette démarche, qui pourra être infructueuse et dont le mauvais la fâchera. Si votre santé et les dispositions du président se trouvent favorables, cela sera charmant : en tout cas, on vous garde un bon appartement, c'est celui

18 Secrétaire de la duchesse d'Estrées.

dont madame du Châtelet, après une revue exacte de toute la maison, s'était emparée. Il y aura un peu moins de meubles qu'elle n'y en avait mis ; car elle avait dévasté tous ceux par où elle avait passé, pour garnir celui-là[r]. On y a retrouvé six ou sept tables : il lui en faut de toutes les grandeurs, d'immenses pour étaler ses papiers, de solides pour soutenir son nécessaire, de plus légères pour les pompons, pour les bijoux, et cette belle ordonnance ne l'a pas garantie d'un accident pareil à celui qui arriva à Philippe II, quand, après avoir passé la nuit à écrire, on répandit une bouteille d'encre sur ses dépêches. La dame ne s'est pas piquée d'imiter la modération de ce prince, aussi n'avait-il écrit que sur des affaires d'état ; et ce qu'on lui a barbouillé, c'était de l'algèbre, bien plus difficile à remettre au net.

En voilà trop sur le même sujet, qui doit être épuisé ; je vous en dirai pourtant encore un mot, et cela sera fini. Le lendemain du départ, je reçois une lettre de quatre pages, de plus un billet dans le même paquet, qui m'annonce un grand désarroi. M. de Voltaire a égaré sa pièce, oublié de retirer les rôles, et perdu le prologue ; il m'est enjoint de retrouver le tout, d'envoyer au plus vite le prologue, non par la poste, *parce qu'on le copierait*, de garder les rôles, crainte du même accident, et d'enfermer la pièce *sous cent clefs*. J'aurais cru un loquet suffisant pour garder ce trésor ! J'ai bien et dûment exécuté les ordres reçus.

Ah ! voilà votre lettre de lundi, ma reine : vous avez grand tort de croire que je sois fâchée contre vous, et qu'en conséquence je suspende mes lettres. Je vous ai écrit tous les ordinaires : souvenez-vous que ce n'est que deux fois la semaine que nos lettres vont à Dreux. Je suis véritablement affligée de l'état triste où vous êtes ; tâchez d'en sortir, mais ne vous abstenez pas de m'en parler : il n'y a rien que je veuille si bien savoir que tout ce qui vous regarde. Je viens de lire votre lettre, qui est charmante, à S. A. S. : elle s'est beaucoup divertie de votre récit, et m'a paru véritablement touchée du témoignage de votre amitié ; elle m'a chargée de vous donner toutes sortes d'assurances de la sienne : elle meurt d'envie de vous voir, et s'il vous est absolument impossible de venir ici, elle se fera un grand plaisir de vous trouver à Sceaux. Vous me direz, ma reine, si vous êtes toujours dans le dessein de préférer, comme je le souhaite, le grand au petit château, afin que j'en parle à temps.

La duchesse vous fait mille compliments : elle a soutenu avec un grand courage l'accident de madame de Modène, et résisté avec beaucoup de fermeté aux instances de M. de Bouillon pour aller à Navarre. Vous voyez que ce que vous faites est bien fait, ma reine. [Je me suis acquittée de votre commission dans la forme que vous me marquez pour madame de Saint-Pierre. J'aurais encore mille choses à nous dire, mais le courrier me presse.][s] Adieu : je vous aime mieux qu'à moi n'appartient, et en vérité fort tendrement.

Anet, jeudi matin 6 septembre 1747.

Ah bien, ma reine[t], vous ne voulez donc me rien dire ? Aussi vous dirai-je peu, non par dépit, mais par disette. Nous faisons, nous disons toujours les mêmes choses : les promenades, les observations sur le vent, le cavagnole, les remarques sur la perte et le gain, les mesures pour tenir les portes fermées quelque chaud qu'il fasse, la désolation de ce qu'on appelle les étouffés, au nombre desquels je suis[u], et dont vous n'êtes pas, qualité qui redouble le désir de votre société. Les nôtres changent sans nous rien apporter de nouveau. Mais, dites donc, n'y a-t-il nulle espérance de vous voir[v] ? Vous n'irez point à Montmorency, puisque le mari part et que la femme revient : son état fait peine à imaginer. Cependant je suis bien aise pour du Châtel qu'il ne s'enterre pas tout vivant ; il se serait dévoré lui-même, comme ceux à qui cet accident arrive réellement. Quels sont donc les beaux ouvrages que lui et ses amis ont faits ? Je suis fort aise de la bonne santé de M. de Céreste : je souhaite encore qu'il se souvienne de moi.

Irez-vous à Champs, ma reine ? peut-être y êtes-vous déjà : je ne sais rien de vous ; mais, pourvu que vous vous portiez bien, j'approuve tout. La duchesse d'Estrées fit hier une lourde chute, ne pouvant pas en[w] faire de légère ; elle prétend que sa tête fit un bruit de tonnerre en frappant une marche du degré, dont elle dit en avoir dégringolé cinq : elle se fit saigner, vint ensuite jouer au cavagnole, et fut souper en bas : je suppose qu'elle soupa bien, et que les suites de cet accident ne seront pas fâcheuses. On a joué, la semaine passée, nos vieilles comédies ; on nous en promet de toutes neuves, dont je vous rendrai compte, si compte y a à rendre.

Je reçois enfin votre lettre de dimanche, par laquelle je vois que vous n'êtes pas rétablie de votre dernier accident. [Ce qui me déplaît le plus, c'est votre difficulté à pisser. J'espère cependant comme vous, qu'avec un peu plus de temps, tout cela se passera.][x] Je vous avoue, ma reine, que le prologue ne m'a pas déplu, quoique je n'aie pris le compliment qu'il me fait, que comme[y] une ironie[19]. Le développement de leurs caractères est parfaitement bien fait dans votre lettre, et d'une utile instruction ; ils se sont fait détester ici, en n'ayant de politesses ni d'attentions pour personne.

J'ai bien jugé que le président ne se rendrait pas à l'invitation ; mais s'il ne répond en aucune sorte, et ne donne pas quelque excuse, cela sera tout à fait malhonnête. J'approuve que vous m'écriviez sur l'appartement de Sceaux, comme vous me le dites ; je suis persuadée que vous l'aurez aux conditions qu'il vous plaira, si ce n'est qu'il faudra vous montrer un peu plus dans la journée. C'est avec grand regret que je perds l'espérance de vous voir ici. Adieu, reine : j'ai tout donné à mon goût, ne comptez point sur ma reconnaissance, il ne me reste rien pour elle.

Anet, [dimanche] 10 septembre 1747.

Qu'elle accouche donc vite, cette femme, puisque vous êtes disposée à venir, ma reine ; mais si cela tarde, pourquoi n'oseriez-vous pas venir ? Vos accidents sont fort adoucis, et le pis du pis, s'il vous arrivait d'y tomber ici, vous ne seriez pas plus mal qu'ailleurs ; vous ne recourez point aux médecins dans ce cas-là, et vous ne manqueriez pas des autres choses : on trouve partout de quoi faire diète, qui est votre remède unique ; vous verriez ou ne verriez pas qui il vous plairait. J'ai dit à S. A. S ce que vous me mandez sur son retour à Sceaux : elle m'a dit qu'elle est ici, qu'elle vous y souhaite, que les projets pour l'avenir ne siéent pas aux mortels ; qu'au milieu de la vicissitude des choses de ce monde, on ne peut répondre de ce qu'on fera ; que cependant, s'il n'arrive pas d'événements contraires, elle reviendra à Sceaux, à peu près vers le temps que vous désirez. Je vous dirai, moi qu'elle y sera avant le 15 octobre ; elle partira plus tôt, mais vraisemblablement elle ira passer deux ou trois jours à Steuil, et cela mènera au temps que je vous marque : j'ai peur qu'alors vous n'aimiez mieux votre appartement de

---

19 Rose évoque de nouveau le couple de Voltaire et de Mme du Châtelet, ainsi que la comédie *Le Comte de Boursoufle* pour laquelle Voltaire avait écrit un prologue dans lequel il s'amusait du talent de dramaturge de Mme de Staal.

Paris que celui de Sceaux ; vous aurez envie de jouir, de goûter le fruit de vos soins, et vous nous laisserez là pour un autre temps.

Vous avez trouvé le vrai secret pour conserver ses amis : passer tout et ne rien prétendre. Toute belle et bonne qu'est votre philosophie, si en vous détachant des autres, vous n'en tenez que plus fortement à vous, vous n'y gagnerez rien. Pour être bien en repos, il faut ne se soucier guère de soi ni des autres ; je crois que cela n'est pas tout à fait impossible, et dans le train où vous êtes peut-être y arriverez-vous.

Je vous dirai, ma reine, que je suis si bête, que je n'ai pas remarqué dans le prologue ce qui regarde François II[20] : mais n'y aurait-il point quelque addition depuis que je l'ai vu ? Madame la duchesse du Maine ne s'en est pas aperçue non plus.

Je croyais que madame du Châtel revenait à Paris. Comment vous êtes-vous enrhumée par le chaud qu'il a fait ?

Portez-vous bien, je vous prie, et m'aimez. Je suis ravie de ne pas entrer dans le plan de votre philosophie ; vous êtes bien exceptée de la mienne, ma reine.

Anet, mercredi 13 [septembre][z] 1747.

Madame la duchesse du Maine a lu votre lettre, ma reine, et m'a dit de vous mander que si le mauvais temps vous rend incommode votre logement du petit château, vous aurez, de préférence à tout le monde, celui que vous souhaitez, à moins que madame de Sandwich[21], qui l'a toujours occupé, ne voulût venir passer quelque temps à Sceaux. Au surplus, je vous dirai que si vos voyages à Paris doivent être longs et fréquents, je crois qu'on serait peiné de garder au grand château un appartement souvent vide : c'est à quoi on se résout moins volontiers. Quant au moment du retour, je ne puis vous le dire précisément ; mais j'ai ordre de vous marquer que ce ne sera pas plus tard que le 15 octobre, et je crois je vous l'ai mandé.

Si madame de La Guiche voulait accoucher, si vous vous portiez bien, ma reine, il serait charmant de vous voir à Anet. S. A. S. a reçu la lettre du président, toute agréable et point satisfaisante ; il dit qu'il

20 *François II, roi de France*, pièce de Charles-Jean-François Hénault publiée en 1747 chez Prault.

21 Lady Elizabeth Montagu (1674-1757), comtesse de Sandwich.

ne peut être plus de trois jours hors de Paris. Vous savez ce qui en est ; mais on s'excuse comme on peut. Votre découverte est fort curieuse, j'en ai recommandé le secret. En vérité c'est se charger d'un digne emploi !

J'ai dit à la duchesse d'Estrées ce que vous me mandez pour elle ; elle vous dit aussi cent choses, entre autres qu'elle vous désire ici passionnément. Je ne l'ai jamais vue plus satisfaite et si complaisante ; ses concurrentes dessèchent de cette heureuse paix. Madame de Saint-Pierre s'en va mardi ; elle est d'un commerce doux et paisible, et vaut mieux que tout ce qui nous reste. Je n'en ai pourtant pas fait grand usage : c'est souvent ce qui me conserve la bonne opinion qu'on a les uns des autres. J'ai fait une promenade si longue que j'en suis toute éperdue. Je vous dis adieu, ma reine, n'ayant rien de mieux à dire.

Anet, dimanche 17 septembre 1747.

On ne peut être plus touché que je le suis, ma reine, de votre amitié ; mais je suis un peu fâchée de la trop bonne opinion que vous avez de moi : elle me fait craindre que je ne sois fausse ; car, si vous ne voyez pas mes défauts, il faut que je les cache : et c'est bien pis que de les avoir.

J'ai lu votre lettre à S. A. S. ; depuis qu'elle croit que vous ne viendriez pas à Anet, elle vous aime la moitié moins : c'est un soupçon que j'ai, qui me paraît plus fondé que le vôtre sur le prologue de Voltaire[22] : je l'ai reçu et je crois toujours qu'il n'en a voulu qu'à *Venise sauvée*[23]. Quelque peu mesuré qu'il soit, se serait-il avisé de vous régaler d'une pièce offensante pour vos amis ? J'ai mis votre conscience en sûreté sur le séjour à Passy : j'ai cru qu'on en recevrait une grande édification ; mais la disposition actuelle a fait passer cet article sans remarque ; peut-être cela vient-il de la pluie d'hier et de la hauteur du baromètre : ce qui est de certain, c'est que l'humeur n'est pas belle. M. de Lassay a mandé qu'il viendrait, en quelque temps que ce fût, [dès qu'il pourrait,][aa] quand même il n'amènerait personne. L'on voudrait toujours qu'il vous amenât ; car, en vous trouvant peut-être moins aimable, on ne désire pas moins de vous voir. Le désir d'être entourée augmente de jour en jour, et je prévois que si vous tenez un appartement sans l'occuper, on aura grand regret à ce que vous ferez perdre, quoi que

22 Prologue du *Comte de Boursoufle* expressément écrit pour la représentation du 24 août 1747 à Anet.

23 Pièce de Thomas Otway écrite en 1682 qui connut un immense succès jusqu'au XVIIIe siècle.

ce puisse être. Les grands, à force de s'étendre, deviennent si minces qu'on voit le jour au travers : c'est une belle étude de les contempler, je ne sais rien qui ramène plus sûrement à la philosophie. Je pense[ab] bien à la vôtre de ne se pas départir des commodités ; mais je désapprouve qu'on se fasse un tourment du soin d'être à son aise, comme je le vois souvent. Je vois aussi que la délicatesse augmente à mesure qu'on la sert, et l'on est mal à force de vouloir être bien. Il faut prendre le temps et les gens, et les choses aussi, comme tout cela se trouve, et bien s'en trouve-t-on soi-même. Depuis que je ne veux plus rien, je me trouve mieux que si j'avais tout ce que j'ai jamais désiré : mais si je persisterai dans cet heureux état, qui le sait ? Ce n'est pas moi : je ne m'en inquièterai pas d'avance.

Voilà trop de morale, venons à la comédie. On joua hier *la Mode*[24], en vérité fort bien, et à la suite une pièce de Senneterre[25] assez bouffonne. Duplessis[26], habillé en vieille, joua très plaisamment la baronne du Goulai. La connaissez-vous ? C'est une bonne figure : son ajustement, son chant, sa danse la rendirent très comique. Les facéties ont un succès plus sûr et bien plus général que les choses plus travaillées ; mais n'en fait pas qui veut : il me serait aussi impossible de faire une jolie farce qu'une belle tragédie.

Il faut que je finisse mon bavardage, malgré que j'en aie. Adieu, reine ; j'ai grande envie de vous voir à Sceaux, s'il est impossible que ce soit ici, puis à Saint-Joseph à moitié ermite : j'y voudrais être avec vous, et ne vous quitter jamais.

Anet, jeudi 21 septembre 1747.

Votre prétendue disgrâce, ma reine, n'est que le chagrin de ce que vous n'êtes pas ici. Vous n'avez pu y venir ; mais peut-être croira-t-on que vous ne l'aviez guère voulu, et toutes vos douceurs ne répareront point ce démérite. Je soupçonne aussi que la crainte d'avoir un habitant de moins, en vous livrant un appartement de plus, nuit à l'affection qu'on vous porte ; car notre passion dominante est la multitude : ce goût augmente et se fortifie peut-être à mesure qu'on trouve moins de ressource en soi-même. On m'a

24 Comédie de Mme de Staal.

25 Henri-Charles, marquis de Senneterre (1714-1785), auteur de comédies et de contes de fées.

26 Officier de la duchesse du Maine.

dit que vous aviez écrit une lettre fort tendre. Je ne l'ai point vue ; on me la montrera ce soir vraisemblablement. Mais il faut que la mienne parte tout à l'heure, pour que vous soyez avertie assez tôt de m'écrire un petit mot que je puisse montrer, dans lequel vous me fassiez la proposition de la loge pour le 6 octobre ou le 13, en cas d'engagement. Je n'en puis parler sur votre lettre d'aujourd'hui, qu'on voudrait voir, et dont je me suis bien gardée de faire aucune mention. Je sacrifie mon dîner à la nécessité d'y répondre promptement : ce n'est pas grand-chose ; j'aurai beaucoup plus de plaisir à vous entretenir quelques moments. Nous venons de faire une longue promenade qui m'a pris tout mon temps.

Je suis ravie de la prise de Berg-op-Zoom[27], et plus encore de l'espérance de la paix, que je désire de tout mon cœur.

Vous n'aurez pas, ma reine, une froide réception ; on vous aimera dès qu'on vous verra. Pour moi, qui vous aime toujours, je serai transportée de joie de me retrouver avec vous ; j'aurais d'ailleurs peu d'impatience de mon retour. Je ne me suis point ennuyée ici : ce sont les intervalles de plaisir qui font l'ennui ; dès qu'on y est accoutumé, on ne le sent plus. Vous le prouvez. Cet exemple est bien fort de votre part ; car c'était, en effet, votre poison. Si j'ai bien dit sur l'extension des grands, vous avez encore mieux répondu. Entassons-nous, replions-nous sur nous-mêmes, vous n'y perdrez rien du côté de l'esprit ; en lui donnant moins de champ, il n'en a que plus de force : le feu et les grâces du vôtre ne l'abandonneront jamais. Ce que vous dites sur les gens vifs, abondants, pétulants, etc. est exquis, et toute votre lettre charmante. Pourquoi Formont se laisse-t-il engourdir au point que vous me marquez ? Il a grand besoin que vous lui rendiez l'existence. Quand sera-t-il à Paris ?

Adieu, ma reine ; l'heure me presse, et ne me permet que de vous dire combien je vous aime.

Je ne soupçonne point qu'on vous ait fait aucune tracasserie.

Anet, vendredi 22 septembre 1747.

S. A. S., qui a plus mal aux yeux qu'à l'ordinaire, m'a ordonné, ma reine, en attendant qu'elle puisse vous écrire elle-même, de vous marquer

27 Épisode la guerre de succession d'Autriche (1740-1748) où la ville de Berg-op-Zoom fut assiégée par l'armée du maréchal de Saxe.

combien elle est sensible à toute l'amitié que vous lui témoignez : elle vous assure de la sienne et de l'extrême impatience qu'elle a de vous voir. Elle sait très mauvais gré à madame de La Guiche de n'être pas accouchée, et plus encore au président Hénault, dont c'est bien plus la faute, de n'avoir pas voulu vous amener ici : il aurait pu vous y déposer, faire ses tours à Versailles, ou ailleurs, et vous y venir reprendre, et même vous auriez pu trouver, sans lui, quelqu'un qui vous eût ramenée ; enfin, l'on ne peut se consoler de ne vous avoir pas à Anet. Je compte m'en dépiquer à Sceaux : j'ai grande impatience de vous y voir, ma reine. Vous ne me dites rien de votre santé : je me flatte que vous en êtes plus contente, et je le souhaite de tout mon cœur. J'attends le petit mot que je vous ai demandé dans ma lettre d'hier, pour exécuter votre commission. C'est uniquement pour remplir celle que j'ai reçue, que je vous écris aujourd'hui, ma reine : vous n'aurez ni pis ni mieux.

Anet, dimanche 24 septembre 1747.

Votre lettre du 22 a bien réussi, ma reine ; je viens de la lire à S. A. S., qui m'a dit de vous mander qu'elle ne s'en est point du tout prise à vous du refus du président, ni compté que vous dussiez venir à vos frais. Mais voilà madame de La Guiche accouchée : si elle se porte bien, et vous aussi, [et que votre temps critique fut passé,][ac] et que Lassay soit disposé à venir vers le 1er octobre, ne pourriez-vous pas encore venir ici pour y passer une huitaine de jours ? Voyez ce que vous pourrez faire sans préjudice de votre santé. Au surplus, madame la duchesse du Maine vous assure qu'elle vous aime autant que jamais, et vous donnera l'appartement que vous souhaitez, comme je vous l'ai marqué. Voilà ce que j'ai ordre de vous dire. J'y ajoute, de vous à moi, que si au grand château vous ne paraissez que le soir, et que vous soyez beaucoup à Paris, on vous en saura très mauvais gré, ne fût-ce que le mauvais exemple de faire sa volonté dans cette enceinte. Ainsi je vous conseille, ma reine, malgré la commodité que j'y trouverais pour moi, de ne point accepter cette habitation, à moins que vous ne veuilliez prendre sur vous plus que vous ne faites dans l'autre.

Voilà un billet que je vous envoie pour mademoiselle d'Avranches, pour la loge : vous y verrez de quoi il s'agit à cet égard.

Adieu, reine ; je n'ai pas le loisir de vous dire un mot de plus, j'en suis bien fâchée.

Anet, dimanche 1er octobre 1747.

Eh bien ! ma reine, malgré l'occasion pressante, vous n'êtes pas venue. On me paraît persuadé que vous ne l'avez pas pu ; Lassay et votre lettre ont parlé à merveille sur cela : elle me donnerait une grande inquiétude sur votre santé, si je croyais que vous n'avez pas pris soin de diminuer les inconvénients qui vous servent d'excuse. Vous auriez pu les augmenter beaucoup en voyageant par un aussi mauvais temps, et je ne puis être fâchée que vous ne soyez pas venue nous consoler, persuadée, comme je le suis, que cet ouvrage s'achèvera bien sans vous. On enterre ici, cette après-dînée, cette pauvre duchesse d'Estrées ; et puis la toile sera baissée, on n'en parlera plus. Pâris était bien malade dans le temps de cette malheureuse aventure, et n'en a su qu'hier la triste catastrophe. J'ai peur que le nouveau règne ne fasse beaucoup regretter le précédent : ceux qui veulent s'en emparer s'empressent grandement. Cela ne me fait personnellement rien, si ce n'est que le mauvais train des choses me déplaît.

Donnez-moi de vos nouvelles, ma reine, et surtout de votre chère santé, dont je suis en peine, malgré ce qui peut à cet égard me rassurer.

Je ne sais pas encore le jour de notre départ, on attend le comte d'Eu pour le fixer : je vous le manderai, ma reine, dès que je le saurai.

Anet, le 2 octobre 1747.

J'ai reçu aujourd'hui, par la guinguette, votre lettre du 29, ma reine, par laquelle je vois que vous avez su notre déplorable aventure, le jour même qu'elle est arrivée. Je vois aussi que le coup qui nous a frappés a retenti dans votre âme, peut-être plus que sur les lieux. Je pense, comme vous, que c'est un malheur pour cette maison, et je trouve que vous en exprimez parfaitement la nature, en disant que la perle est plus grande que n'était la valeur de la chose perdue : cependant, je n'ai vu d'autres sentiments que la frayeur d'un pareil accident : ce qui peut y être de plus, est absorbé par-là. La distraction, prise par goût et pour remède, aura bientôt tout emporté.

Je vous mandai hier, sommairement comment la chose est arrivée, et je vais vous en faire un détail plus exact, puisque vous le souhaitez. La chute précédente n'a eu nulle influence sur ceci ; la tête, soutenue par un bras qui a été fort meurtri, n'avait pas porté : c'était une circonstance ajoutée pour rendre le fait plus grave, et le souper que j'avais supposé, à vue de pays, immodéré, ne le fut pas : aucun signe de danger ne suivit cet accident, ni mal de cœur, ni éblouissements, et l'on peut tenir pour certain qu'il n'a nulle part à ce qui l'a suivi, dont voici le commencement. Il y eut samedi huit jours que la duchesse d'Estrées fut prise d'une douleur dans le bras, non celui où était la contusion de sa chute : cette douleur était si vive, qu'elle faisait des cris comme une femme qui accouche. J'allai la voir ne sachant pas qu'elle fût incommodée, mais parce qu'on m'avait dit qu'elle n'était pas à la promenade, où elle allait tous les jours : je fus fort surprise d'entendre ses clameurs, et trouvant quelque chose de singulier dans cette espèce de mal, je l'exhortai et la pressai moi-même, avec toutes sortes d'instances, de faire venir ce médecin de Dreux que vous fîtes venir pour moi l'année passée, et dont je l'assurai que j'avais été fort contente : je lui en proposai encore d'autres, estimés dans ce pays-ci, je n'y pus rien gagner. Notre petite faculté lui proposa force lavements, elle en prit sept ou huit, qui lui firent rendre une quantité immense de mauvaise nourriture non digérée. La douleur de son bras diminua alors beaucoup ; mais des espèces de points qu'elle avait sentis en même temps dans le sein et dans la poitrine, continuèrent, et se firent sentir plus vivement qu'ils n'avaient fait d'abord ; elle se plaignait aussi de maux de cœur, d'étourdissements et de battements de cœur, mais point de fièvre : je la pressai beaucoup de prendre médecine, que j'aurais voulu très forte ; elle se contenta de prendre de la manne, et retarda jusqu'au mardi : elle passa tout ce temps-là sans rien prendre, pas même de bouillon, et ne put se résoudre à rien boire. Enfin cette légère médecine produisit une grande évacuation, et ses douleurs cessèrent ; mais il lui restait des maux de cœur, et des battements de cœur, et elle se trouvait fort faible : elle recommença à prendre un peu de nourriture, et le jeudi, veille de sa mort, elle mangea à dîner, du potage, des œufs, et encore quelque autre chose ; elle se leva le soir pour souper chez elle avec madame de Fervaquez : ce fut un léger repas, mais pourtant trop fort pour l'état où elle était ; elle mangea fort gaiement, et madame de Fervaquez l'ayant quittée à minuit, elle se prépara à se remettre dans son lit. Elle avait été si bien toute cette journée, que j'avais passée en partie chez elle, que madame la duchesse du Maine, qui l'allait voir tous les jours, lui dit en plaisantant qu'elle n'y viendrait plus, et qu'il fallait qu'elle descendît le lendemain : ce qu'elle parut très disposée à faire. Je me suis un peu écartée : j'en étais au moment qu'elle prit sa chemise pour se coucher : elle dit à ses femmes que ses jambes lui manquaient, et qu'elle ne pouvait se soutenir ; elles la traînèrent jusqu'à son lit, et la jetèrent dedans : il était à peu près une heure. À peine fut-elle couchée, que faisant une espèce de râlement, ses femmes se rapprochèrent d'elle, et la trouvèrent la tête penchée sur son sein, la bouche ouverte, et les yeux à moitié ouverts, sans mouvement et sans connaissance : on vint avertir madame la duchesse du Maine, qui monta aussitôt chez elle avec tout ce qui était dans le salon, car le jeu n'était pas fini : le chirurgien, le curé, l'apothicaire[ad], tout se trouva en même temps dans la chambre de cette pauvre femme, qui demeura toujours dans la même situation ; on lui donna de lilium[ae], des gouttes d'Angleterre, on la saigna du pied ; le sang vint bien, mais sans rappeler la connaissance ; beaucoup d'émétique qui n'opéra pas davantage ; elle fit pourtant quelques efforts pour vomir, et même vomit un peu ; cela nous donna un moment d'espérance : enfin on lui donna l'extrême-onction, sans que madame la duchesse du Maine voulût sortir de la chambre ; on l'obligea ensuite de passer dans le cabinet à côté, où nous restâmes jusqu'au dernier moment, qui fut à peu près à quatre heures du matin. S. A. S., toute éperdue, retourna dans son appartement et se mit dans son lit : madame de Saint-Maur et moi, nous restâmes auprès d'elle jusqu'à six heures.

Voilà, ma reine, le triste détail que vous me demandez : il est peut-être trop circonstancié pour une chose qui n'est propre qu'à fournir des idées noires, que vous n'avez que trop de disposition à saisir, comme il me paraît par votre dernière lettre. Ne vous laissez pas gagner par des pensées aussi[af] lugubres : j'espère que vous les laisserez à la Sainte-Chapelle, au lieu de votre personne, qui jouira agréablement et longtemps de son nouveau gîte.

J'ai fait mes compliments à Pâris, qui est très touché de votre attention pour lui : il est encore malade : sa maîtresse lui donne mille francs de pension et ses équipages par son testament, qui est fort sage ; M. de Nevers[28] est légataire universel. Quant à moi, ma reine, je la regrette ; elle en usait fort bien avec moi et l'ascendant que vous aviez pris sur son esprit, nous répondait de l'avenir ; enfin je trouve qu'elle seyait bien ici ;

---

28 Philippe-Jules-François Mancini (1676-1768), prince de Vergagne, puis duc de Nevers, frère aîné de la duchesse d'Estrées.

d'ailleurs, sa fin est si tragique, qu'il est impossible qu'on n'en soit pas attendri. Je suis fort contente d'avoir vu en vous le même sentiment, qui devient si rare, que c'est merveille de le trouver quelque part.

[Anet] Jeudi 5 octobre.

Ce n'est pas ma faute, ma reine, si vous n'avez pas eu plus tôt ce récit, mais celle de la poste ; il ne m'a rien coûté, parce que je l'ai fait pour vous. Ne soyez pas en peine de moi ; je n'ai eu que deux mauvaises nuits : tout a repris dès le lendemain le train ordinaire. Je ne suis pas surprise que vous ne l'ayez pas deviné : il y a des choses qu'il faut voir pour les croire. Je voudrais répondre à votre dernière lettre, et je ne le puis, car il faut que celle-ci parte.

Ce que vous dites de l'état monarchique et républicain est excellent, et me donnerait matière de jaser ; mais, il faut que je sois en bas, et me voilà en haut : on va à la chasse, malgré un [grave][ag] rhumatisme.

[Adieu reine, ne croyez pas que je me refuse au plaisir de vous aimer ni au bonheur d'être aimée de vous.][ah]

Anet, vendredi 6 octobre 1747.

Enfin, ma reine, nous partons de demain en huit, samedi, 14 de ce mois, pour aller à Steuil ; nous y serons jusqu'au mardi, qu'on va coucher à La Queue, et le lendemain à Sceaux, qui sera le mercredi 18. Il n'a pas été possible de reculer davantage, et rien n'a pu, comme vous voyez, nous dégoûter d'Anet. Si je vous trouve à Sceaux, comme je l'espère, cela réparera tout. Je suis en peine de vous, avec plus de raison que vous ne l'êtes de moi. Je terminai hier si brusquement ma longue lettre, que je ne pus vous dire combien je souhaite que vous me rendiez un compte exact de votre santé ; [marquez-moi l'effet que vous font les eaux les eaux de Vichy et][ai] de tout ce qui vous regarde, ma reine, avec assurance que je n'y prends pas moins de part que vous-même. Je suis bien éloignée d'être aussi parfaite que vous le pensez ! Je fis mauvaise mine, ne pouvant véritablement me traîner, la seconde nuit qu'on m'envoya chercher ; j'en reçus le lendemain des reproches fort secs en présence de beaucoup de témoins : cela me déplut. J'avais prié M. de

Lassay, qui y était, d'en faire de ma part une petite plainte douce et honnête, il en manqua le moment ; je crois qu'il ne l'a pas retrouvé ; ne lui en parlez pas, si vous le voyez, car à présent cela ne serait plus bon à rien. Il en est résulté qu'on m'a laissée fort en repos, et peut-être qu'un peu de dégoût, supposé que je ne l'aie pas mérité, vaut mieux que beaucoup de fatigue que j'aurais pu avoir à l'occasion d'un rhumatisme qui tourmente les nuits, dont on se plaint fort sans y rien sacrifier. Ne me répondez rien sur ceci. On m'a recommandé de vous mander bien vite l'arrangement pris, afin que vous puissiez faire le vôtre, pour être à Sceaux en même temps que nous. On voudra voir votre première lettre : il est bon qu'elle ne contienne rien que de louable. S. A. S. en a reçu une de M. le président Hénault ; elle m'a dit de vous prier de lui en faire ses remerciements, et ses excuses de ce qu'elle ne lui fait pas réponse elle-même, étant si incommodée qu'elle ne peut plus écrire. Je puis encore avoir de vos nouvelles mardi et jeudi, j'en espère du moins encore une fois avant notre départ. Que j'aurai de joie de vous revoir, ma reine ! que de choses nous aurons à nous dire ! Je ne vois encore rien sur la forme du gouvernement ; mais je pense, comme vous, que le pire des états est l'état populaire.

Adieu, reine, portez-vous bien, aimez-moi, et soyez sûre que je vous aime.

Anet, dimanche 8 octobre 1747.

Je suis sensiblement touchée de votre amitié, ma reine ; mais l'illusion où elle vous mène me fâche sérieusement. Je vois que ce n'est pas moi que vous aimez, mais une idée qui vous appartient uniquement et que vous avez rendue digne de vous, et trop peu ressemblante à la chétive créature à qui vous en faites présent. Vous me réduirez enfin à ma juste valeur. J'espère cependant qu'accoutumée à m'aimer, et touchée de mes sentiments, vous ne m'en aimerez pas moins.

Je vous ai mandé, samedi, par Lassay, notre marche, et que nous serons mercredi 18 à Sceaux. Nous allons samedi à Steuil ; j'y trouverai Lacour qui y est actuellement, et que je ne pourrai voir que là ; je lui demanderai quel jour il sera à Paris, et je vous le manderai : je ne crois pas que ce soit avant que nous soyons arrivés à Sceaux. Si vous n'y pouvez guère rester, tâchez, ma reine, de vous contenter de votre petit château, pour éviter des murmures et peut-être des plaintes qui vous déplairaient. Tâchons qu'il n'arrive rien qui nous sépare encore plus que nous le sommes. Si vous vous résolvez d'habiter ce lieu froid et humide, ordonnez qu'on y fasse bon feu plusieurs jours avant que vous y veniez.

J'ai bien cru, ma reine, que le remède de dissipation que nous croyions nécessaire pour tempérer nos frayeurs ne serait pas généralement approuvé. Il est pourtant vrai qu'on n'a joué aucune comédie depuis l'affreux spectacle que nous avons vu ; mais je ne vous réponds pas qu'avant notre départ nous ne revoyions la farce de M. de Senneterre. Heureusement pour moi je n'y prends ni n'y mets : je gémis, je m'étonne encore, et ne puis remédier à rien. Il faut convenir que nous allons un peu au-delà de l'humaine nature. Je vois d'ici ma pompe funèbre : si le regret est plus grand, les ornements seront en proportion. Que nous importe ? Il faut toujours bien faire, et ne s'embarrasser que de cela.

Je n'ai pas encore vu le pauvre Pâris, qui est toujours malade dans le village où l'on le transporta pour lui dérober la connaissance de son malheur. J'aurais voulu, comme vous, qu'on eût fait plus pour lui, et peut-être était-ce l'intention de cette pauvre femme, qui dit, quelques jours avant sa mort, qu'elle avait des choses à mettre sur son testament.

Je suis bien aise que vous aimiez madame de Saint-Maur ; c'est la seule personne raisonnable et décente que nous ayons chez nous : elle sera bien flattée de ce que vous me mandez pour elle, je n'ai pu encore le lui dire. Je me presse de vous répondre, de peur que le temps ne m'en soit ôté. Le seul plaisir de ma vie est d'être avec vous, ma reine, de façon ou d'autre.

Je ne pourrai plus recevoir de vos lettres ici, passé jeudi. Si vous avez par-delà quelque chose à me dire, ou simplement envie de m'écrire, adressez vos lettres chez M. le comte d'Eu, à Steuil par Mantes : cette poste va tous les jours ; mais nous n'y serons que jusqu'à mardi, que nous allons coucher à La Queue. Je vous embrasserai le lendemain, n'est-ce-pas, ma reine ?

Anet, mardi 10 octobre 1747.

Notre arrivée, ma reine, est retardée d'un jour, parce que le départ du roi pour Fontainebleau empêche qu'on ait des chevaux de Versailles pour mener notre suite le jour qu'il le fallait. Nous partons toujours samedi pour aller à Steuil ; mais nous n'arriverons que jeudi 19 à Sceaux. Je n'en suis pas si fâchée, puisque c'est un jour de plus pour assurer votre état avant notre embarquement. J'espère que vous viendrez, et que ce sera sans inquiétude : c'est tout ce que je désire. Je ne puis vous dissimuler qu'on est étonné que vous regardiez comme une perte ce qu'on envisage peut-être en gain. Vos premières lettres à ce sujet avaient déjà mal réussi ; mais on n'a pu tenir à cette dernière, et l'on s'est tant récrié, que j'ai été obligée de dire que ce dont on avait tant de peine à se passer avait pu vous paraître nécessaire : on m'a répondu à cela ce que je sais il y a longtemps. La vanité, parmi de certaines gens, retient ce que le cœur rejette. On a fini par me dire qu'on vous avait été fort obligé de ce que vous aviez fait, parce que, vu les circonstances, cela était bon, et qu'on mettrait en œuvre pour le maintenir bon ; mais qu'enfin il n'en était plus question, et qu'il ne fallait plus parler de tout cela. C'est avec peine que je vous rends ceci ; mais il m'a paru nécessaire que vous sussiez les dispositions, pour régler vos propos : sans quoi, ils paraîtraient insoutenables.

Nous n'aurons point de comédie, j'en suis fort aise ; car j'adopte la leçon que fait Arnolphe à Alain et Georgette[29] : il y a eu seulement un petit brimborion dans les bosquets, qui me déplut si fort, que, sans les fortes remontrances de madame de Saint-Maur, je ne m'y serais pas trouvée : elle m'a dit de vous mander, ma reine, qu'elle vous aimerait quand même vous ne le voudriez pas, et que vous jugiez si vous en serez refusée.

Au reste, j'ai fait des réflexions qui me consolent de la bonne opinion que vous avez de moi : j'y trouve un nouvel engagement à faire tout de mon mieux, et j'en cherche de tous côtés. Si la vanité est le principe de cette disposition, qui paraît bonne, autant vaudrait peut-être faire du pis qu'on peut.

Je suis fâchée des embarras que vous donne votre logement : je ne sais pourtant s'il ne vaut pas mieux s'impatienter quelquefois, que de n'avoir aucun sentiment. Vous n'aurez votre tapissier que lorsque nous serons arrivés : je ne vois nul moyen de vous le procurer plus tôt. Pourvu que vous vous portiez bien, c'est le principal, les autres inconvénients sont légers et passagers. Adieu, reine ; j'attends avec grande impatience le moment de vous voir. J'ai encore fait dire à Pâris que vous souhaitiez le voir dès qu'il serait à Paris.

29 Molière, *L'École des femmes*, acte II, scène 2.

[Anet] Vendredi 13 octobre 1747.

Rien n'est égal à la surprise et au chagrin où l'on est, ma reine, d'avoir appris que vous avez été chez madame la duchesse de Modène. Un amant bien passionné et bien jaloux supporte plus tranquillement les démarches les plus suspectes, qu'on n'endure celle-ci de votre part. « Vous allez vous dévouer là, abandonner tout le reste ; voilà à quoi on était réservé : aussi est-on l'exemple du malheur, les tourments dont on se croyait quitte vont renaître par vous, et toujours la même pierre d'achoppement : c'est une destinée bien cruelle ! » etc. J'ai dit ce qu'il y avait à dire pour ramener le calme ; on n'a voulu rien entendre. Quoique je ne doive plus m'étonner, cette scène a encore trouvé moyen de me surprendre. Venez, je vous conjure, ma reine, nous rassurer contre cette alarme : ne louez point la personne dont il s'agit, et surtout ne parlez pas de son affliction ; car cela serait pris pour un reproche. Je comprends que vous serez tentée d'abandonner une route si scabreuse ; mais songez que si vous preniez ce parti, tout retomberait sur moi, que vous laisseriez à l'abandon. On est déjà fort mal disposé à mon égard, et je vous demande en grâce de vous prêter, dans les circonstances présentes, à ce qui est nécessaire pour remettre les choses dans un meilleur état. Si, par la suite, vous n'y pouvez tenir (car je sens combien cela est difficile), vous dénouerez doucement, sans rompre. Je n'exigerai pas de votre amitié que vous rendiez votre vie épineuse et désagréable, c'est assez que la mienne le soit : le partage que vous feriez de mes peines, loin de les soulager, les doublerait.

Nous partons toujours demain, et nous arriverons jeudi, comme je vous l'ai mandé. Je désire passionnément de vous trouver à notre débarquée. Je n'eus jamais tant de besoin de vous, ma reine.

LETTRES DE LA DUCHESSE DU MAINE AU CHEVALIER DE SAINT-POINT

Armée du Rhin
Monsieur le chevalier de Saint Point
Capitaine de cavalerie au régiment du Rumain à l'armée du Rhin

À Anet ce 19 septembre [1741 ?]

Je viens de recevoir, monsieur, la lettre que vous avez pris la peine de m'écrire le 8 de ce mois. Je vous remercie de m'avoir donné de vos nouvelles, et de celles de vos marches. Il me semble qu'on ne voit pas encore clair dans tout ceci, mais je ne puis croire qu'on ne soit pas assuré du roi de Prusse de notre côté. Pour moi je désire fort, que tout se passe tranquillement et que nous revoyions bientôt nos amis au nombre desquels je vous mets, monsieur. Je vous regrette fort à Anet et j'espère que vous reviendrez d'assez bonne heure pour passer quelque temps avec moi à Sceaux cet automne, en attendant que vous me ferez plaisir de m'informer de ce qui se passera d'intéressant où vous êtes. Soyez, je vous prie, persuadé, monsieur, que j'ai pour vous toute l'estime et la considération que vous méritez.

Louise Bénédicte de Bourbon

Armée de Bavière[1]
Monsieur le chevalier de Saint Point
Capitaine de cavalerie au régiment du Rumain à l'armée de Bavière

À Sceaux ce 1er novembre [1741]

---

1 « Kronsdorf » a été ajouté postérieurement par une main inconnue.

J'ai reçu, monsieur, la lettre que vous avez pris la peine de m'écrire le 19 de l'autre mois. Je vous remercie de votre attention à me donner des nouvelles de notre armée. Elles vont devenir, je crois, de plus en plus intéressantes. Il me paraît que l'on ne doute point que l'électeur de Bavière ne marche en Bohême. M. de Belle-Isle[2] doit vous avoir joint à présent, quoique l'électeur de Mayence ait fait son entrée à Francfort. Je crains que l'élection de l'empereur[3] ne soit encore bien éloignée. Je désirerais fort que tout ceci fût fini, et que nous puissions revoir tous nos amis cet hiver. Je vous mets de ce nombre, monsieur, et je vous assure que je désire fort votre retour. Je vous prie de vouloir bien continuer à me donner de vos nouvelles, et de celles de tout ce qui se passera où vous êtes. Soyez aussi bien persuadé que je serais fort aise de trouver des occasions de vous donner des marques de mon estime et de mon amitié.

Louise Bénédicte de Bourbon

Je suis bien affligée de l'état où est le cardinal de Polignac. On vous aura sans doute mandé qu'il est très mal, d'une hydropisie qui lui est venue tout d'un coup.

Armée de Bavière
Monsieur le chevalier de Saint Point
Capitaine de cavalerie au régiment du Rumain à l'armée de Bavière

À Sceaux ce 22 novembre [1741]

J'ai reçu, monsieur, les deux dernières lettres que vous avez pris la peine de m'écrire. Je n'ai pas pu y répondre plus tôt, ayant été bien tristement occupée de la maladie et de la mort du pauvre cardinal de Polignac[4], dont je suis, comme vous pouvez croire, extrêmement affligée. Je n'en ai pas moins de reconnaissance de votre attention à me donner des nouvelles de ce qui se passe où vous êtes. Je comprends qu'il

2 Charles-Louis-Auguste Fouquet, duc et maréchal de Belle-Isle, parti le 4 mars 1741 pour Francfort.

3 Charles VI, empereur du Saint-Empire, mourut le 20 octobre 1740. Charles-Albert, électeur de Bavière et roi de Bohême, sera élu empereur le 24 janvier 1742 sous le nom de Charles VII.

4 Mort survenue le 20 novembre 1741.

est triste pour vous d'être obligé de rester à Ens[5], mais apparemment qu'on vous aura bientôt relevé, ainsi que l'électeur l'a promis, et que vous serez à portée de m'instruire, ainsi que vous voulez bien me le promettre, de tout ce qui arrivera de plus intéressant. Il n'est pas ordinaire de faire la guerre en hiver et la voilà qui commence. Je ne doute point que Prague[6] ne soit bien tout près. Je désire fort que tout ceci finisse et que nous revoyions bientôt nos amis. Je me flatte monsieur que vous ne doutez pas que vous n'ayez beaucoup de part à ce souhait ; je vous prie d'être bien persuadé que mes sentiments pour vous sont tels que vous les pouvez désirer.

Louise Bénédicte de Bourbon

Armée de Bavière
Monsieur le chevalier de Saint Point
Capitaine de cavalerie au régiment du Rumain à l'armée de Bavière

À Paris ce 20 décembre [1741 ?]

J'ai été longtemps, monsieur, sans répondre à votre dernière lettre, ne sachant où vous l'adresser. Quoique j'ignore encore actuellement où vous êtes, je ne puis différer davantage de vous remercier de votre attention à me faire part de ce qui se passe à votre armée. Il me semble que les succès ont été fort heureux jusqu'à présent, et il y a apparence que cela continuera. Je crois que vous allez présentement prendre des quartiers d'hiver. Je vous prie, monsieur, de continuer à me donner des nouvelles, et d'être bien persuadé de ma reconnaissance et de l'estime particulière que j'ai pour vous.

Louise Bénédicte de Bourbon

Armée de Bavière
Monsieur le chevalier de Saint Point
Capitaine de cavalerie au régiment du Rumain à l'armée de Bavière

5 Ville des Pays-Bas.
6 Prise de Prague le 21 novembre 1741 par le maréchal de Saxe.

À Paris ce 12 janvier [1742]

Je n'ai pu répondre plus tôt à votre lettre du 22 de l'autre mois, monsieur, parce que le grand froid a fort augmenté ma fluxion sur les yeux. Je vous remercie des compliments que vous me faites au sujet de la nouvelle année, et des détails de tout ce qui se passe où vous êtes. Il me semble que nous avons eu quelques petits échecs du côté de Pilzee [?], mais en revanche on dit que M. de Polastron s'est emparé d'un lieu très important appelé Teutebenbroud [?]. Nous voici à la veille de l'élection de l'empereur. Dieu veuille qu'elle finisse la guerre, voici un cruel temps pour la continuer. Soyez, je vous prie, toujours bien persuadé, monsieur, que je m'intéresse fort à tout ce qui vous regarde, et que j'ai grande impatience de pouvoir vous en assurer de vive voix.

Louise Bénédicte de Bourbon

Armée de Bavière
Monsieur le chevalier de Saint Point
Capitaine de cavalerie au régiment du Rumain à Donnavert[7]

À Paris ce 28 février [1743 ?]

Je reçus il y a quelques jours, monsieur, la lettre que vous avez pris la peine de m'écrire, et la résolution qui y était jointe. Je n'ai pu y répondre plus tôt parce que depuis près de trois semaines, je suis très incommodée d'un grand rhume avec de la fièvre et une grande augmentation de ma fluxion sur les yeux. Vous m'avez fait beaucoup de plaisir de ménager un récit aussi net et aussi exact que celui que vous avez pris la peine de faire de tout ce qui s'est passé à Lanb [?]. Je vous ai beaucoup plaint dans vos dangers et dans vos souffrances ; celles de votre route pour aller à Donnavert n'ont pas été les moindres. Je suis fort aise que vous vous soyez tiré heureusement de tout cela. Nous ne savons encore ici rien de positif sur l'état présent des choses. On reçoit plusieurs nouvelles qui se contredisent. Mais M. le maréchal de Belle-Isle qui doit arriver aujourd'hui éclaircira apparemment plusieurs doutes. J'espère que nous nous reverrons bientôt en ce pays et que je

7 Donauworth, ville de Bavière.

pourrai monsieur vous donner de nouvelles assurances de mon estime et de mon amitié.

Louise Bénédicte de Bourbon

Monsieur le chevalier de Saint Point
Capitaine de cavalerie au régiment du Rumain à l'armée de Bavière

À Versailles ce 5 mai [1743 ?]

Je n'ai pas pu monsieur répondre plus tôt à la lettre que vous avez pris la peine de m'écrire le 22 de l'autre mois. Le pauvre M. de Gavaudun[8] venait de mourir d'une fluxion de poitrine lorsque je l'ai reçue, ce qui m'a extrêmement affligée. Je ne doute point que vous ne preniez part à ma douleur, et que vous ne le regrettiez pour lui-même, ainsi que tous ceux qui l'ont connu particulièrement. Vous me ferez plaisir de m'informer de ce qui se passera à l'armée où vous êtes, ce qui deviendra plus intéressant de jour en jour. Je suis très touchée, monsieur, des sentiments que vous me témoignez, je vous assure que je les mérite par l'estime et l'amitié que j'ai pour vous.

Louise Bénédicte de Bourbon

Armée de Bavière
Monsieur le chevalier de Saint Point
Capitaine de cavalerie au régiment du Rumain à l'armée de Bavière

À Sceaux ce 21 juin [1743]

Je suis bien fâchée, monsieur, de n'avoir pu répondre plus tôt à la lettre que vous avez pris la peine de m'écrire le troisième de ce mois. Mais outre une grande augmentation de ma fluxion sur les yeux qui m'a absolument empêchée d'écrire, j'ai été très occupée depuis quelque temps de la maladie et de la mort de Madame la Duchesse[9]. Vous m'avez

8 Jean-François d'Auray de Brie, chevalier de Gavaudun, fidèle de la cour de la duchesse du Maine, qui prit part notamment aux Grandes Nuits de Sceaux de 1714-1715.

9 Louise-Françoise de Bourbon, dite Mme la Duchesse, fille de Louis XIV et de Mme de Montespan, décédée le 16 juin 1743.

fait un grand plaisir de me mander de vos nouvelles et de m'assurer qu'on était content de mon fils. Je fais surtout beaucoup de cas de votre approbation. Je ne vous parle point de ce qui s'est passé en Bavière. Je n'ai pas de peine à croire que le retour en ce pays ne vous pas été agréable. Je crois qu'il ne l'est guère davantage à ceux qui y ont toujours été. Vous me ferez plaisir, monsieur, de me mander ce qui pourra se passer d'intéressant à votre armée. Vous savez que je prends beaucoup de part à ce qui vous regarde en particulier. Je me flatte que vous êtes aussi bien persuadé des sentiments d'estime que j'ai pour vous.

Louise Bénédicte de Bourbon

Armée de Broglie[a]
Monsieur le chevalier de Saint Point
Capitaine de cavalerie au régiment du Rumain à l'armée de M. le maréchal de Broglie

À Sceaux ce 30 juin [1743 ?]

J'ai reçu monsieur la lettre que vous m'avez écrite de Donnavert le 14 de ce mois. Je vous plains fort d'être sans équipage. J'espère cependant que vous n'en serez pas privé pour toute la campagne. Vous avez trouvé les affaires de Bavière dans un triste état qui est encore empiré depuis notre dernière lettre. Il est arrivé comme vous l'aviez prévu que l'armée du maréchal de Broglie vous a été trouver à Donnavert. Je ne sais si elle restera ; on croit que tout se joindra à l'armée du maréchal de Noailles. Je ne sais si vous aurez reçu ma première lettre. Je crains de n'avoir pas bien mis l'adresse. Le principal est que vous sachiez que je vous ai fait réponse aussitôt que mon mal aux yeux me l'a permis. Comme il subsiste encore, je ne puis faire cette lettre plus longue. Je vous prie, monsieur, de continuer à me donner quelquefois des nouvelles de ce qui se passera où vous êtes, et de ne jamais douter de tous les sentiments que j'ai pour vous.

Louise Bénédicte de Bourbon

Armée de Coigny
Monsieur le chevalier de Saint Point
Aide major général de la cavalerie à l'armée de M. le maréchal de Coigny

À Sceaux ce 24 mai [1744 ?]

J'ai reçu, monsieur, la lettre que vous m'avez écrite le 16 de ce mois. Ma santé ne m'a pas permis de vous répondre plus tôt, et je suis encore si incommodée qu'à peine ai-je la force de vous remercier de votre attention. J'espère que vous voudrez bien me la continuer. Vous me ferez grand plaisir, monsieur, de m'informer de temps en temps de ce qui se passera d'intéressant à votre armée.

Louise Bénédicte de Bourbon

Armée de Coigny
Monsieur le chevalier de Saint Point
Aide major général de la cavalerie à l'armée de M. le maréchal de Coigny

À Sceaux ce 18 juillet [1744]

J'ai reçu, monsieur, la lettre que vous avez pris la peine de m'écrire le neuf de ce mois. Ce qui s'est passé à votre armée m'avait donné de grandes inquiétudes d'autant plus que je craignais qu'il n'y eut une seconde affaire à Lauterbourg. Depuis que j'ai su que vous vous étiez postés à Haguenau, j'ai été plus tranquille. Voilà le roi qui marche en personne à notre secours. Cela est très glorieux pour lui, et je ne doute pas qu'il ne fasse repasser le Rhin au prince Charles[10]. En attendant, j'espère que M. de Coigny fera en sorte de n'être pas attaqué. Je vous remercie, monsieur, de la continuation de votre attention pour moi. Soyez, je vous prie, bien persuadé de mon estime et de mon amitié.

Louise Bénédicte de Bourbon

10 Charles-Alexandre, prince de Lorraine (1712-1780).

Alsace
Monsieur le chevalier de Saint Point
Aide maréchal général des logis de la cavalerie à Strasbourg

À Anet ce 6 septembre [1744]

Les inquiétudes de toute espèce que j'ai eues depuis quelque temps, monsieur, ont si fort augmenté toutes mes incommodités qu'il ne m'a pas été possible de répondre à la lettre que vous m'avez écrite pendant tous les mouvements de notre armée. J'ai appris depuis la cruelle aventure qui vous était arrivée, j'ai prié M. d'Ancezune[11] de vous mander toute la part que j'y prenais. Je viens d'en recevoir le détail par votre lettre du 29 de l'autre mois. Je vous renouvelle, monsieur, la peine que j'en ressens. Cependant, c'est un bonheur dans ce mal que vous n'y ayez pas péri et que vous n'ayez rien de cassé ni de démis. Dieu vous serve le reste de cette campagne ! Elle sera sans fin et je suis très fâchée qu'on fasse le siège de Fribourg[12]. Soyez toujours bien persuadé, monsieur, de la part que je prends à tout ce qui vous regarde et des sentiments d'estime et d'amitié que j'ai pour vous.

Louise Bénédicte de Bourbon

Monsieur le chevalier de Saint Point
Aide maréchal général des logis de la cavalerie, de l'armée de M. le maréchal de Maillebois à Tudelingen[13]

À Paris ce 22 janvier [1745 ?]

Ma mauvaise santé m'a empêchée, monsieur, à la lettre que vous avez pris la peine de m'écrire sur la nouvelle année. Vous ne devez pas douter que je n'eusse été fort aise de vous revoir cet hiver. Je ne doute pas que la besogne que vous faites ne soit fort difficile, mais aussi je vous crois très capable de vous en bien acquitter. Il me paraît que vous ne vous sentez plus de l'horrible culbute que vous avez faite cette dernière campagne. J'espère et je souhaite fort, qu'il ne vous arrive rien que d'heureux à

11 Joseph-André d'Ancezune, duc de Caderousse (1695-1767).
12 Septembre-novembre 1744.
13 Tuttlingen, ville du Bade-Wurtemberg.

l'avenir. Soyez, je vous prie, monsieur, bien persuadé de l'intérêt que je prends à ce qui vous regarde, que je suis fort sensible aux témoignages de votre amitié et que vous pouvez compter sur la mienne.

Louise Bénédicte de Bourbon

Armée de Conti
Monsieur le chevalier de Saint Point
Aide maréchal général des logis de la cavalerie à l'armée du Bas Rhin

À Sceaux ce 2 mai [1745]

Quoique je sois plus incommodée que je n'aie encore été, je ne puis me résoudre, monsieur, à différer davantage à vous remercier de la peine que vous avez prise de me mander, par votre lettre du 22 de l'autre mois, ce qui est venu à votre connaissance touchant la malheureuse affaire de M. de Ségur[14] contre les Autrichiens qui a coûté la vie au pauvre M. de Rupelmonde[15]. Sa mère est inconsolable. L'accommodement de l'électeur de Bavière qu'on a appris presque en même temps est encore une aventure fâcheuse dans les circonstances présentes. Quoique les ennemis soient loin de nous à présent, les choses peuvent changer. Ainsi, monsieur, je vous prie de vouloir bien continuer à m'informer de tout ce qui pourra arriver d'intéressant et d'être bien persuadé de la considération des sentiments que vous savez que j'ai pour vous.

Louise Bénédicte de Bourbon

Allemagne
Monsieur le chevalier de Saint Point
Aide maréchal général des logis de la cavalerie à l'armée de Conti

À Sceaux ce 27 avril [1746 ?]

14 Henri-François, comte de Ségur (1689-1751), vaincu à la bataille de Pfaffenhofen en Autriche le 15 avril 1745.

15 Né en 1707, Yves-Marie de Recourt de Lens de Licques, comte de Rupelmonde, baron de Wiskerque, maréchal des camps et armées du roi, mort le 15 avril 1745 près de Possenhofen en Bavière.

Je suis au désespoir, monsieur, d'avoir été si longtemps sans répondre à la lettre que vous avez pris la peine de m'écrire le premier de ce mois, mais outre les occupations de la semaine sainte, j'ai toujours été malade depuis plus de trois semaines. J'ai eu la fièvre plusieurs jours avec un rhume terrible qui est encore dans sa force, et une grande augmentation de fluxion sur les yeux. Presque tout cela dure encore, mais quelque accablée que je sois, je ne puis me résoudre à tarder davantage à vous remercier, monsieur, de la continuation de vos attentions pour moi, et à vous prier de vouloir bien ne les pas ralentir.

Louise Bénédicte de Bourbon

Flandres
Monsieur le chevalier de Saint Point
Aide maréchal général des logis de la cavalerie à l'armée commandée par M. le prince de Conti

À Sceaux ce 19 juin [1746]

Mon mal aux yeux qui est extrême m'a empêché de vous remercier plus tôt, monsieur, des lettres que vous avez pris la peine de m'écrire. Je n'ai pu me résoudre à tarder davantage à vous marquer ma reconnaissance, quoiqu'il n'y ait encore aucune diminution à mon mal. J'espère que notre siège de Mons[16] ne sera pas long. On n'en dit ici aucune nouvelle, et l'on ne sait pas même quel jour la tranchée a été ouverte. Voilà, monsieur, tout ce que je puis vous écrire. Continuez, je vous prie, à me donner quelquefois de vos nouvelles, et soyez persuadé que mes sentiments pour vous sont tels que vous les pouvez désirer.

Louise Bénédicte de Bourbon

Flandres
Monsieur le chevalier de Saint Point
Aide maréchal général des logis de la cavalerie à l'armée commandée par M. le prince de Conti en Flandres

16 10 juillet 1746.

À Sorel ce 8 août [1746]

Les malheureux événements que nous avons essuyés, monsieur, et au milieu desquels je me suis trouvée, m'ont empêchée de répondre plus tôt à la lettre que vous m'avez écrite depuis votre maladie qui m'aurait fort inquiétée si vous ne m'eussiez mandé en même temps votre guérison. Je reçus hier la lettre par laquelle vous me faites part de la prise de Charleroi[17] qui est en effet une chose inconcevable. Vous m'avez fait grand plaisir de m'en masquer les détails. Le bruit avait couru qu'on avait perdu beaucoup de monde tant du côté des ennemis que du nôtre au défilé des cinq étoiles, mais on a su depuis que cette perte était médiocre. Ainsi on jouit de la satisfaction de la prise de Charleroi sans amertume. J'ai vu sur la carte la position des ennemis qui rend comme vous dites le siège de Namur impossible, au moins tant qu'ils resteront comme ils sont. Je suis à Sorel depuis quelques jours et j'irai le 13 de ce mois m'établir à Anet pour le reste de l'automne. Continuez, je vous prie, monsieur, à me donner de temps en temps des nouvelles de votre armée, et soyez persuadé de ma reconnaissance et des sentiments d'estime et d'amitié que j'ai pour vous.

Louise Bénédicte de Bourbon

17 2 août 1746.

VARIANTES

Lettres de la duchesse du Maine, d'Antoine Houdar de La Motte et de Madame de Lambert

a Imprimé et manuscrit : orthographié « Bragelonne ».
b Manuscrit : « n'avait pas prévu votre Altesse Sérénissime ».
c Manuscrit : « qu'il y ait prise ».
d Uniquement dans imprimé : « La Motte secrétaire ».
e Uniquement dans manuscrit.
f Manuscrit : « moquerie ».
g Manuscrit : « pas moins ».
h Uniquement dans manuscrit.
i Uniquement dans manuscrit.
j Uniquement dans manuscrit.
k Uniquement dans imprimé.
l Uniquement dans manuscrit.
m Uniquement dans manuscrit.
n Uniquement dans manuscrit.

Lettres de Rose Delaunay au marquis de Silly

a Numérotation des lettres absente du manuscrit.
b Manuscrit : « M. L. ».
c Imprimé : « l'art ».
d Imprimé : « des troubles ».
e Manuscrit : « amies ».
f Manuscrit : « exactement à » (correction autographe de Rose Delaunay ?).
g Imprimé : « votre ».
h Imprimé : « l'impression ».
i Imprimé : « est victime ».
j Uniquement dans imprimé.

Lettres de Mme de Staal à la marquise du Deffand

a Imprimé : « 28 ».
b Uniquement dans manuscrit.
c Uniquement dans manuscrit.
d Imprimé : erreur « Boursault ». Il s'agit de la comédie de Voltaire, *Le Comte de Bousoufle*.
e Uniquement dans manuscrit.
f Manuscrit : paragraphe objet d'une nouvelle lettre datée du « Jeudi 4 » par erreur puisqu'il s'agit du 3.
g Manuscrit : « contrainte ».

h Uniquement dans imprimé.
i Uniquement dans manuscrit.
j Imprimé : « l'Assay ».
k Lettre manquante dans manuscrit.
l Lettre manquante dans manuscrit.
m Lettre manquante dans manuscrit.
n Manuscrit : « ce ».
o Uniquement dans manuscrit.
p Uniquement dans manuscrit.
q Imprimé et manuscrit : « maille à partie ».
r Manuscrit, en note : « L'amie de Voltaire, son Émilie ».
s Uniquement dans manuscrit.
t Manuscrit : « reine » sans « ma ».
u Manuscrit : « les étouffées, au nombre desquelles je suis ».
v Manuscrit : « avoir ».
w Manuscrit : « n'en pouvant pas ».
x Uniquement dans manuscrit.
y Manuscrit : « pour ».
z Imprimé : erreur « décembre ».
aa Uniquement dans manuscrit.
ab Imprimé et manuscrit : « passe ».
ac Uniquement dans manuscrit.
ad Manuscrit : les deux derniers substantifs sont inversés.
ae. Imprimé : « l'illium ».
af Manuscrit : « si ».
ag Uniquement dans manuscrit.
ah Uniquement dans manuscrit.
ai Uniquement dans manuscrit.

Lettres de la duchesse du Maine au chevalier de Saint-Point

a Manuscrit : orthographié « Broglio ».

ANNEXES

LETTRE DE LA DUCHESSE DU MAINE À LA MARQUISE DU DEFFAND

Ce dimanche 7 jui[1]...

Je n'ai reçu qu'aujourd'hui, madame, la lettre que vous avez pris la peine de m'écrire vendredi. Je l'ai reçue avec beaucoup de plaisir ; mais elle m'en eût fait encore davantage, si elle ne m'eût pas appris le retardement de votre retour à Sceaux : j'avais espéré de vous y revoir aujourd'hui, et je vous avoue que je suis très fâchée qu'il faille attendre jusqu'à mercredi. Je comprends que madame de Luynes trouve votre compagnie assez agréable pour avoir désiré de vous garder plus longtemps auprès d'elle ; mais je me flatte que vous n'avez pas oublié la parole que vous m'avez donnée de n'être que huit jours à votre voyage, et que les deux que vous n'avez pas pu refuser à madame de Luynes ne seront suivis d'aucun autre délai. Je suis fort aise qu'elle se souvienne de moi ; mais, à vous dire le vrai, une amitié métaphysique n'est pas d'usage en ce monde ci, et doit être réservée pour les purs esprits. Je ne puis croire, si elle avait les sentiments que vous dites qu'elle a pour moi, qu'elle eût entièrement retranché les petits voyages de Sceaux, et que M. de Luynes trouvât mauvais qu'elle remplît ces devoirs d'amitié. J'espère au moins, madame, que, pour m'en dédommager, elle vous laissera auprès de moi et ne vous attirera pas souvent à Dampierre. Je suis très touchée de l'amitié que vous me témoignez, et de l'assurance que vous me donnez de réparer, par votre assiduité à Sceaux, le temps

1 Manuscrit déchiré. La date du « Dimanche 7 juin 1747 » donnée dans l'imprimé est erronée. Il s'agit soit du 7 juillet 1743, soit du 7 juin 1744. Pour l'attribution à la duchesse du Maine, voir p. 20-21.

que vous en avez été éloignée. Je vous assure, madame, qu'il me paraît bien long, et que je vous attends mercredi avec grande impatience.

Je suis fort aise que M. de Charost vous ait parlé de moi avec amitié, et des bons offices que vous m'avez rendus auprès de lui. J'espère qu'à l'avenir vous m'écrirez plus familièrement, et que vous retrancherez ce grand cérémonial dont mon amitié pour vous ne s'accommode point. Faites, je vous prie, bien des compliments de ma part à Mme[2] de Luynes.

PORTRAIT DE MADAME DE STAAL PAR ELLE-MÊME

Madame de Staal est de moyenne taille, assez bien faite, maigre, sèche et désagréable ; son caractère et son esprit sont comme sa figure, il n'y a rien de travers, mais aucun agrément ; sa mauvaise fortune a beaucoup contribué à la faire valoir : la prévention où l'on est que les gens dépourvus de naissance et de bien ont manqué d'éducation, fait qu'on leur sait gré du peu qu'ils valent.

Elle en a pourtant eu une excellente, et c'est d'où elle a tiré tout ce qu'elle peut avoir de bon : comme les principes de vertu, les sentiments nobles et les règles de conduite que l'habitude à la suivre lui ont rendus comme naturels, sa folie a toujours été de vouloir être raisonnable, et, comme les femmes qui se sentent serrées dans leur corps s'imaginent être de belle taille, sa raison l'ayant incommodée, elle a cru en avoir beaucoup. Cependant, elle n'a jamais pu surmonter la vivacité de son humeur, ni l'assujettir du moins à quelque apparence d'égalité ; ce qui souvent l'a rendue désagréable à ses maîtres, à charge dans la société, et tout à fait insupportable aux gens qui ont dépendu d'elle : heureusement la fortune ne l'a pas mise en état d'en envelopper plusieurs dans cette disgrâce.

Avec tous ces défauts, elle n'a pas laissé d'acquérir une espèce de réputation, qu'elle doit uniquement à deux occasions fortuites, dont l'une a fait connaître au public ce qu'elle pouvait avoir d'esprit, et l'autre a fait remarquer en elle de la discrétion et quelque fermeté ; ces événements

---

2 Manuscrit : « Mlle ».

ayant été fort connus, l'ont fait connaître elle-même, malgré l'obscurité où sa condition l'avait placée, et lui ont attiré une sorte de considération au-dessus de son état ; elle a tâché de n'en être pas plus vaine, mais la satisfaction qu'elle a de se croire exempte de vanité en est une.

Elle a rempli sa vie d'occupations sérieuses, plutôt pour fortifier sa raison, que pour orner son esprit, dont elle fait peu de cas ; aucune opinion ne se présente à elle avec assez de clarté pour qu'elle s'y affectionne, et ne soit aussi prête à la rejeter qu'à la recevoir ; ce qui fait qu'elle ne dispute guère, si ce n'est par humeur ; elle a beaucoup lu, et ne sait pourtant qu'autant qu'il faut entendre ce qu'on dit sur quelque matière que ce soit, et ne rien dire de mal à propos.

Elle a recherché avec soin la connaissance de ses devoirs, les a respectés aux dépens de ses goûts, et s'est autorisée du peu de complaisance qu'elle a pour elle-même, à n'en avoir pour personne ; en quoi elle suit son naturel inflexible, que sa situation a plié sans lui faire perdre son ressort.

L'amour de la liberté est sa passion dominante, passion très malheureuse en elle, qui a passé sa vie dans la servitude : aussi son état lui a-t-il été difficile à soutenir, malgré les agréments inespérés qu'elle a pu y trouver.

GLOSSAIRE

Références

A (imprimé)	Lettres de la duchesse du Maine, d'Antoine Houdar de La Motte et de Mme de Lambert
B (imprimé)	Lettres de Rose Delaunay au marquis de Silly
C	Lettres de Rose Delaunay au chevalier de Ménil (1)
D	Lettres de Rose Delaunay au chevalier de Ménil (2)
E	Lettres de Mme de Staal-Delaunay à M. d'Héricourt
F (imprimé)	Lettres de Mme de Staal-Delaunay à la marquise du Deffand
G	Lettres de la duchesse du Maine au chevalier de Saint-Point (manuscrit non numéroté)

Amphibie (E 204) : qui présente un double caractère, équivoque.

Amusements (A 8) : badinage.

Apologue (C 214) : court récit dont se dégage une vérité morale.

Apostille (A 58) : annotation ajoutée en bas ou en marge d'une lettre.

Après-dînée (D 66, F 201) : après-midi.

Armet (C 248) : casque.

Avoir affaire de (E 203) : avoir besoin de.

À vue de pays (F 204) : à vue de nez.

Badinage (A 13, 67, C 211) : jeu spontané, souvent innocent et superficiel.

Badin (C 211).

Badiner (D 54).

Berger, bergère (A 6, 10) : personnages amoureux issus de la poésie pastorale.

Bordée (F 155) : averse.

Bout rimé (A 57) : pièce de vers composée sur des rimes données.

Cabale (C 229) : science occulte.

Cimentée (B 135) : affermie.

Conférer (D 89) : s'entretenir avec quelqu'un sur un sujet d'importance.

Contenance (F 160) : attitude extérieure exprimant une manière d'être voulue.

Corbillon (C 208) : jeu de société où, à la phrase « je vous passe mon corbillon », suivie de la question « Qu'y met-on ? », les joueurs doivent répondre par des mots terminés en « -on ».

Déceler (A 12) : montrer, faire apparaître ce qui était caché.

Dépiquer, se (C 233, F 197) : se venger.

Dépriser (B 185, C 263) : porter un jugement défavorable.

Dessécher (F, 190) : priver d'agrément.

Donner prise (A 8) : s'exposer.

Émétique (F 207) : vomitif.

Entours (B 174) : entourage.

Faribole (C 211) : propos ou chose frivole, de peu d'importance.
Fièvre tierce (E 218) : fièvre intermittente dont les épisodes reviennent le troisième jour.
Flatter, se (D 76) : se prévaloir de quelque chose.
Fluxion de poitrine (G) : inflammation de la paroi thoracique, de la plèvre et du poumon.
Fluxion sur les yeux (G) : afflux de sang ou d'autres liquides sur certains tissus qui se tuméfient.
Frais (C 206, 225) : effort.

Galanterie (A 13, C 199, F 153, 174) : manière polie, enjouée et agréable de faire ou de dire les choses.
Galant(e) (A 8, 33, 38, 39, C 196).
Goût (A 13, 17) : jugement, discernement de l'esprit.
Grâces (A 5) : beautés du style.
Griève (C 237) : grave.
Guinguette (F 205) : petit cabaret hors de la ville.

Harangue (A 7) : discours solennel, parfois ennuyeux.
Hérésie (A 26) : contraire à ce qui est couramment admis.
Holocauste (B 176) : victime.
Hydrophobe (F 173) : qui n'est pas mouillé par l'eau.
Hydropisie (G) : œdème provoqué par l'accumulation de sérosité dans une cavité du corps.

Insuffisance (A 4) : incapacité d'une personne à exécuter une tâche, à remplir une fonction.

Jà (C 195) : déjà.
Jourd'hui (C 198) : jour présent.

Lilium (F 206) : médicament pour tonifier les organes génitaux de la femme.
Loge (F 157, 168) : petit espace cloisonné dans une salle de spectacle.

Mander : faire savoir, faire connaître quelque chose à quelqu'un, ordonner (A 3, 26, 42, B 112, 114, 122, 146, 150, 163, 177, D 22, 42, 72, E 217, F 162, 168, 179, 186, 189, 190, 199, 202, 211, 213, 215, 217, G).
Manne (F 205) : exsudation sucrée provenant de certains végétaux.
Mécompte (B 149) : erreur d'appréciation.
Mentor (A 5) : conseiller sage et expérimenté.
Muses (A 5) : favorables à l'inspiration et à l'invention poétique.

Onc (C 237) : jamais.
Onéreux (B 188, F 179) : incommode, difficile à supporter.

Palliatif (B 110) : remède qui atténue un mal, une maladie.
Parfin (E 217) : augmentatif de fin.
Parodie (C 213, 214) : contrefaçon d'un texte.
Paroli, faire (C 256) : égaler, renchérir.
Pécunieux (F 160) : qui a beaucoup d'argent.
Piqué (C 233) : fâché, vexé.
Piquet (C 218) : jeu de cartes.
Pis (F 198) : plus mal.
Préservatif (A 3) : qui a la propriété de préserver de quelque chose.

Quinquina (F 163) : substance pharmaceutique et gustative tirée de l'arbuste au nom homonyme.
Quitte pour (C 232) : quitte à.
Quitter (A 40) : acquitter.

Réticence (C 230) : figure de rhétorique consistant à ne pas terminer un énoncé dont le contenu reste clair.
Régayer (F 175) : égayer à nouveau.
Renoncer (C 235) : désavouer.
Rondeau (A 3) : poème à forme fixe construit sur deux rimes avec des vers répétés.

Seing (C 195) : signature apposée au bas d'une lettre, d'un écrit.
Sexe (A 18) : le sexe féminin.
Sibylle (C 206) : prophétesse qui rendait des oracles.
Société (E 201) : compagnie.
Spélonque (C 207) : caverne, grotte.

Tenir (A 14) : retenir.
Tout courant (C 249) : d'une manière prompte et ordinaire.

Usances (C 221) : coutumes, usages établis.

Vade (C 225) : mise en jeu.

INDEX DES NOMS DE PERSONNES

TABLE DES MATIÈRES

IMPRIM'VERT®

Achevé d'imprimer par Corlet,
Condé-en-Normandie (Calvados), en octobre 2021
N° d'impression : 173364 - dépôt légal : octobre 2021
Imprimé en France